제안제도 활성화 핵심 노하우 *48*

실행하기 쉬운 21세기형 신제안제도 실무적용 지침서

제안제도 활성화
핵심 노하우 48

어용일 지음

리드리드출판

신제안제도 실무편을 내면서

처음 신제안제도를 기업에 적용한 때가 1999년도였으니 신제안제도가 기업에 적용된 지 어느덧 10여 년이 훌쩍 넘었다. 기업에서는 많게는 50년, 적게는 몇 년 동안 제안제도를 도입하고 있지만 제안활동이 활성화되지 않고 거의 유명무실한 계륵과 같은 존재로 있기에 필자는 이를 해결해 보려는 각오로 기존의 제안제도 개념을 획기적으로 바꿔 제안을 활성화시킨 내용을 정리하였다. 그리고 2003년에 업계에서 일명 '빨간 책' 이라고 부른 『실행하기 쉬운 21세기형 제안제도』를 통해 신제안제도를 소개했었다.

이 책은 필자가 기업에서 제안사무국장으로 일하며 제안제도를 실무에 적용하면서 느꼈던 제안제도의 여러 가지 불합리한 내용들을 과감하게 폐지하는 방법으로 거의 혁신에 가까울 정도로 제안제도를 바꾸라는 메시지를 담은 책이다. 제도를 단순화시키고 심사표를 없애며, 제안 양식도 개선 전후 양식에서 이메일 형식으로 단순화시키라고 강조했다. 시상금을 높이지 말고 낮추며, 내 업무를 제안으로 인정하는 등 지금까지의 제안제도와는 거의 정반대의 운영으로 실제 일부 기업의 사례를 들어 바로 실무에 적용할 수 있게 실었다.

이런 신제안제도를 처음 접해 본 사람들은 처음에는 회의적인 반응을 보였다. “이게 무슨 제안이냐? 자기 업무가 무슨 제안이야? 심사표 없이 어떻게 심사를 해? 상금을 적게 주면 누가 제안을 하냐고?” 등등 여러 가지 우려의 눈초리를 보냈다.

그런데 첫 반응과는 달리 신제안제도를 실행한 기업에서는 대성공으로 나타났다. 교육 일색이었던 제안 시장에 컨설팅이란 분야가 생기게 되었고 전산시스템 구축이라는 새로운 형태의 제안 활성화 모습을 보였다. 제안 건수는 목표 없이 자발적으로도 거의 10배 이상 성장했으며 제안에 참여하지 않던 사무직도 제안을 많이 하게 되었다.

이 시점에서 새로운 신제안제도를 집필하게 된 이유는 『실행하기 쉬운 21세기형 제안제도』도 벌써 10여 년이 흘러 내용을 개정해야 할 필요성을 느끼게 되었고, 특히 10여 년 동안 필자의 신제안 강의를 통해 제안 활성화에 성공한 기업들이 많이 생기게 되어 이들 사례 소개도 필요했다. 무엇보다 신제안제도를 실제 업무에 적용하면서 제안 추진 사무국 담당자들이 필자에게 제기한 여러 가지 궁금증들에 대한 답변과 공개강의를 통해서 해결해 주었던 내용들을 정리해서 제안 활성화에 필요한 실질적인 내용들을 모아 신제안제도 실무편을 내기에 이른 것이다.

『실행하기 쉬운 21세기형 제안제도』가 신제안제도의 일반적인 소개편이라면 이번에는 이 제도를 실제 업무에 적용하는 방법을 소개하는 실무편이라고 보면 좋을 것이다. 그래서 실제 업무 적용을 위한 이론의 전개에 필요한 부분에서는 필자가 이미 소개했던 『제안활동 성공추진 매뉴얼(2006)』과 『제안 활성화를 통한 일하는 방법(2006)』에 소개된 내용들이 조금씩 중복이 되는 부분들도 있다는 것을 미리 알려둔다.

이번에 소개된 내용들은 그동안 필자가 500여 이상의 기업체에서 제안컨설팅 및 지도, 강의를 하면서 제안 추진자나 제안자, 심사자들로부터 가장 많은 질문을 받은 궁금증을 분야별로 나누어서 48개의 항목으로 정리한 것들이다. 48개 항목 이외에도 많은 질문을 받았으나 일부는 그 기업의 특징에 관한 것으로 다른 회사에는 적용이 되지 않는 것은 제외시켰다. 어떻게 보면 제안제도를 운영하면서 나타나는 모든 궁금증을 한 군데로 집약한 것이라고 보면 좋을 것이다.

이 책은 크게 8부로 나누어지는데 1 ~ 6부는 제안 활성화 고민에 대한 해결책을 제시했고, 7부는 이러한 고민들을 잘 해결하여 신제안제도를 도입하여 활성화된 기업들의 사례를 실었으며, 8부에서는 최근 제안전산화에 가장 앞서가는 전산과 관련된 업체들을 소개했다.

세부내용을 살펴보면, 1부는 제안을 추진하기 위한 기본적인 전략 및 방향 수립에 관한 것이고 2부는 제안제도를 만들거나 운영할 때 나타나는 고민들을 정리한 것이며, 3부는 제안자의 제안참여 부분을 다룬 것이다. 4부는 제안 활성화의 꽃이라 할 수 있는 하루에 한 사람이 한 건씩 제안하자는 「제안 활성화 1 · 1 · 1」 운동의 실천 노하우를 기록한 것이며, 5부는 심사 부분을 중점적으로 다루었고 마지막 6부는 성과 및 사후관리 부분을 다뤘다.

모든 기업에서 제안 활성화로 가기 위한 길목에서 나타나는 48개 궁금증에 대한 내용은 회사마다 조금씩은 차이가 있을 수 있기 때문에 각자 회사에 맞는 항목을 선택해서 적용하면 좋을 것이다. 하지만 48개 항목이 대체로 모든 기업의 제안활동에 나타나는 부분들이기에 가능하면 제안을 주관하는 담당자들은 모든 항목을 하나하나 읽어볼 것을 권한다.

이번에 발간한 실무편도 제안 활성화에 고민하고 있는 제안 추진사무국 담당자들에게 도움이 되길 다시 한 번 기대한다.

2011년 여름

어용일

CONTENTS

차례

제3부 제안 참여 고민 9

제4부 제안 활성화 '1 · 1 · 1 운동' 실천 고민 6

제5부 제안 심사지연 및 지도방법 고민 9

제6부 제안 성과 및 사후관리 고민 8

제7부 신제안제도 적용 활성화 기업사례

제8부 제안 전산시스템 구축 사례

제1부
제안 전략수립 고민 5

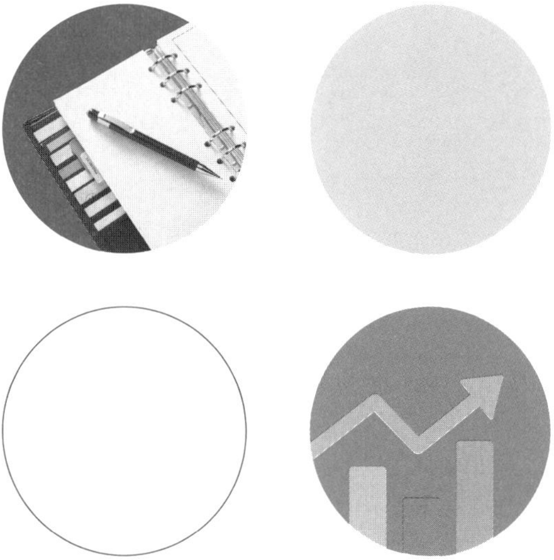

01

왜 신제안제도를 도입해야 하지?

고민

- 왜 신제안제도를 도입해야 하나요?
- 기존의 제안제도는 활성화가 되지 않나요?
- 기존 제안제도와 신제안제도는 어떤 차이가 있나요?
- 신제안제도는 왜 필요한가요?

원인 또는 당위성

제안제도를 도입하여 운영하는 회사 중 대부분의 회사들이 제안 활성화를 위해서 많은 노력을 하지만, 제대로 활성화가 되지 않아 제안제도를 계륵 같은 존재로 취급하고 있다. 기업에서 수년 동안 제안 활성화를 위해서 모든 방법을 다 사용했을 텐데도 왜 활성화가 안 될까? 결론은 지금까지의 방법으로는 활성화가 될 수 없다는 것이다. 만일 활성화되었다면 벌써 활성화가 되었을 것이다. 지금까지의 방식으로 되지 않았다면 새로운 방법을 시도해 봐야 되지 않을까? 신제안제도가 필요한 것은 바로 이러한 이유 때문이다.

해결방안

1. 제안제도는 매우 좋은 것이다

기업을 방문해 제안교육을 하면서 경영자들과 대화를 해보면 경영자들은 한결같이 현장의 아이디어를 잘 반영하면 좋은 성과가 나올 것이라는 생각을 갖고 있다. 그래서 담당자들에게 현장의 아이디어를 잘 관리하라고 지시를 한다. 지시를 받은 주관부서는 이를 실현하기 위해서 '전 직원 아이디어, 현장의 의견 수렴' 등을 떠올리면서 제일 먼저 제안제도를 생각하게 된다.

하지만 익히 알고 있는 것처럼 제안제도는 너무나 오래 되었다. 60년대 말에서 70년대 초에 일본에서부터 우리나라에 들어온 거의 반세기가 지난 제도이다. 제안제도가 성행할 때에는 산업화 시대였고 산업도 제조 중심이었다. 그런데 지금은 지식사회를 지나 창조의 시대로 접어들었다. 고객의 수준도 높아졌고 모든 것이 빠르게 지나가고 있는 그야말로 경영환경이 엄청나게 변화되었다. 스마트폰을 이용해서 제안을 할 수 있을 정도로 IT는 엄청 빠르게 진화하고 있다. 이런 시대에 50년 전의 제안제도를 그대로 적용한다고 하면 잘 되겠는가? 아마도 세상이 바뀌고 있는데도 기업 내에서 유일하게 바뀌지 않는 제도가 제안제도일 것이다. 제안제도

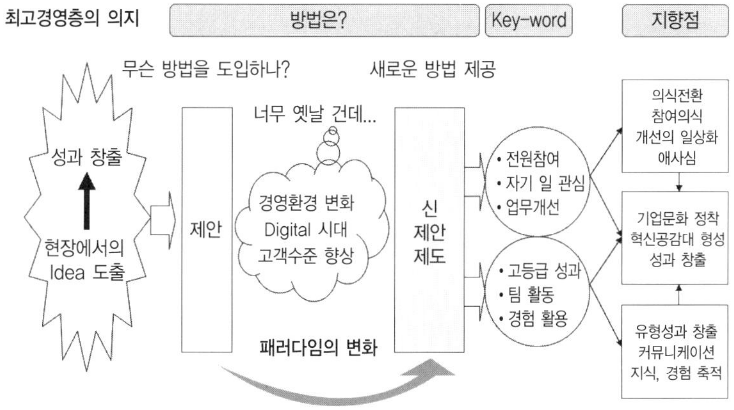

[그림 1-1] 신제안제도의 필요성과 도입 효과

는 반세기 동안 거의 변화가 없었다.

신제안제도는 이러한 경영환경 변화에 적응시키기 위해 제안제도의 좋은 점은 살리고 불합리한 부분은 과감하게 제거해 제안의 패러다임을 바꾼 것으로 1999년 필자가 창안한 것이다. 신제안제도를 도입하면 경영자들이 요구했던 부분들이 대부분 해결된다고 본다. 생산뿐만 아니라 사무직을 포함해서 전원이 제안에 참여할 수 있고, 자기 일에 관심을 갖게 되며 실질적인 업무 개선이 이루어진다. 이를 통해서 직원들의 의식이 바뀌고 참여의식이 살아나며 제안활동을 통해 애사심도 생기게 되어 기업 경쟁력이 높아지게 된다.

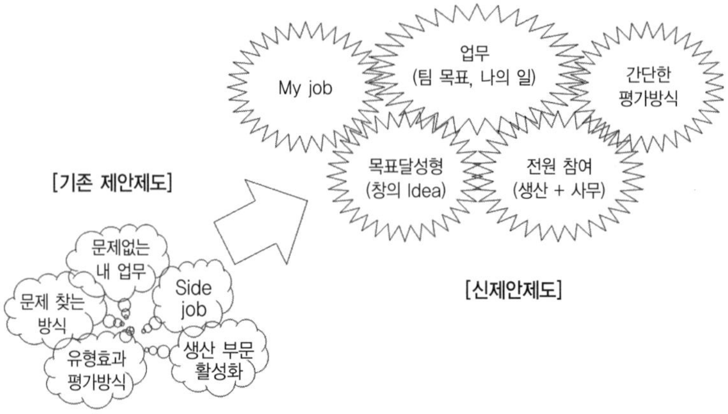

[그림 1-2] 기존 제안제도를 신제안제도로 개념 전환

2. 기존 제안제도의 획기적 변화

신제안제도는 기존의 제안제도와는 사뭇 다르다. 아니 거의 정반대의 개념으로 만든 것이다. 기존 제안제도가 개선을 기반으로 접근했다면 신제안제도는 업무목표 달성이라는 것에 초점을 맞춘 것이다. 그래서 기존 제안제도는 생산이 중심이 되지만 신제안제도는 목표가 있는 모든 사람에게 적용이 되기 때문에 전 부서가 참여할 수 있는 제도이다. 또한 제도 자체를 단순화시켰으며 제안을 자기의 일에서 찾는 my job idea를 기반으로 한다. 문제를 찾는 개선보다는 업무 목표를 달성하기 위한 목표달성형으로 접근을 하며 교육을 통해 제안을 side job에서 my job이 되도록 하게 한 것이다.

3. 기존 제안제도와 신제안제도의 차이점

기업에서 제안 활성화를 하기 위해 기존 제안제도의 개념을 바꿔 새로운 모습의 제안제도를 도입하는데, 신제안제도는 기존 제안활동의 개념과 많이 다른 제도이다. 신제안제도와 기존 제안제도의 차이점 전체를 열거하면 [표 1-1]과 같다.

[표 1-1] 기존 제안제도와 신제안제도의 차이점

분야	항목	기존 제안제도	신제안제도
전략	적용 분야	제조업 중심	제조 + 사무 + 서비스
	시대 반영	산업화 시대(40년 전 모습)	지식정보화 시대
	제안 framework	없음	있음
	계획 수립	제도 변경 중심	추진 전략과 중장기 계획
	기대 효과	• 유형효과(고등급 중심) • 결과 중심	• 조직활성화(기업문화) • 유형효과(결과) • 과정 중심
	참여 방법	• 강제적 목표 부여 • 시상금	• 자발적 참여 • 제안자의 MIND
	제안 방향	원가절감, 품질 향상, 생산성 향상	• 원가, 품질, 생산성 향상 • 정보, 서비스의 질 향상
제도	업종 특성	프로쿠르스테스 침대 모습	업종 특성 반영
	제안 양식	복잡(개선 전, 개선 후, 효과)	단순(제안 내용)
	심사표	강화(많은 심사항목)	단순화 또는 폐지
	시상금	상향 조정	하향 조정(고등급 상향)
	처리 프로세스	복잡(1차, 2차, 3차 심사)	제안 + 포상 프로세스
심사	심사 기준	제도 중심(심사표)	사람 중심(심사자 리더십)
	심사자의 역할	채점자	제안자 양성
	심사자 참여	기다리는 심사	자신의 아이디어 제시

분야	항목	기존 제안제도	신제안제도
제안 방법	당연한 일	제안으로 인정 안 함	제안으로 인정
	제안의 대상	• 타 부서 중심 • 회사 전반에 대한 의견제시	• 자기 일부터 먼저 • 나중에 타 부서, 회사 제안
	일과 제안	제안하기 위해서 일을 함	일을 하기 위해서 제안
	접근 방법	문제 찾기 식의 개선(why)	• 문제 찾기 식의 개선(why) • 목표달성형 how 방식
	사람	사람을 대상으로 한 제안 미흡	사람도 제안 대상
교육	교육실시	거의 없음	제안자, 리더, 심사자 등
	제안서 작성 방법	없음	제안제목, 제안 내용
의식	제안 참여	소수 인원 참여	전원 참여
	제안 인식	• 제안은 남의 일 • 스트레스 요인	• 제안은 나의 일 • 제안이 없으면 일 못함
	제안의 생활화	강제적 수행	업무를 통한 생활화 정착

02

제안활동의 전체 모형은 어떤 모습일까?

고민

- 제안활동의 시작과 끝은 어디인가요?
- 제안 추진 사무국에서는 제안을 이해하기 위해 무슨 공부를 해야 하나요?
- 제안 전략과 제안제도 운영의 관계는 어떻게 되나요?
- 제안제도의 추진 Framework란 무엇인가요?

원인 또는 당위성

제안 추진자들에게 제안제도가 어떤 모습이냐고 질문해 보면 대체로 제안은 그저 자신의 생각을 제안하고 이를 심사해서 포상해 주는 것으로 간단하게 생각을 하고 있는 것 같다. 기업에서 제안을 담당하는 제안 추진자들이 제안제도를 너무나 쉽게 생각하고 있다 보니 제안에 대한 연구와 고민이 적은 듯하다. 제안제도는 전 직원이 참여하는 대단한 제도임에 틀림이 없다. 그렇다면 이를 쉽게 생각해서는 안 될 것이다. 적어도 전 직원이 참여하는 제도라면 제안제도에 대해서 깊은 연구가 따라야 한다.

해결방안

1. 제안활동을 너무 쉽게 생각한다

대부분의 기업에서는 제안제도를 쉽게 도입해 쉽게 운영을 하고 있다. 그저 제안제도 규정을 만들고 상금을 정해서 시작만 하면 제안이 잘 될 것이라 생각한다. 심지어 제안 담당자가 바뀌었는데도 제안 교육조차 참석하지 않고 제안에 대한 아무런 지식 없이 제안제도를 만들고 운영하고 추진을 한다.

제안활동은 다른 회사에서 한 것을 벤치마킹해서 단순히 제도를 만들고 공지하면 저절로 움직이는 그런 제도가 아니다. 전 직원이 매일같이 제안하고 이를 또 심사자가 심사를 하는 살아있는 매우 중요한 활동이다. 이런 중요한 제도인데도 제안에 대해서 아무런 지식 없이 단순히 제안 건수 목표나 설정하고 이를 운영하려고 하니 제안이 잘 되지 않는 것이다.

2. 제안활동 부분은 크게 3부분으로 이루어져 있다

적어도 제안을 주관하는 담당자들은 제안활동이 어떤 모습으로 구성되어 있는지를 알아야 한다. 그래야 제안의 속성을 이해하고

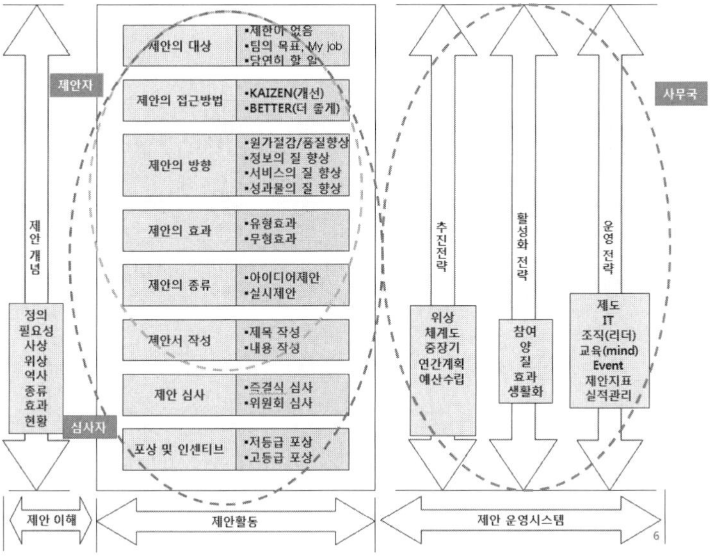

자료 : 어용일, 『제안활동 성공추진 매뉴얼』, 2006.

[그림 1-3] 제안제도의 전체 Framework

제안에 대한 깊은 지식의 필요성을 인식하게 된다. 제안활동은 크게 제안에 대한 이해 부분과 제안자 및 심사자가 알아야 할 부분, 제안 추진 사무국이 알아야 할 부분 등 3개 부분으로 구성되어 있다.

제안 이해 부분

제안제도를 도입하여 운영하기 위해서는 제안자나 심사자 모두 제안의 정의, 필요성, 사상, 위상, 역사, 종류, 효과, 현황 등에 대해서 어느 정도는 알아야 한다.

제안활동 부분

제안에 참가하는 제안자 및 심사자, 추진담당자는 제안활동에 대한 기본 내용은 숙지가 되어야 한다. 우선 제안자는 제안의 대상, 접근 방법, 방향, 효과, 종류, 제안서 작성 부분에 대한 지식이 있어야 한다.

다음으로는 심사자가 알아야 할 사항이다. 심사 부분은 제출된 제안에 대해서 즉결식 심사 및 고등급 심사를 위한 위원회 심사로 구성되어 있다. 하지만 이 두 가지만 알게 되면 심사자는 단순 채점자로 전락하게 된다. 올바른 제안 심사가 되기 위해서는 심사자들도 제안자가 알아야 하는 부분을 충분히 숙지가 된 상태에서 심사가 이루어져야 한다.

제안 추진담당자는 위 모든 것에 대해서 충분한 지식이 있어야 한다. 그래야 제안자에 대해서 이해를 하게 되고 심사자에 대해서도 이해를 하게 된다.

제안 운영시스템 부분

제안에 대한 이해와 제안활동은 주로 제안자 및 심사자가 알아야 할 부분이지만 제안 추진담당자는 제안자와 심사자들이 자발적이고 원활하게 제안활동을 하도록 운영시스템을 만들어 주어야 한다.

제안 운영시스템은 크게 추진 전략수립, 활성화 전략수립, 운영 전략수립으로 구분된다. 추진 전략의 의미는 제안제도를 어떻게 추진할 것인가에 대한 고민이고, 활성화 전략은 기왕 도입된 것이라면 활성화된 모습으로 추진하도록 하는 것이며 운영 전략은 활성화가 잘 되도록 운영방향을 설정하는 것이다.

03

제안활동 중장기 계획은 어떻게 수립하나?

고민

- 제안제도를 처음 도입하려는데, 중장기적으로 어떻게 추진하는 것이 좋을까요?
- 제안제도를 도입한 지 오래 되었지만 제안을 어떻게 추진해야 할지 막막합니다.
- 제안 목표는 인당 건수만 주면 되지 않나요?

원인 또는 당위성

제안 추진자들이 제안제도를 계획하는 것을 보면 잘 하는 회사들도 있지만 많은 기업들이 단순히 시상금 얼마 정도의 예산과 인당 몇 건 등 목표부여 정도로만 계획을 수립하는 것을 볼 수 있다. 앞에서도 언급했지만 제안제도는 전 직원이 참여하는 제도이고 일회성이 아닌 회사가 존재하는 한 제안제도는 지속적으로 진행되어야 하는 것이다. 제안제도는 적어도 3개년 정도의 중장기 계획을 수립할 필요가 있다.

해결방안

1. 제안 중장기 추진계획 수립 항목

제안제도를 추진하기 위해서 반드시 중장기 계획을 수립해야 한다. 그 이유로 첫째, 경영환경이 바뀌었기 때문에 그 변화에 대응해야 한다. 둘째, 제안은 전 직원이 참여하는 중요한 활동이어서 중장기 계획이 없으면 단순한 활동이 되기 때문이다. 셋째, 제안은 단독적인 활동이 아니라 사람을 움직이는 시스템적인 활동이기 때문에 중장기적인 계획이 있어야 한다. 넷째, 제안활동을 통해서 많은 성과가 도출되기 때문에 기업에서 무슨 성과를 기대할 것인가에 대한 방향 설정이 되어야 한다.

또한 제안 중장기 추진계획에는 정량적인 목표와 유형효과 목표, 그리고 제안 예산 등이 포함되어야 한다.

■ 중장기 추진계획 포함 요소

– 정량적 목표

- 제안 건수(총건수, 인당 건수)
- 제안 참여율 목표

– 유형효과 목표

- 고등급 건수
- 유형효과 금액

– 제안 예산

- 기본 시상금
- 제안 인센티브

2. 제안 중장기 추진계획 수립 사례

제안 건수는 제안활동의 가장 대표적인 목표로 연간 총건수 및 인당 건수로 표현한다. 총건수의 증가는 인당 건수의 증가에 따라 비례하는데, 보통 인당 건수는 그렇게 급진적으로 증가하지 않는다. 그래서 너무 과도하게 목표를 잡지 말고 여러 가지 여건을 감안해서 목표를 설정하는 것이 좋다.

참여율은 단계별로 목표치를 설정하는데 참여율 기준을 연간 혹은, 월간으로 볼 것인가에 따라서 표현 방법이 달라진다. 보통 연단위로 1년에 한 건만 제출해도 참여율은 100%로 간주한다. 참여율은 제안 활성화의 중요한 지표이긴 하지만 참여율을 일방적 100%로 정할 것이 아니라, 제안자의 마인드 및 여러 가지 여건 등을 고려해서 무리하지 않게 잡는 것이 좋다.

고등급인 경우 전체 건수의 비율로 표시를 하는데, 보통 고등급 비율은 회사마다 기준이 다르긴 하지만 보통 1~2% 이내로 한다.

고등급 건수에 따라서 유형효과 금액을 예측할 수 있는데 유형효과 금액을 예측해서 예상금액을 목표로 잡는다.

제안 예산은 건당 시상금을 주는 제안 상금과 고등급인 경우 인센티브를 지급하는 금액을 미리 정해서 예산을 수립한다.

[표 1-2] 제안 중장기 추진계획 수립 사례(A기업)

구분			2009년 상	2009년 하	2010년	2011년	비고
중점 방향			제도운영	신제안 도입	신제안 확산	신제안 정착	
양적 목표	총건수		500	2,000	5,000	10,000	현 인원 500명
	인당/연 건수		1건	4건	10건	20건	
	참여율(%)		20%	60%	80%	90%	
유형 효과	고등급 건수(비율)		–	10건	20건	30건	
	유형효과(억)		–	5억 원	10억 원	20억 원	
예산	시상금	기본금		500만 원	1,000만원	2,000만 원	
		인센티브		500만 원	1,000만 원	1,000만 원	
	합계			1,000만 원	2,000만 원	3,000만 원	
기타							

04

언제 제안을 양에서 질로 터닝할까?

고민

- 제안의 방향을 질로 전환하고 싶은데 언제가 좋은가요?
- 제안의 방향을 질로 전환하려면 양을 줄여야 하나요?
- 제안의 방향을 양으로만 가면 문제가 생길까요?
- 처음부터 제안의 방향을 질로 하면 어떨까요?

원인 및 당위성

제안 추진자들은 제안제도를 운영하면서 단계별로 어떻게 추진해야 할 것인지에 대한 생각은 하고 있는 것 같다. 가장 흔한 단계가 양에서 질로 전환하는 것이다. 그래서 막연히 제안활동을 1년 단위로 양에서 질로 단계를 바꿔가고는 있지만 실제로는 질로 가지 않고 양으로 설정한 수준에 머무르게 된다. 이는 제안을 양에서 질로 터닝을 해야 할 터닝 포인트(turning point)를 잡지 못해서

이다. 제안을 양에서 질로 터닝하기 위해서는 몇 가지 요소들이 갖추어져야 한다.

해결방안

1. 제안의 양과 질의 의미

제안의 양은 제안 건수를 말한다. 양을 늘린다는 것은 제안 건수를 많이 도출하도록 한다는 것인데, 건수가 무조건 많은 것이 꼭 좋은 것은 아니다. 단지 기왕에 제안제도를 운영하고 있으니 적은 건수보다는 많은 건수가 나오길 바란다는 의미에서 제안의 양도 중요한 것이다.

제안의 양을 표현하는 대표적인 지표가 인당 제안 건수와 참여율이다. 인당 제안 건수는 제안자 한 사람이 몇 건을 제출했는가를, 참여율은 전제 대상자 중에 몇 사람이 제안에 참여했는가를 측정하는 지표이다. 참여율이 높다는 것은 많은 사람들이 제안을 한다는 것을 의미한다. 이런 이유에서 제안의 양을 늘리기 위해서 인당 제안 건수와 참여율을 강조하기도 한다.

제안의 질은 양과 조금은 다른 의미를 가지고 있다. 제안의 질은 실속을 뜻하는 것으로 알맹이 있는 것이 많이 나오기를 기대한다는 뜻이다. 즉, 고등급이 많이 나와서 회사에 직접적인 기여를 하는 제안 중심으로 제안이 되었으면 하는 것이다. 제안의 질을 표현하는 주요 지표는 채택률, 실시율, 고등급률이 있다.

[표 1-3] 제안활동 5대 지표

구분	제안 지표	내용
제안의 양	• 인당 제안 건수 • 참여율(%)	• 제안 대상 인원대비 제안 건수 • 제안 대상 인원대비 참여인원 비율
제안의 질	• 채택률(%) • 실시율(%) • 고등급 비율(%)	• 아이디어 제안 건수 대비 채택 건수 비율 • 제안(채택) 건수 대비 실시 건수 비율 • 고등급 제안 건수 비율

채택률은 제출된 아이디어 제안 대비 채택 건수를 말하는데, 채택률이 높다는 의미는 그만큼 제안의 내용이 알차다는 것이다. 실시율은 두 가지로 구분이 되는데 채택된 제안 건수 대비 실시 건수를 말하는 협의의 개념과 전체 제안 건수 대비 총실시 건수를 나타내는 광의의 개념이 있다. 일반적인 지표는 광의의 개념을 사용하기도 한다. 고등급률은 질을 표현하는 가장 핵심적인 지표로서 전체 건수 대비 고등급 건수를 말한다. 이때 고등급의 의미는 우수급 이상 또는 3등급 이상 등 회사마다 다르게 표현된다.

2. 제안을 양에서 질로 터닝하는 포인트

제안의 방향을 질로 바꾼다고 해서 양을 줄이면 안 된다. 제안의 질과 양은 반대의 개념이 아니라 서로 보완적인 관계이다. 양이 많아야 질도 좋아지는 것이다. 제안 건수는 급진적으로 증가되기도 하지만 서서히 증가되는 편이다. 보통 제안제도를 도입하게 되면 연간 1~3건 정도를 하게 되고, 도약기에 들어서면 4~7건, 활

[표 1-4] 제안 활성화 단계와 건수, 질 전환 포인트

제안 단계	인당/연 건수	비고
초창기(도입기)	1~3건	
도약기	4~7건	
활성화기	8~15건	질로 turning point
안정기	15건 이상	

성화기는 8~15건, 15건이 넘으면 안정기에 들어선다고 본다.

제안을 질적으로 터닝하기 위해서는 최소한 인당 10건 정도는 해야 한다. 직원들이 어느 정도 제안을 한 상태에 이르게 되면 비로소 질적인 면을 고려하는 것이 좋다. 활성화기를 거치지 않고 질적으로 방향을 바꾸게 되면 자칫 양도 감소가 되어서 제안활동이 위축될 수 있다.

05

제안과 분임조를 어떻게 연계시킬까?

고민

- 제안과 분임조가 헷갈립니다. 공동 실시자 개념으로 보면 동일한 것 아닌가요?
- 제안을 하면서 분임조를 하는데, 이를 제안으로 봐야 하는지요?
- 분임조 성과를 곧 제안 성과로 볼 수 있나요?
- 분임조, 혁신과제, COP, 6시그마 등 여러 활동들이 있는데 어떻게 연계시키나요?

원인 또는 당위성

제안과 분임조 활동은 떼려야 뗄 수가 없는 관계이다. 두 활동의 속성도 속성이지만 태생 자체가 공장에서 원가절감이나 품질향상을 위한 활동으로 태어났기 때문이다. 그러다 보니 제안과 분임조 활동에 대해서 많은 혼란을 가져오게 된다. 분임조는 제안제도의 공동 실시자와 유사하기도 하거니와, 개선하는 방식도 유사하고 유형효과 산출 방식 및 포상 부분도 매우 유사하기 때문에 이 둘의 관계를 정립해야 한다.

해결방안

1. 기업의 문제 해결 구조

회사 경영혁신 활동의 기본은 문제의 해결이다. 문제 해결의 종류에 따라서 하나의 기법으로 달리 적용될 뿐이다. 문제를 찾아내거나 목표를 설정한 후 이를 어떠한 기법을 사용해서 해결하느냐에 따라서 경영혁신의 종류가 달라진다.

회사의 문제를 개인이 해결해야 하는 것이라면 당연히 제안제도가 으뜸이다. 하지만 과제에 따라서 개인보다는 여러 사람이 해결을 해야 하는 일도 있다. 대표적인 것이 분임조, 학습조, COP(Community Of Practices) 활동, T/F팀 활동 등이다. 또한 어떤 문제들은 팀 단위에서도 어렵고 회사 차원에서 해결해 주어야 하는 것들이 있다. ERP도입, 기업문화, 의식개혁 등은 개인이나 팀이 하기에는 어렵고 회사 전체가 움직여 주어야 한다. 어떤 문제는 법적인 검토를 해야 해결되는 것이 있는데 이런 문제는 회사가 할 수도 없고 국가 차원에서 접근이 되어야 한다. 더 나아가서 WTO나 ISO 등 글로벌한 문제로 인해 생기는 것들도 있어서 한 국가가 해결하기에 한계가 있는 것도 있다.

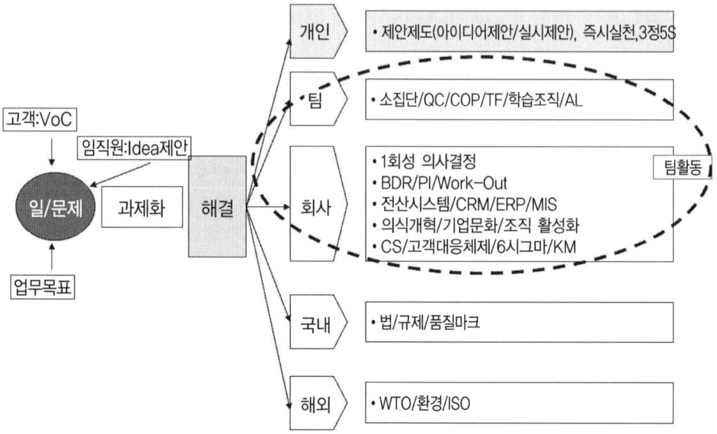

[그림 1-4] 기업에서의 문제 해결 구조

2. 제안제도는 개인이 하는 활동

제안제도는 개인이 참여해서 문제를 해결하는 활동이다. 주어진 문제에 대해서 해결하려는 아이디어를 내고 이를 실행하는 것으로 개인들이 참여하는 활동이다. 그래서 사소한 것을 비롯해 밑바닥에 있는 문제를 개개인이 bottom-up 방식으로 해결하는 활동이다. 물론 이를 통해서 큰 성과를 얻기도 하지만 대부분의 제안제도는 저등급 제안으로 되어 있다. 따라서 누구라도 쉽게 참여가 가능한 활동이다.

경영혁신이 성공하려면 개개인의 자발적인 관심과 참여가 선행되어야 한다. 자발적인 참여가 되지 않으면 경영혁신은 성공하기 어렵다. 이런 의미에서 제안이란 관심과 참여를 기본으로 하는 것이어서 제안제도는 모든 경영혁신 활동의 근간이 된다.

3. 분임조 과제의 실행도 결국은 개인이 한다

제안과 유사한 활동이 분임조 활동이다. 제안과 분임조는 각각의 문제를 개인이 해결하느냐, 그룹이 해결하느냐에 따라서 구분이 된다. 하지만 그룹 활동 역시 개인이 하는 것이다. 그래서 제안과 분임조는 항상 혼란스럽게 되어 있다. 예를 들면, 분임조 활동의 성과가 제안활동의 성과가 될 수 있느냐인 것이다. 또한 분임조 활동을 하면서 아이디어를 낸 것은 제안과 어떤 관계가 있느냐 하는 것이다.

이렇게 혼란스럽게 된 이유는 제안도 아이디어를 내고 실행하는 것인데 분임조 활동도 과제를 해결하면서 아이디어를 내고 이를 실행하는 것으로 되어 있기 때문이다. 즉, 과제를 수행하면서 나타나는 여러 가지 문제들을 해결하기 위해서 개인 혹은, 여러 명이 모여 아이디어를 내면서 문제를 해결하는 부분은 엄밀히 말하면 제안의 영역이 된다.

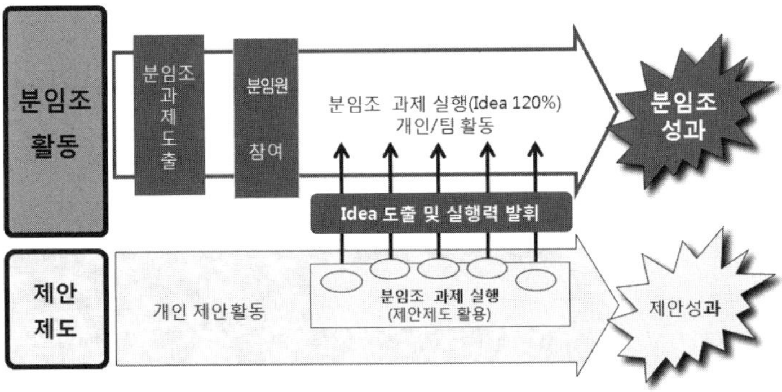

[그림 1-5] 분임조 활동과 제안활동과의 관계

결국 분임조 과제 해결과 제안은 불가분의 관계에 있다고 볼 수 있다. 단지 포상을 어떻게 하느냐의 문제가 있는데 이 경우 회사에서 미리 정하면 된다. 즉, 분임조 활동의 효과를 분임조 활동 자체의 효과로 보거나 아니면 제안활동의 효과로 보는 것이다. 그리고 이에 맞추어 포상을 해주면 된다. 여유가 있다면 중복 포상도 무관하다.

제2부

제안제도 운영 고민 11

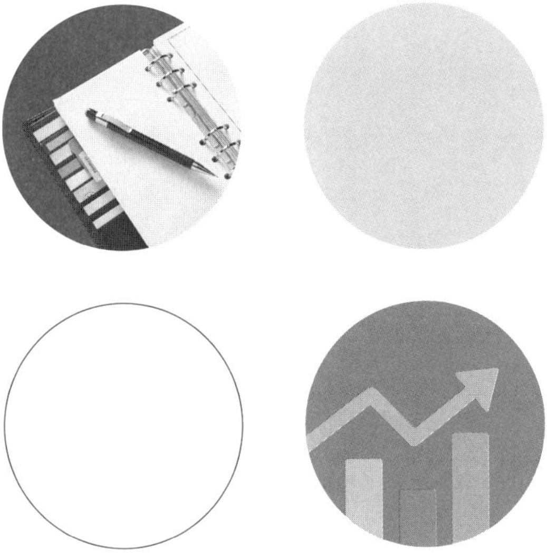

06

제안제도를 어떻게 단순화시켜야 하나?

고민

- 제안제도가 너무 복잡합니다.
- 제안 처리 시간이 너무 긴데, 단순화할 방법이 없을까요?
- 제안제도를 어떻게 단순화시키는 것이 좋을까요?
- 제안제도를 단순화하는 핵심요인은 무엇인가요?

원인 및 당위성

대부분의 제안자와 심사자들이 제안제도는 매우 복잡하다고 느끼고 있다. 그것은 어찌 보면 제안은 단순한 활동인데 제도는 매우 복잡하게 되어 있기 때문이다. 그래서 많은 기업들이 제안제도를 단순화시키려 노력을 한다.

그런데 막상 단순화시켰다고 해서 살펴보면 자신들의 생각이나 고정관념 때문에 단순화를 시키지 못하고 기존 제도에서 조금 변화를 준 정도에 불과하다. 제안제도를 획기적으로 단순화시켜야 한다.

해결방안

1. 높은 상금 때문에 제안제도가 복잡

제안 상금과 인센티브는 제안자가 가장 관심을 갖고 있는 부분이다. 그런데 현행 포상 제도는 너무 복잡하다. 이렇게 복잡하게 된 이유는 미리 포상금을 높게 책정해 이를 모든 제안에 대해 검증하는 방식으로 되어 있기 때문이다. 상금을 높게 책정하게 되면 이를 일정한 금액 단위로 구분해서 지급하도록 해야 한다. 이렇게 구분하여 만든 것이 제안 등급이다. 상금이 크면 등급도 많아지게 된다.

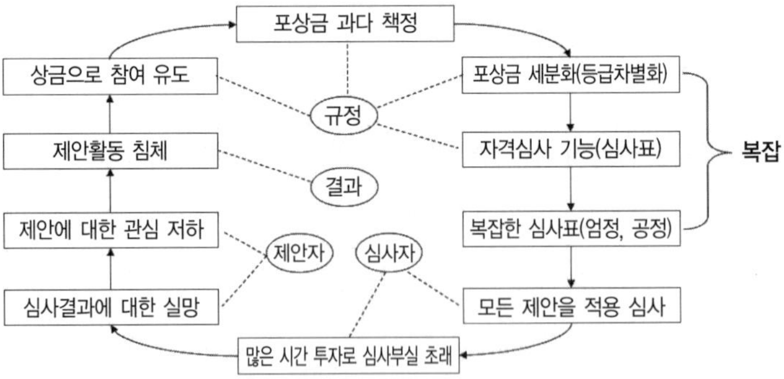

자료 : 어용일, 『제안활동 성공추진 매뉴얼』, 2006.

[그림 2-1] 복잡한 제안제도로 인한 제안 침체 악순환 현상

제안 등급이 많아지면 이를 구분하는 기준도 복잡하게 되고, 이에 따라 제도 자체가 복잡하게 된다. 또한 제출된 제안이 몇 등급인지 모든 제안을 적용해야 하므로 구체적이고 엄정한 심사를 하게 된다. 이로 인해서 심사가 과중해지고 엄격해져서 웬만한 제안은 채택이나 고등급을 받기가 어려워진다. 그래서 제안자들이 심사에 대한 불만을 갖게 되어 제안에 대한 관심조차 감소하게 만든다. 결국에는 제안활동 자체가 침체에 빠져들게 만드는 것이다.

2. 제안제도의 단순화 방법

1) 제안의 종류를 아이디어제안과 실시제안으로 구분

기업에 가보면 직무제안, 지정제안, 아이디어제안, 업무제안, 지식제안, 개선제안, 과제제안, 테마제안 등 종류가 너무 많은 것 같다. 하지만 아무리 제안의 종류가 많아도 이는 내용에 따른 분류일 뿐 실제로는 '그 제안을 할 거냐? 아니면 했느냐?' 로 구분을 하면 된다. '할 거냐?' 는 아이디어제안으로, '했느냐?' 는 실시제안으로 구분한다.

아이디어제안이 실시를 하지 않은 상태에서 예정을 이야기하는 것이라면, 실시제안은 이미 실행을 하여 결과가 나온 것이다. 일을 하다 좋은 착상이 있으면 아이디어제안을 이용해서 제안을 하고, 그 일을 완료했으면 어떠한 방법으로 완료를 했는지 실시제안을 통해서 제안을 한다.

2) 제안 양식의 간소화

제안의 특성은 반드시 제안서를 작성해야 한다는 것이다. 그런데 대부분 제안자들은 제안서 작성을 꺼려한다. 이유는 제안서 양식이 너무 복잡하게 되어 있기 때문이다. 필자가 기업지도를 하면서 왜 제안서를 작성하지 않느냐는 질문을 해보면 많은 사람들이 다음과 같은 이야기를 한다.

■ 제안서를 작성하지 않는 이유

- 문서로 쓰는 것 자체가 일이다.
- 뭔가 쓰는 것이 귀찮다.
- 문장력과 표현력이 부족하다.
- 제안 시스템이 복잡하다.
- 어떻게 써야 할지 모르겠다.
- 제안서 양식이 복잡하다.
- 정리하여 표현하는 것이 어렵다.
- 자료를 만들고 첨부하고 하는 일들에 대한 두려움이 있다.

개인적인 스킬 부족은 개인들이 노력하면 될 수 있지만, 양식은 제안 사무국에서 한 번에 쉽게 바꿀 수도 있다.

3) 제안자가 심사부서를 직접 지정

아직도 제안을 자신의 소속 팀장에게 먼저 심사를 받고 소속 팀장이 채택여부를 판단한 후 다시 실시 팀으로 보내는 식의 프로세스를 거치고 있거나, 제안자의 모든 제안을 제안 주관부서에서 취합한 후 이를 심사부서로 재전송하는 방식으로 처리하는 기업들도 있다. 물론 이렇게 하면 제안자들은 간단해서 쉬울지 모르지만 전체적으로 보면 처리 프로세스가 복잡해진다.

모든 제안은 결국 실시를 염두에 두고 제안을 한다고 보면 실시부서는 자기가 소속된 팀이든 다른 팀이든 분명히 있게 마련인 바, 제안자는 자신의 제안을 누가 실시할 것인지를 먼저 판단한 후 실시할 수 있는 부서로 직접 보내도록 하면 제안 프로세스는 간편해진다.

4) 팀장에게 심사 권한 위양

제안의 모든 프로세스를 팀장에게 위양하라. 제안의 모든 것이란 제안 목표 수립, 제안 제출 독려 및 지도, 제안 심사, 제안 상금 결정 등 제안의 모든 프로세스를 말한다.

이렇게 제안을 위양하게 되면 팀장은 자기 팀의 업무 목표 달성을 위해 제안을 활용한다. 이 덕분에 팀의 업무가 매우 활발하게 적극적으로 처리될 것이며, 업무 목표도 쉽게 달성될 것이다. 이렇게 되면 팀 제안이 활성화되고 안 되고는 제안 주관부서의 책임이 아니라 바로 팀장이 된다.

5) 심사표 폐지로 즉결식 심사

심사자는 대단히 바쁜 위치에 있다. 그러므로 모든 걸 다 제쳐

놓고 제안 심사만 해줄 수는 없다. 그렇다면 심사자들이 빨리 심사를 하도록 할 방법은 없을까? 심사 방법을 간소화하고 그들의 부담을 덜어주면 된다.

팀장이나 조직의 책임자라면 적어도 내 부서와 조직의 일을 다른 누구보다도 잘 알고 있을 것이다. 그런 까닭에 부서에 관해 어떠한 제안이 올라오더라도 그것이 유용한 것인지 아닌지를 직감적으로 판단할 수 있다. 다시 말해 업무회의에서 의견이 제출되면 심사표를 이용해 부문별로 채점하는 것이 아니라, 경험으로 판단하여 실천 여부를 그 자리에서 즉시 결정한다. 이렇게 제안 심사 역시 심사표를 폐지하고 즉결식 경험 방식으로 전환하자는 것이다.

6) 제안등급을 3단계로 간소화

아이디어제안에 대해서 심사자는 제안 내용을 읽어본 후 즉결식으로 자신의 팀이 할 수 있는 것이면 채택으로 한다. 만약 실시할 수 없다면 불채택으로 심사한다. 그런데 불채택과 유사한 배제, 기각, 보류, 반려 등의 용어는 심사자를 기준으로 해서 나온 것으로 제안자 입장에서는 상당히 불쾌한 용어이다. 따라서 불채택이란 용어도 바꾸는 것이 좋다. 불채택은 두 가지로 나누어 단순 건의사항은 '건의'로 처리하고, 아이디어는 좋은데 당장 실행할 수 없는 것은 '참가'로 구분한다.

실시제안의 심사 기준은 아이디어제안과는 달리 이미 실시 완료가 되었기 때문에 채택 여부는 의미가 없다. 다만 실시 결과가 경

[표 2-1] 아이디어 제안의 3등급 심사

심사결과	기준
채택	아이디어대로 실시하겠다는 의미
참가	아이디어는 좋은데, 실시할 수 없는 아이디어
건의	단순 요망 및 불만 사항

영에 얼마나 도움이 되었나, 얼마나 영향을 주었느냐 등의 경영 기여도에 의해서 심사를 한다. 심사자는 실시내용을 파악한 후 경영 기여도에 의해서 다음 표와 같이 '우수', '보통', '단순'의 3등급으로 결정한다.

경영 기여도는 그 실시제안이 기업 경영에 얼마나 도움을 주었는가에 의해 평가한다. 그 기여도는 팀에 국한될 수도 있고, 사업본부 차원이나 전사 차원이 될 수도 있다. 그러나 궁극적으로는 회사의 발전적 방향이 기준이 된다.

실시제안 중 '우수'로 판정을 받은 제안 중 특별히 포상을 더하고자 하는 제안의 경우에는 '추천'이란 등급을 추가로 부여하여 고등급 심의 위원회에 추천이 될 수 있도록 한다. 또한 '단순' 등급보다 못한 제안들도 있다. 예를 들자면 청소나 정리정돈을 한 정

[표 2-2] 실시제안의 3등급 심사

심사결과	기준
우수	실시 내용이 팀 및 전사에 많은 도움을 준 제안(유형효과 큼)
보통	실시 내용이 일반적인 수준('우수'와 '단순'의 중간 정도)
단순	실시 내용의 결과가 크지 않고 단순한 정도의 제안

[표 2-3] 고등급 심의를 위한 추천 등급과 일상개선 등급 결정

심사결과	기준
추천	우수 제안 중 별도의 인센티브를 주고자 하는 제안
우수	실시제안 3등급 심사
보통	
단순	
일상개선	5S 수준의 일상적인 제안(단순보다 이하 등급)

도의 수준이다. 즉, 5S 수준의 제안들이다. 이들 제안은 안 하는 것보다는 낫지만 성과가 미비한 제안들이다. 이들 제안들은 '일상개선' 이란 등급으로 결정한다.

7) 제안 프로세스와 포상 프로세스로 구분

현행의 1차, 2차, 3차 심사의 형태를 제안 프로세스와 포상 프로세스로 구분하여 운영한다. 1차 및 2차 심사를 제안 프로세스, 3차 심사는 포상 프로세스로 구분하고 운영 형태를 바꾸는 것이다. 일반적인 제안에 해당하는 것은 팀장 주관하에 제안 프로세스에서 종결을 짓고, 고등급인 경우에는 포상 프로세스에서 별도의 심사를 한다.

포상위원회는 현행 임원 심사위원회를 활용하며, 월 1회 또는 분기 1회 임원들이 모여서 각 팀장들이 추천한 제안들을 심사해서 별도의 포상을 주는 형태로 운영한다. 포상위원회 운영방식은 제6부의 고민 47에 자세하게 설명해 놓았다.

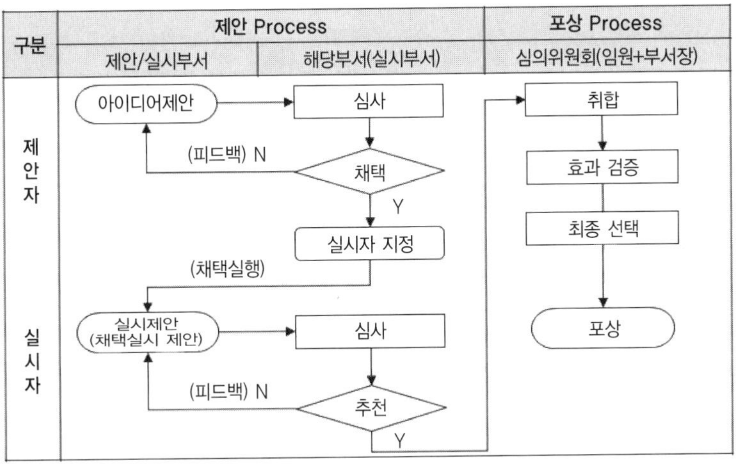

[그림 2-2] 제안 처리 프로세스 단순화 사례(B기업)

8) '20:80 법칙' 에 의한 효과 산출

제안 효과를 분석해 보면, 소수(20%)의 제안 효과를 더한 것이 다수(80%)의 유형 효과를 합한 것보다 크다. 고등급 한두 건의 유형 효과가 나머지 전체 건수의 효과를 더한 것보다 크다는 것이다. 그래서 유형 효과는 상위 20%에 대해서만 산출을 하는데, 효과 산출은 실시제안 심사 때 '추천' 으로 된 것만 골라 유형 효과를 산출해도 충분하다.

효과산출은 연내 효과와 연간 효과로 구분하여 산출하는 것이 좋다. 연내 효과는 올해 분을 계산하는 것이고, 연간 효과는 향후 1년간을 예상해서 산출하는 것이다.

07

제안 상금은 건당 얼마로 책정하는 것이 좋을까?

고민

- 현재 책정된 제안 금액이 너무 적다고 합니다.
- 제안 시상금은 건당 얼마 정도로 책정해야 적당한가요?
- 경영층은 제안 시상금을 더 올리라고 합니다.
- 제안 시상금을 많이 주는 것이 좋은가요? 적게 주는 것이 좋은가요?

원인 및 당위성

제안제도의 가장 큰 매력은 기업 입장에서는 전 직원이 참여하여 성과를 내는 활동이라는 것이고 개인 입장에서는 상금을 받는다는 것이다. 기업에서 문제를 해결할 때 아이디어를 내면 상금을 주는 것은 제안제도가 유일하다. 그만큼 상금은 매력적일 수밖에 없다.

그렇다면 상금을 어느 정도 주는 것이 가장 적정할까? 많이 주어야 하는지, 아니면 적게 주어야 하는지 고민이 될 수밖에 없다.

해결방안

1. 상금이 높을수록 제안의지는 감소

기업에서 제안을 활성화시키는 방법으로 가장 많이 사용되는 것이 상금을 올리는 것이다. 상금을 올리면 상금을 보고 제안자들이 제안을 많이 할 것이라는 생각 때문이다. 하지만 상금이 높다고 제안이 활성화되는 것은 아니다. 오히려 높을수록 제안이 덜 활성화된다. 그 이유는 내가 제안하는 수준에 비해서 상금은 저 높은 계단 위에 있다는 것을 느끼게 되기 때문이다.

전체 제안의 대부분이 저가치 제안을 제출하는 나의 수준에 비

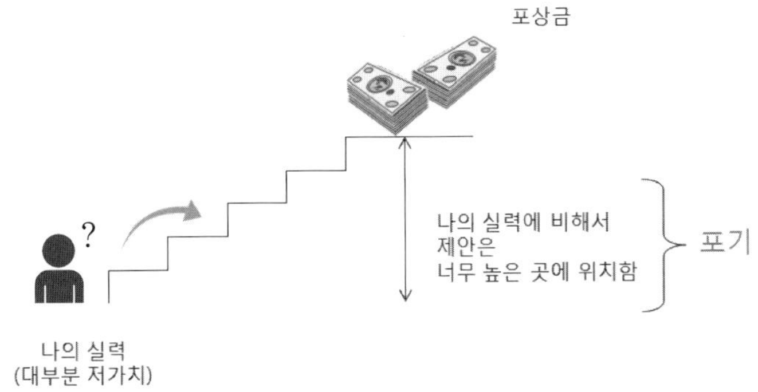

자료 : 어용일, 『제안활동 성공추진 매뉴얼』, 2006.

[그림 2-3] 나의 제안 수준과 제안 상금의 위치

해서 상금이 너무 높은 곳에 있다. 그러다 보니 많은 제안자들은 제안 상금을 처음부터 포기한다. 그래도 열심히 제안해서 높은 계단에 올라가는 사람들이 있다. 바로 소수의 제안왕들이다.

이들이 일단 계단에 올라가면 제안 상금을 독차지하게 된다. 그래서 항상 제안 상금을 가져가는 사람은 소수 몇 명의 인원이다. 이로 인해 대부분의 제안자들은 상대적 박탈감을 느끼게 된다. 그래서 제안에 대한 의지가 감소되어 포기의식을 가지게 된다. 회사는 이를 반전시키려고 다시 제안 상금을 더 높인다. 그럴수록 제안자는 의욕을 잃어 나중에는 상금조차 관심이 없어지고 목표 건수나 채우자는 심정으로 돌아선다. 결국 제안자의 의욕 상실, 제안에 대한 관심 저하로 인해 제안활동이 침체된다.

2. 제안 상금과 제안의 관심 관계

기업의 문제 크기와 효과의 관계를 보면, 문제가 큰 것은 효과가 크고 작은 것은 당연히 효과가 작게 된다. 고등급 제안의 경우 문제가 큰 것들이 주를 이룬다. 이 경우 상금은 보통 100만 원에서 500만 원까지 지급하며 심지어 1,000만 원까지 지급하는 회사도 있다. 또한 문제가 적어서 효과가 작은 저등급에 대해서는 1,000~3,000원 정도의 적은 금액을 준다.

만약 상금의 범위를 1,000~500만 원까지 정해 놓으면 제안자들은 과연 어느 정도 관심을 갖게 될까? 제안자들은 자기가 할 제안에 대해서 먼저 금액 환산을 하여 그 금액에 상응하는 제안을 하

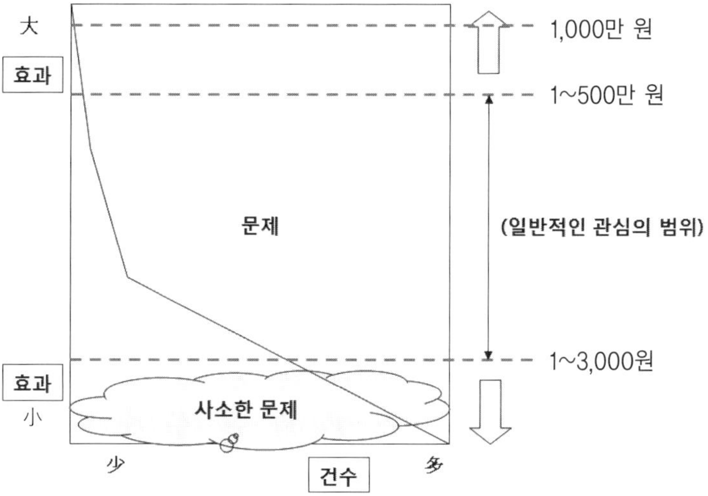

자료 : 어용일, 『제안활동 성공추진 매뉴얼』, 2006.

[그림 2-4] 문제의 크기와 제안 상금, 제안 관심범위

게 된다. 즉, 상금을 최하 1,000원을 주게 되면 제안자들은 1,000원 정도의 가치보다 낮은 사소한 것에 관심을 갖지 않게 된다. 왜냐하면 스스로가 이렇게 사소한 것은 1,000원을 받을 수가 없다고 생각하기 때문이다. 그래서 사소한 것보다는 조금 수준이 높은 1,000원 정도의 가치가 있는 것들에 관심을 갖게 된다. 결국 제안자는 제안의 가치를 돈으로 환산해 1,000원부터 500만 원까지의 범위에 대해서 관심을 기울이고 제안을 하게 된다.

3. 제안 상금이 낮아야 반복되는 불량을 잡는다

기업이 경쟁력을 가지려면 큰 것에 관심을 갖는 것도 중요하지

만 오히려 작고 사소한 곳에 관심을 기울여야 한다. 왜냐하면 기업에서의 대부분의 문제는 작은 곳에서 사소한 부주의에서 발생한다. 안전사고, 화재, 클레임 발생, 반복되는 불량, 휴먼 에러(error) 등은 거창한 것이 아니라 대부분 사소한 실수로 인해서 발생하는 작은 것들이다. 이러한 실수를 줄이기 위해서는 직원들의 시선을 큰 문제도 좋지만 작고 사소한 곳에도 관심을 갖도록 유도해야 한다.

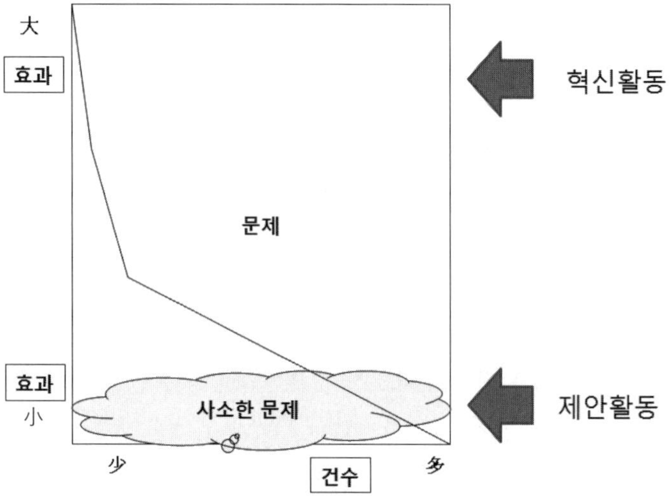

자료 : 어용일, 『제안활동 성공추진 매뉴얼』, 2006.

[그림 2-5] 사소한 것에 관심을 가져야 한다.

기업에서 사소한 문제에 대해 관심을 기울여주는 혁신활동은 없다. 있다면 제안제도뿐이다. 그런데 그조차 사소한 부분에 관심을 갖게 만들지 않는다. 바로 상금 때문이다. 앞에서도 지적했지만 제안 상금이 최하 1,000원이라면 1,000원 이하에 해당하는 작고 사소한 것에는 관심을 가지지 않게 된다. 그러므로 작고 사소한 것을 찾아내고 개선하기 위해서는 상금을 더 낮추어야 한다.

필자가 지도한 기업 중에는 상금을 200원 정도로 낮추어 보았더니 제안이 월 16,000건까지 활성화된 적이 있다. 이 기업은 300여 명의 인원이 매월 300여 건의 제안이 올라오는 정도였는데, 공장장이 제안 건수를 더 많이 올리려는 생각에 제안 교육을 신청한 것이었다. 필자는 교육을 마친 후 제안제도를 보게 되었는데, 제안 상금이 최하 2,000원이었다. 필자는 공장장에게 이야기해서 상금을 최소 200원 정도로 낮추어 보라고 권했다. 왜냐하면 그 공장의 직원 대부분이 주부사원들이었는데, 이 주부사원들의 이야기가 제안하기가 매우 어렵다고 하면서 “우리들은 공장에 출근해서 청소나 하고 라인에서 잘못된 것 걸러내고 정리정돈을 하는 단순 업무인데 우리가 개선을 해서 2,000원 받을 게 없어요. 개선은 우리가 아닌 엔지니어들이나 하는 것이지요.”라고 이야기한 것을 들었기 때문이다. 주부사원들은 거의 제안을 하지 않는 분

[표 2-4] C 공장 제안 건수 증대 현황 사례

	1월	2월	3월	4월	5월	6월	7월	8월	9월	10월	11월	12월	비고
2004년	342	404	531	409	370	421	380	301	330	425	408	603	
2005년	443	449	675	398	880	758	2,256	2,573	5,738	8,874	10,833	11,322	

200원 책정 후 5S 증가 현황

위기였다. 이를 전하면서 제안 상금을 200원으로 낮추었더니 월 평균 5,000건 이상의 제안이 제출되더니 급기야 11,000건까지 증대가 되었다. 주부사원들이 200원 정도의 수준으로 아주 작고 사소한 5S 관련 제안들을 많이 했기 때문이었다.

4. 일부 계층을 위한 적은 상금 책정

조직의 구조는 위로는 경영층부터 아래로는 현장직, 주부사원, 일용직, 아르바이트 등 여러 계층으로 구성되어 있다. 계층별로 기대성과를 그려보면 대체로 위로 갈수록 성과가 크게 나타나고 아래로 갈수록 성과가 적게 나타나게 된다. 물론 현장직에서 큰 성과가 나기도 하고 주부사원들이 큰 성과가 나는 제안을 하기도 한다. 실제로 제안왕들은 거의 현장직이다. 하지만 이들은 극히 소수의 인원이다. 대부분의 직원들은 그리 큰 효과를 기대하기가 어렵다.

어떤 기업들은 아주 저가치 제안은 하지 말라고 하는 경우도 있다. 상금 3,000원을 준다는 것은 3,000원 정도의 가치를 고려한 배경이 있다. 최소 상금을 3,000원 정도로 책정하면 단순 업무를 하는 사람들이 제안하기가 매우 어려워진다. 제안 상금을 책정할 때 회사의 특성에 따라서 현장에서 근무하는 사람들의 구성을 고려해 이들을 위해 상금을 낮게 책정할 필요가 있다. 성과 있는 업무를 하는 사람들을 위해서는 상금을 높게 책정하고, 단순 업무를 하는 사람을 위해서는 상금을 낮게 책정해야 한다.

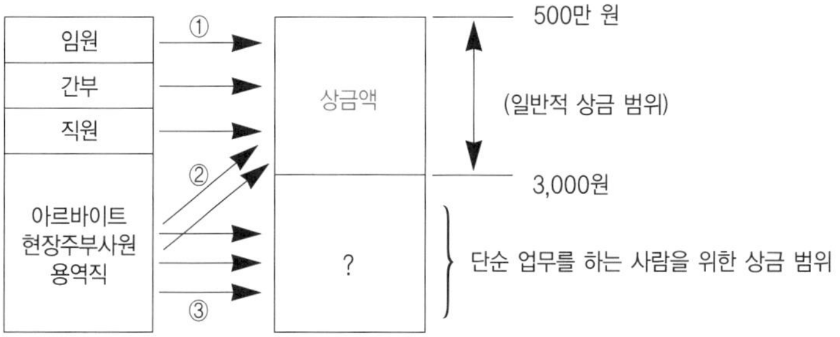

[그림 2-6] 회사 직급과 효과 그리고 상금 책정 관계도

그림[2-6]에서 ①은 일반 정규 직원들이 주어진 상금 범위에서 제안을 하는 수준이다. 대체로 일부 직원을 제외하고는 큰 무리 없이 제안하고 상금을 받는다. 상금의 수준을 직원들의 수준에 맞추어 놓았기 때문이다.

②는 직원이 아닌 단순 업무를 하는 직원들이 직원들의 수준에 해당하는 상금을 받기 위해서 노력을 하는 부분들이다. 소수의 인원이 노력해서 상금을 받게 되기 때문에 대부분의 직원들은 제안에 관심이 없게 된다.

③은 단순 업무를 하는 사람들로 3,000원 정도보다 더 낮은 수준의 효과를 내는 사람들이다. 효과가 적다 보니 현재 주어진 범위 내에서 책정된 상금을 받기가 어려워진다. 그래서 제안에 관심이 없게 된다. 상금을 너무 높게 책정하면 단순 업무를 하는 사람들이 제안할 곳이 없게 된다. 단순 업무를 하는 사람들을 위해서 낮은 시상금을 만들면 일부 직원들도 상금을 받아가서 제안활동에 더 많은 관심을 갖게 된다.

08

제안 상금을 현금으로 지급하는 것이 좋을까?

고민

- 제안 시상금을 현금으로 지급하는 것이 좋을까요?
- 마일리지는 어떤가요?
- 상품권도 있을 텐데…….
- 현금인 경우 어떤 방법으로 지급하는 것이 좋을까요?

원인 및 당위성

제안에 대한 보상방법은 실로 다양하다. 초창기에는 상품으로 많이 지급했는데 점차 상품권 등으로 다양해지다가 최근에는 현금을 많이 선호하는 경향이 있다. 조사를 해보니 제안자들은 현금을 가장 선호하기도 한다. 아무래도 상품권이나 쿠폰 등은 지정된 장소에서만 사용가능하지만, 현금은 어느 곳에서도 자유롭게 사용할 수 있기 때문에 현금을 선호하는 것이다.

해결방안

1. 제안 상금 지급 형태

2009년도 한국제안활동협회에서 조사한 내용을 보면 격려와 동기부여 차원에서 제안활동에 대한 보상으로 지급되는 포상금 지급 방법은 현금으로 직접 지급하는 경우가 71.7%로 나타났으며 급여통장에 포함하여 지급하는 경우가 11.8%, 상품권 등으로 지급하는 경우가 10.7%로 나타나고 있다.

이전에는 상품권 지급 부분은 기타 항목에 넣을 정도로 미비한 수치였으나 계속되는 증가로 이제 포상 방법의 한 형태로 굳어지고 있다. 특히 상품권 지급은 제조업보다는 비제조업에서 더욱 활성화된 형태로 나타난다. 이외 기타로 마일리지를 부여한다는 응답, 복지 포인트로 부여한다는 응답, 생산 품목이나 연수 기회 등으로 지급한다는 부분이 5.8%를 차지했다.

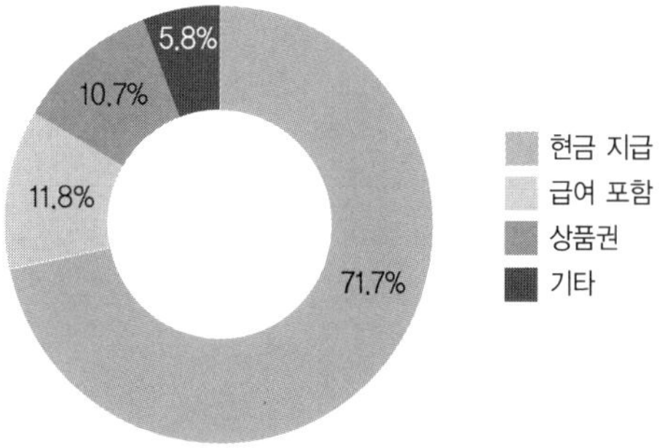

자료 : 한국제안활동협회, 「아이디어 경영대회 발표자료」, 2009.

[그림 2-7] 제안 상금 지급 형태

2. 가장 좋은 방법은 현금 지급방식

기업에 가서 제안 상금을 무엇으로 지급하는 것이 가장 좋으냐고 질문하면 이구동성으로 현금을 원한다고 한다. 금액이 적더라도 현금을 원하므로 가능하면 제안 상금은 현금으로 지급하는 것이 좋다. 최근 몇몇 기업들이 현금 대신 지급한 마일리지를 사이버 화폐로 전환시켜 현금화 사용을 하고 있지만, 이를 위해서는 전산 시스템으로 자동처리해야 한다는 단점이 있다.

제안 상금을 현금으로 지급하는 방법은 매월 초에 팀장들이 직접 제안자에게 지급하기도 하지만 급여에 포함시키는 경우도 있다. 매월 초 현금을 지급하는 방식은 그것이 전산이든, 수작업이든 지난달의 심사 결과에 따라서 총금액을 제안자에게 지급한다. 전사 제안 사무국은 집계된 총액을 팀별로 분류한 후 팀장에게 전달하고 팀장이 각각 팀원에게 지급하는 방식이다. 전산화가 된 기업은 이를 급여에 제안 상금 항목을 만들어 지급하기도 한다.

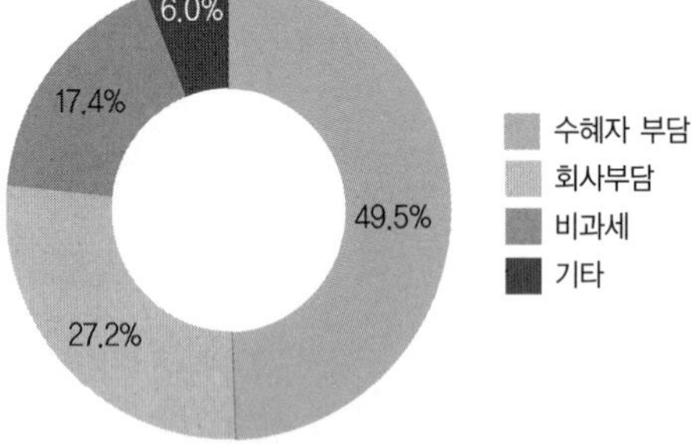

자료 : 한국제안활동협회, 「아이디어 경영대회 발표자료」, 2007.

[그림 2-8] 제안 상금 세금 처리 현황

제안 상금에는 항상 세금 문제가 대두된다. 여기서 발생하는 세금은 수익자가 부담하는 경우도 있고 회사에서 일괄공제하고 지급하는 경우도 있다. 한국제안활동협회에서 분석한 2007년도 각 기업의 포상금에 대한 세금 처리 현황에 대한 결과를 보면 수혜자 부담 49.5%, 회사 부담 27.2%, 비과세 17.4%, 기타 방식이 6.0%로 나타났다.

제안 상금의 세금 처리 문제는 원칙이 정해진 것은 아직 없다. 각 기업의 경리 담당자와 협의한 후 자사의 실정에 맞는 것을 선택해서 운영하는 것이 가장 바람직하다.

09

제안자와 실시자가 다른 경우, 상금을 어떻게 지급하는 것이 좋을까?

고민

- 제안자에게는 시상금을 지급하지만 실시자는 어떻게 해야 하나요?
- 제안자와 실시자가 다른 경우, 어떻게 시상금을 지급해야 하나요?
- 실시자에게도 시상금을 지급해야 하나요?
- 제안자가 실시자인 경우, 시상금을 어떻게 지급해야 하나요?

원인 및 당위성

제안을 하는 사람을 제안자라 하고 실행을 하는 사람을 실시자라 하는데, 제안자와 실시자가 다른 경우가 있다. 이 경우 상금을 어떻게 지급해야 하나? 대체로 제안자에게는 제안 상금을, 실시자에게는 실시 상금을 주도록 되어 있는데, 제안자와 실시자가 다른 경우에는 어떻게 상금을 분배하는 것이 가장 바람직한 것일까?

해결방안

1. 상금은 제출한 사람에게

제안 상금은 제안을 제출한 사람에게 지급한다. 제안을 제출한 제안자에게는 제안 상금을, 실시를 한 후 제출하면 실시 상금을 지급한다. 그런데 제안자와 실시자가 다른 경우가 있는데 이런 경우에는 제안자와 실시자 모두에게 상금을 지급한다. 생산부 사람이 부서 안내도를 부착하자고 총무 팀에 제안을 했을 경우, 총무 팀에서 이를 채택한 후 실시자를 지정해 실시를 하고 실시제안을 했다면 제안 상금은 생산부 사람에게, 실시 상금은 총무 팀 사람에게 지급하면 된다.

2. 제안자와 실시자의 상금 지급방식

제안자가 제안한 것을 실시자가 제안자와 같이 공동으로 실시를 하는 경우의 상금지급방식에는 회사에 따라서 몇 가지 지급방법이 있다.

첫째, 제안자에게 모두 지급하는 경우

모든 제안은 제안자의 것이라고 인식하는 경우로서 다른 사람이 실시를 했다고 해도 제안 상금은 제안자에게 지급한다. 이럴 경우 제안자들은 타 부서 제안에 적극적으로 참여하겠지만 실시자에게는 혜택이 거의 없어서 제안이 채택되거나 실시가 될 확률은 매우 낮아진다.

둘째, 실시자에게 모두 지급하는 경우

아무리 제안을 많이 하고 좋은 아이디어라도 실시를 하지 않으면 가치가 없다는 인식하에 모든 제안에 대해서 실시한 사람에게 상금을 지급하는 경우이다. 이 경우에는 제안자의 참여가 거의 없어서 실질적으로 제안이 활성화되지 않는다.

셋째, 제안자와 실시자 공동으로 배분하는 경우

제안자와 실시자가 달라도 실시를 할 때 무조건 반으로 구분하여 지급하는 것이다. 이 경우 배분방법은 간단해서 편하지만 실시할 때 관여를 많이 한 사람의 경우에는 손해를 본다는 인식이 생겨서 자칫 마음이 상할 수가 있다.

넷째, 제안자와 실시자의 기여도에 따라서 지급하는 경우

제안자와 실시자가 다른 경우나 참여 및 성과 기여도에 따라 상금을 지급한다. 기여도는 실시제안을 주관한 사람이 판단하여 정한다.

10

제안 목표를 주는 것이 바람직한가?

고민

- 제안을 제출하지 않아서 제안 목표를 주려고 하는데, 좋은 방법인가요?
- 왜 제안 목표를 줘야만 하지요?
- 제안 목표를 주지 않으면 제안을 하지 않을 텐데, 좋은 방법은 없나요?
- 제안 목표를 주려면 어떤 방법이 좋을까요?

원인 및 당위성

제안 목표를 부여하는 방식은 자발성을 무시한 채 직원들을 제안에 참여시키는 방식으로 제안제도 초기부터 시행해온 방식이다. 원래 성과는 실행으로부터 나오고 실행의 시작은 참여이며 그 참여는 자발적인 인식으로 시작되어야 한다. 그런데 자발적으로 참여하지 않으면 강제적인 참여 방법을 사용할 수밖에 없는데 그 방법이 바로 목표를 부여하는 방식이다. 제안제도는 자율적인 종업원 참여의 제도인데 과연 목표를 주는 것이 바람직한 것인가?

➡ 해결방안

1. 왜 제안 목표를 부여하게 되었는가?

모든 제도가 다 그렇듯이 잘만 운영하면 약이 되지만 잘못 운영하게 되면 독이 된다. 기업에서는 제안제도를 원가절감이나 품질향상, 조직 내 소통의 수단으로 활용하려고 도입한다. 그런데 이를 위해 주관부서는 제도만 잘 만들면 되는 줄 알고 다른 회사 방문이나 외부 자료를 수집, 좋은 것만 선택해서 제도를 만든다.

과연 제도를 잘 만든다고 제안이 활성화될까? 다른 회사 자료는 참고는 될 수 있어도 활성화에는 크게 도움이 되지 않는다. 제안이란 것은 제도만 잘 만든다고 되는 것이 아니기 때문이다. 특히 경영자일수록 착각은 더 심하다. 제안제도는 그리 쉬운 제도가 아니다. 제안제도야 말로 다른 어떤 제도보다도 어렵고 성과를 내기가 힘든 제도이다. 그렇기 때문에 제안 건수는 쉽게 늘지 않는다. 특히 제안에 대한 교육이나 정보제공 없이 운영하게 되면 더욱 그렇다. 직원들은 제안하면 좋은 줄 알고 있는데, 구체적으로 어떻게 하는지도 모르겠고 제안거리도 없다고들 하소연한다. 이러다 보니 제안 건수는 점차 줄어들게 되고 이에 특별한 방법이 없는 제안 주관부서는 이를 올려보려고 제안 목표라는 칼을 빼들기 시작하는 것이다.

2. 제안 목표 부여에서 나타나는 현상

목표 대비 결과만 평가하는 방식은 많은 제안자들에게서 비판을 받아온 방식이다. 이제는 버려야 할 낡은 방식임에도 불구하고 여전히 목표 부여는 제안 사무국 입장에서는 쉽게 사용할 수 있는 아주 매력적인 무기이기 때문에 쉽게 포기를 하지 않는다.

제안 목표를 주면 장점도 있지만 부작용도 만만치 않다. 대표적인 것이 저등급 제안 양산이다. 제안평가 지표 중 가장 대표적인 항목이 인당 제안 건수인데 제안자들은 제안 제출이란 것에 매우 민감해지게 되고 그러다 보면 제안의 질에는 관계없이 일단 제출하고 보자는 심정으로 제안을 하게 된다.

회사에서는 성과 크기에 관계없이 고등급 제안도 한 건이고 저등급 제안도 한 건으로 취급한다. 잘 알고 있는 것처럼 고등급 제안을 하기에는 무척 어렵지만 저등급 제안은 어느 정도 쉽다. 이런 상황에서 과연 어느 누가 고등급으로 건수를 채우겠는가?

3. 제안 목표 부여의 득과 실

제안이라는 자율성이 목표 부여라는 강제성과 만나면 과연 어떻게 될까? 득이 될까 아니면 실이 될까? 그 결과는 회사마다 다르게 나타난다. 조직문화가 군대식의 강제성 중심으로 운영이 되는 회사에서는 득이 되지만 자율성을 기반으로 운영되는 조직에는 실이 된다.

일반적인 시각에서의 득을 따져보자. 제안 목표를 부여하게 되면 제안 건수는 늘어나게 된다. 일단 목표라는 것은 달성하라고 세운 것이기 때문에 달성하지 못하면 직원 스스로가 스트레스를 받게 되기 때문에 목표는 어떻게라도 달성하려고 노력하게 된다. 그래서 제안 건수는 올라가게 된다.

지방에 있는 어느 경영자는 무조건 월 5건씩 하라는 목표를 주면서 제안 활성화에 박차를 기하고 있다. 이 회사는 월 5건씩 하므로 연간 인당 50여 건으로 제안 건수도 제법 많이 나온다. 이러한 경영자들이 의외로 많다. 무조건 제안 목표를 부여해서 직접 간여한다. 심지어는 KPI 등에 반영을 하여 제안 목표를 부여하고 실적을 챙긴다. 이러한 회사에 가보면 제안 건수가 무척 많다.

다음에는 실을 따져보자. 제안 목표를 주게 되면 직원들은 심한 스트레스에 시달린다. 대부분의 목표는 달성하기 조금 어려운 수준에서 결정이 되기 때문에 제안 목표 채우기가 보통 어려운 게 아니다. 그래서 직원들은 제안을 하는 것이 아니라 제안 목표 건수를 채우기 위해서 제안을 한다. 사실 목표라는 것은 달성 가능할 정도로 조금 더 높게 잡아야 희망을 갖고 하면 된다는 자신감을 갖게 되는 것이지 목표가 터무니없이 높게 되면 쉽게 포기를 하게 된다.

아무리 노력해도 제안을 2건밖에 못하는 사람에게 제안을 잘하는 사람 기준으로 목표를 10건씩 주게 되면 이 사람은 아예 포기를 하게 될지도 모른다. 또한 앞에서 지적한 것처럼 저등급 제안이 양산될 확률이 높다. 그리고 제안활동 명분에서 자율성이란 제안 활동에 강제가 부여되면 어떻게 되느냐는 등의 많은 이야기가 나오게 되어 제안참여에 반대하는 사람들이 생길 수도 있다.

4. 제안 목표는 자율로 하는 것이 바람직하다

제안이란 것은 직원들이 회사에서 일을 하다가 아이디어나 의견이 있으면 자연스럽게 회사에서 제공된 시스템에 따라서 제안을 하고 이에 대한 대답을 듣는 자연스런 제도이다. 결코 강제적으로 추진해서는 안 되는 제도이다. 직원들 중에는 적극적으로 의견을 내는 사람도 있고 그렇지 않는 사람들도 있다. 조직 구성원의 성격들이 천편일률적인 조직은 없다. 여러 성격의 사람들이 서로 어울려 조직이 움직이는 곳이 바로 회사의 일터이다. 그런데 조직에서 강제적으로 목표를 주는 경우는 매출이나 업무 목표를 주는 것 외에 그리 많지 않다. 매출 목표나 업무 목표는 조직의 생존이 달린 만큼 중요한 것이기 때문에 어쩔 수 없다 하더라도 제안 목표는 과연 조직의 생존을 흔들 만한 대단한 것인지 모르겠다.

제안제도는 종업원의 경영 참여제도로 나타난 아주 자연스런 것인데도 목표를 주는 이유는 대부분 제안 주관부서의 잘못된 정책 때문이라 생각된다. 마치 제안 목표는 제안 사무국이 자신의 목표를 달성하기 위한 수단 같은 느낌이 든다. 사실 제안업무는 제안 주관부서(사무국)의 일이 아니라 전 직원 개개인의 일임에도 불구하고 마치 제안을 제안 주관부서의 일로 잘못 생각해 제안 목표부여라는 악수를 두게 된 것이다.

제안 주관부서의 입장에서는 전사 제안을 주관하고 운영해야 하는 미션을 띄고 있기 때문에 전제 제안의 모든 것을 주관하는 것은 당연히 제안 주관부서의 일임에 틀림이 없다. 그래서 제안 주관부서는 제안이 많이 나오고 활성화되도록 하는 것이 자신들의 업무 목표이다. 조직에는 항상 부서별로 업무 목표라는 것이 있음으로 제안 주관부서도 제안 활성화의 업무 목표를 가져가는 것은 당연하다. 그런데 그 목표를 제안 주관부서로 가지 않고 제안자들에게 부여하고 있는 것이다.

제안 주관부서에서는 제안 목표를 총 5,000건 또는 10,000건 등 부서 목표를 정해 놓았다면 이를 달성하기 위해서 교육시키고 전 부서를 다니면서 독려하고 이벤트도 하면서 제안이 도출되도록 노력을 해야 한다. 그런데 자신들은 전혀 움직이지 않고 자신들의 목표를 제안자들이나 심사자들에게 넘겨주는 모습이 되는 것이다. 제안자 입장에서는 억울할 수밖에 없다. 제안은 목표를 주고 챙기는 업무가 아니다.

11

중복제안, 유사제안이 많은데 어떻게 해결하지?

고민

- 제안 중에 중복제안이 너무 많습니다.
- 유사제안도 제안으로 인정해 주어야 하나요?
- 중복제안, 유사제안을 걸러내는 방법은 없나요?
- 중복제안, 유사제안을 없앨 수 있는 방법이 있을까요?

원인 및 당위성

제안제도를 운영하다 보면 비슷한 제안들이 계속 올라오게 된다. 이를 중복제안 또는 유사제안이라고 하는데 제안을 주관하는 부서 입장에서는 유사제안 또는 중복제안에 대해서 부정적인 인식을 많이 가지고 있다. 마치 유사제안이나 중복제안은 제안제도를 악용하는 사례정도로 치부하기 때문에 이를 방지하기 위해서 많은 노력을 기울인다.

과연 유사제안 또는 중복제안은 잘못된 것일까?

해결방안

1. 중복제안은 목표 건수에 대한 부담감의 작용

이 말은 제안자라면 모두 다 아는 내용이다. 제안자 입장에서는 월 몇 건 제출하라는 목표달성이 보통 부담이 되는 것이 아니다. 모든 제안자가 다 그렇지는 않지만 몇몇 제안자들은 무조건 건수는 채워야 하므로 건수를 채우기 위해서 가장 쉬운 방법부터 생각하게 마련이다. 그게 바로 남이 제안한 내용을 조금 보완하는 유사제안, 중복제안이라는 방법으로 나타나는 것이다. 물론 제안자 입장에서는 남의 것을 보지 않았을지 모르지만 심사자 입장에서는 중복제안, 유사제안으로 판정을 하게 된다. 제안자의 능력, 회사에서 제안을 할 수 있는 여건 등을 고려하지 않은 일방적인 목표 부여가 중복제안, 유사제안을 이끌어내게 된다.

2. 중복제안은 심사자 입장

중복제안, 유사제안은 제안자 입장이 아닌 심사자 입장에서 판단되는 것이다. 제안자는 중복제안이지 모르고 하는 경우도 많다. 그런데 심사자가 읽어보니 전에 심사한 것들과 비슷하거나 유사하기 때문에 중복제안, 유사제안이라고 부른다. 만약 제안자 입장에서 자기가 하려는 제안이 중복제안, 유사제안이란 것을 알면 어떻게 될까? 그럴 경우 대개는 제안을 하지 않거나 다른 방법으로 제안을 하게 될 것이다.

중복제안을 방지하는 방법은 제안자들에게 중복제안인지를 알게 하는 것이다. 제안자들에게 중복제안이라고 알려줄 수 있는 좋은 방법은 중복제안이나 유사제안들이 올라오면 심사자들은 정기적으로 "이러이러한 내용들이 지금 계속 제안으로 올라오는데, 이러한 제안들은 이런저런 이유로 채택을 할 수 없으니 양해 바랍니다."라고 공지를 해야 한다.

물론 공지를 했는데도 끝까지 몰랐다고 하면 어쩔 수가 없지만 대체로 중복제안인지를 알게 되면 제안을 하지 않는 편이다. 중복제안 또는 유사제안을 제안자들에게 하지 말라고 하는 것보다는 내용을 공지하고 서로 이해하는 범위에서 해결한다면 쉽게 해결이 될 수 있을 것이다.

■ 인사/총무관련 제안

제안 내용 요약	심사 결과(의견)
– 본사 내 식당에서 간단한 아침식사를 할 수 있도록	– 가정에서 해결하는 것이 바람직
– 회사 보유 차량에 홍보 스티커 부착	– 탑승자 신분노출로 꺼려함
– 본사 근무자의 근무복 착용	– 찬반이 구구한 사항이므로 즉시 도입에 문제점
– 엘리베이터 내 게시물/안내표시 부착	– 보안 관리상 곤란함. 안내에 문의 후 방문
– 본사 내 의무실 설치	– 많이 아프면 사내 의무실로 감당 곤란, 병원 이용 바람
– 오후에 사내 체조방송 실시	– 과거 시행했지만 호응 부족으로 중단

[그림 2-9] 중복제안 공지 사례

3. 창조는 모방으로, 벤치마킹 제안

사실 남이 제안하는 내용을 보고 유사한 제안을 하는 경우 남의 제안을 본다는 관점에서는 그리 나쁜 것은 아니다. 창조는 모방에서 나온다고 하지 않았는가? 현실적으로 대부분의 제안자들은 남의 제안을 잘 보는 편이 아니다. 그저 자신의 입장에서 제안을 하게 된다. 그런데 공교롭게도 그 제안이 심사자 입장에서는 이미 제안된 내용이라면서 남보다 늦게 했다는 이유로 중복제안 취급을 받게 되는 것이다. 어찌 보면 제안자 입장에서는 억울할 수도 있다.

중복제안과 유사제안은 벤치마킹 제안과 어떻게 다른가? 중복제안과 유사제안은 동일한 심사자에게서 나타나고 벤치마킹 제안은 서로 다른 심사자에게서 나타난다. 예를 들면 자재부에 근무하는 홍길동과 영업부에 근무하는 이순신이 있다. 이 둘은 기획 팀에 회의가 있어서 각자 기획 팀으로 갔는데 기획 팀 사무실 출입문에 자리배치도가 있어서 사람 찾기가 훨씬 수월하다는 것을 느꼈다.

회의가 끝나고 돌아온 홍길동과 이순신이 제안을 했다. 이 두 사람은 사무실에 관한 것은 총무 팀 업무라 생각하고 각자 총무 팀에 모든 사무실에 자리배치도를 만들자는 제안을 하였다. 총무 팀 입장에서는 이 두 제안이 서로 중복된 의견이나 유사한 의견이라 생각했다. 이를 두고 중복제안, 유사제안이라고 하는 것이다.

그런데 만약 홍길동이 자기가 소속된 자재팀장에게 우리도 기획팀처럼 자리배치도를 붙이자는 제안을 하고, 마찬가지로 홍길동이도 소속팀장인 영업팀장에게 우리도 자리 배치도를 만들어 붙이자고 제안을 한다면 이 둘의 경우는 중복제안이 아니라 서로 심사자가 다르기 때문에 벤치마킹 제안이 된다. 중복제안과 벤치마킹 제안 중 좀 더 생산적이고 효율적인 제안은 벤치마킹 제안이다.

4. 중복제안은 여론일 수도 있다

필자는 지금도 1년에 한두 번씩 모 청에서 주관하는 공무원제안 및 국민제안 심사위원으로 참석한다. 공무원제안과 국민제안을 심사하다 보면 유사제안들이 계속해서 많이 나온다. 법령을 고쳐달라든지, 제도를 만들어 달라든지, 인터넷으로 바꾸는 것이 좋겠다는 등 지속적으로 유사내용들이 몇 년에 걸쳐 나오게 된다.

이런 제안을 심사하면서 제안 주관부서에 질문을 해본다. '왜 이런 제안이 계속 나올 수밖에 없느냐?' 고. 제안 주관부서의 이야기를 들어보면 국민들이 제안한 내용들은 모두 맞는데, 법을 고치지 못하거나 예산이 없어서 못하는 경우도 많다고 한다. 결국 해결이 되지 않으니 국민들은 지속적으로 동일 제안을 하게 되는 것이 아닌가 하는 생각이 든다.

회사에서도 마찬가지이다. 제안자들 입장에서는 이미 해결이 되었으면 제안을 하지 않을 텐데 개선이 되지 않으니 계속해서 제안을 하게 되고 이런 제안들이 중복제안, 유사제안 형태로 나타나게 되는 것이다. 중복제안, 유사제안이라고 무조건 잘못된 것이 아니라 오히려 직원들의 여론으로 간주하다면 의미가 다를 것이다.

5. 중복제안은 저등급 제안이다

중복제안, 유사제안은 대부분 저등급 제안이다. 고등급 제안이 중복제안으로 올라오는 경우는 거의 없다. 만일 고등급 제안이 중복제안으로 올라온다면 이는 그 회사의 관리체계에 문제가 있다는 방증이다. 고등급 제안은 눈에 띄게 마련인데 이를 모르고 제안을 했다면 그 조직은 중복제안이 문제가 아니라 조직 운영 자체가 문제라고 볼 수 있다. 그래서 고등급 제안은 거의 중복제안으로 올라오지 않는 편이다.

회사 입장에서 보면 단순 저등급 제안은 경영에 크게 영향을 주지 않는다. 대체로 나와도 그만 나오지 않아도 그만인 것들이 많다. 그래서 단순 저등급 제안으로 올라오는 중복제안은 크게 신경 쓸 것이 별로 없다.

6. 중복제안을 사전에 거르는 검색기능(?)

어떤 기업은 중복제안, 유사제안을 걸러내기 위해서 제안자들에게 제안을 하기 전에 스스로 유사제안이 있는지 검색을 해보라는 의미에서 검색기능을 만들어 운영하고 있다. 물론 제안자 스스로 정보차원에서 자기와 유사한 제안이 있나 없나를 알 수 있도록 하는 차원에서는 다소 긍정적일지 모르겠지만 필자 입장에서는 중복제안 검색 기능에 대해서는 반대하는 편이다.

중복제안은 앞에서도 몇 차례 이야기했지만 거의 단순제안이고 회사에 크게 영향을 미치지 않는 것들이 대부분이다. 그런데 이를 걸러내기 위해서 수많은 돈을 들여 검색엔진을 들여놓는 회사들이 있다. 중복제안을 찾아내기 위해서 제목 검색, 내용 검색, 첨부문서 검색 등을 해서 중복제안을 찾아내려고 한다. 과연 이렇게 돈을 들여서까지 중복제안을 걸러내야 할까? 중복제안이 그렇게 돈을 들여 걸러내야 할 정도로 잘못된 제안일까?

사실 제안자들은 중복제안 검색을 잘 사용하지 않는다는 것을 제안 주관부서는 한번 생각해 보았으면 한다. 제안자들이 오래간만에 제안 한 건을 하려는데 중복제안 검색을 하라고 하면 그것을 즐겨 검색하겠는가? 만약 중복제안이 나온다면 제안자는 어떻게 생각하겠는가? 제안 주관부서의 생각대로 제안을 하지 않을까? 아마 대부분 제안자들은 말을 돌려서라도 제안을 하게 될 것이다. 그래서 제안자들 대부분은 중복제안 검색을 잘 하지 않는 편이다.

회사에서 제안자가 중복제안을 검색하지 않고 제안하는 것을 방지하기 위해서 어처구니없는 일을 하는 경우도 종종 있다. 바로 시스템적으로 중복제안을 검색하지 않으면 다음 화면으로 넘어가지 않도록 화면을 구성하는 것이다. 제안자들은 할 수 없이 눈을 감고 형식적으로 클릭하기만 한다. 도대체 중복제안이 뭐기에 반드시 검색을 해서 제출방지를 하도록 하는 것일까?

7. 중복제안 제출은 제안을 내지 않는 것보다는 낫다

제안을 하라고 해도 한 건도 제안하지 않는 사람들도 많다. 이런 사람들 때문에 참여율이 떨어지게 된다. 어떻게 보면 제안 주관부서의 입장에서는 이런 사람들이 미울지 모르겠다. 그런데 만약 중복제안이라도 제출하게 되면 어떻게 될까? 참여율은 올라가게 된다. 제안 주관부서 입장에서는 제안을 한 건도 내지 않는 사람보다는 중복제안, 유사제안이라도 내는 것이 좋지 않을까?

고등급 제안은 저등급 제안으로 많은 훈련을 해야 나오는 것이다. 그래서 유사제안이나 저등급 제안도 계속 나올 수 있도록 해야 한다. 중복제안이나 유사제안은 훈련을 하는 것이다. 처음부터 고등급 제안을 하고 처음부터 좋은 제안을 하는 사람은 그리 많지 않다. 누구나 처음에는 남의 것을 보고 흉내를 내면서 시작을 하게 마련이다. 국내 유명한 제안왕인 윤생진 씨는 EBS 「길을 찾는 사람들」이라는 프로에서 금호타이어에 근무할 때 처음에 홍동기란 제안왕을 흉내 내기 시작하면서 제안을 시작해 결국은 자신도 제안왕이 되었다고 한다.

8. 중복제안, 유사제안의 현실적인 문제는 상금 지급

유사제안, 중복제안의 현실적인 고민은 내용의 중복보다는 이런 제안들까지 다 상금을 주어야 하는가일 것이다. 대부분의 회사들은 제안을 제출만 하면 1,000~3,000원의 금액을 지급한다고 정해 놓고 제안제도를 운영한다. 제안제도 초기에는 중복제안이나 유사제안 등 단순제안들이 나올 거라는 생각을 하지 않는다. 시상금을 걸었으니 제도를 만들 때의 원래 취지대로 당연히 좋은 제안들이 나올 것이라는 착각에 빠지게 된다. 현실은 그렇지가 않은데도 말이다.

초기에는 제안다운 것들이 제법 나오기도 한다. 하지만 시간이 지날수록 제안거리는 떨어지고, 업무는 바쁘고, 제안 목표는 계속 주어지고, 제안은 해야 되겠고……. 이렇게 되다 보니 제안자들은 깊은 고민을 하지 않고 쉽게 제안을 할 수 있는 유혹에 빠지게 되는데 바로 중복, 유사제안들이다.

문제는 처음 제도를 만들 때, 제안을 제출만 해도 1,000~3,000원을 주겠다고 했는데 막상 이런 중복제안, 유사제안들도 제도에서 정한 대로 상금을 주어야 하나 하는 현실적인 고민이 생기게 된다. 특히 경영층 입장에서는 더더욱 이건 아니라는 생각을 갖게 된다. 그래서 중복제안이나 유사제안을 대비해서 낮은 상금을 책정하는 것이 좋다.

12

제안 전산시스템을 구축해야 하나?

고민

- 제안 전산시스템을 구축해야 하나요?
- 제안 건수도 별로 없는데 전산시스템 구축의 필요성을 느끼지 못합니다.
- 제안 건수가 많으면 시스템을 도입하려 합니다.
- 현장직은 PC가 없는데 전산화가 도움이 될까요?

원인 및 당위성

요즈음에는 제안을 전산화로 하는 기업들이 많아졌다. 이는 경영환경이 IT를 기반으로 움직이기 때문에 IT를 적극 활용해서 제안하려는 시도이기 때문이다. 하지만 일부 기업의 CEO들은 제안 전산화에 부정적인 생각을 가지고 있다. 제안제도에 IT라는 비용을 투자할 가치가 없다고 생각하거나 아니면 제안 건수도 몇 건

되지 않는데 무엇 때문에 전산시스템을 구축하는가에 대한 자신만의 고집이 들어 있기 때문이다. 과연 제안제도는 전산화가 불필요할까?

해결방안

1. 전산이 안 되면 활성화가 안 된다

기업에서 전산시스템을 구축할 때 흔히 하는 이야기가 수작업으로 해보고 활성화가 되면 전산화로 전환하겠다고 한다. 그래서 전산시스템 구축을 장기 계획으로 구상하고 있다. 그러나 이 방식은 아주 잘못된 생각이다. 거꾸로 전산화가 되지 않으면 오히려 제안이 활성화가 되지 않는다.

전산화가 되지 않으면 모든 정보들이 숨어있게 되고 나의 제안

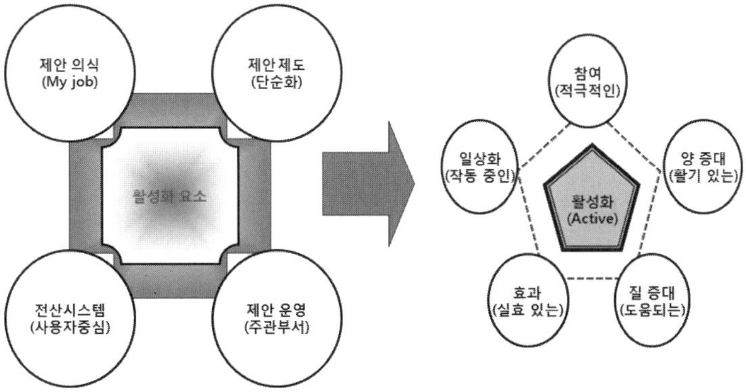

[그림 2-10] 제안제도 활성화 요소

이 어디에 있는지도 알 수 없게 된다. 또한 다른 사람의 것을 볼 수 없게 되어 제안자들이 제안에 적극성을 갖지 않게 된다. 전산화가 되어야만 다른 사람의 제안을 보고 자기도 자신 있게 참여하게 되는 것이다. 제안이 전산화가 되지 않으면 활성화가 되지 않고, 활성화가 되지 않으면 결국은 전산화가 될 수 없는 악순환을 초래한다. 전산시스템 구축은 제안 활성화의 필수 요인이다.

2. 제안 전산시스템 구축 목적

제안 전산시스템의 구축 목적은 다음과 같다.

첫째, 제안 내용의 데이터베이스 구축이다.

둘째, 제안활동 프로세스의 자동화 및 시스템화 추구이다.

셋째, 제안 내용의 전 직원 공유가 가능하다.

넷째, 제안 사무국의 작업이 효율화가 가능하다.

다섯째, 제안활동 프로세스의 편리성을 추구한다.

여섯째, 회사 내 다른 전산시스템과의 시너지(synergy) 효과를 창출할 수 있다.

3. 제안 전산화로 제안 정보들이 공유된다

제안을 전산시스템으로 구축한 회사들의 특징은 직원들이 제안한 내용들이 시스템을 통해 서로 공유된다는 것이다. 직원들이 제안한 내용들을 전산을 통해 리얼타임으로 공유되기 때문에 다른 사람의 제안을 자신의 업무에 즉시 활용할 수가 있다.

제안번호	제목	제안종류	제안자[일자]	심사부서	심사현황	심사결과	분기포상	연포상	조회수
048768	고추장증정품을 바꿔 드렸어요	실시	2005-06-28]	홍성지점	대기				4
048767	장류	실시	2005-06-28]	목포지점	완료	단순			2
048724	고추장 숙성실 점멸등 교체	아이디어	2005-06-27]	환경안전팀(순창)	완료	채택			3
048720	6.5kg 원통 식초 붙여서 파니깐 ...	실시	2005-06-27]	광주지점	완료	보통			4
048717	6월 26일 목포 유통 행사 보고	실시	2005-06-27]	목포지점	완료	단순			6
048690	장류 뚜껑 소비자에게 부탁	실시	2005-06-28]	서울6지점	완료	단순			8
048676	초고추장 2050g..	실시	2005-06-27]	진주지점	완료	단순			8
048568	고추장목표	실시	2005-06-27]	순천지점	완료	보통			7
048528	가격요청에 의한 가격표 UPDATE	실시	2005-06-27]	영업기획팀	완료	단순			3
048489	볶음고추장 띠진열	실시	2005-06-27]	순천지점	완료	단순			8
048431	제품 교체가 있을꺼라는데..	실시	2005-06-27]	홍성지점	대기				5
048334	입점했습니다..	실시	2005-06-27]	홍성지점	대기				1
048245	간장도 리필로 만들면 안될까?	아이디어	2005-06-27]	유통사업부	대기				5
048207	주말인데	실시	2005-06-27]	목포지점	완료	보통			5

[그림 2-11] 고추장 관련 제안 공유 사례(D기업)

[그림 2-11]에서 보듯이 제안을 전산화시키면 직원들이 관심 있는 부분에 대해서 다른 직원들이 제안한 내용들을 참고할 수 있기 때문에 직원들의 업무처리에 좋은 영향을 줄 수 있다.

13

과제제안 및 제안 이벤트는 어떻게 할까?

고민

- 제안 이벤트는 어떻게 하는 것이 좋을까요?
- 제안 이벤트가 뭔가요?
- 제안 이벤트는 제안 활성화에 도움이 될까요?
- 제안 이벤트와 과제제안은 무엇인가요?

원인 및 당위성

제안제도를 운영하다 보면 가끔씩 전 직원들을 일깨울 필요가 있을 때 이벤트를 하면 좋다. 이벤트는 제안의 재미를 주는 요인으로 일반적인 무거운 주제보다는 가벼운 주제로 추진하는 것이 좋다. 그렇다고 원가절감이나 신제품 개발 등 무거운 주제는 안 된다는 의미는 아니다. 오히려 무거운 주제를 해결하는 데도 이벤트가 더 바람직할 수 있다. 제안 이벤트는 어떻게 하는 것이 좋을까?

해결방안

1. 전사적인 이벤트 추진

전사적인 이벤트는 제안 활성화를 위해서 아주 필요하다. 제안 이벤트는 직원들에게 제안제도가 살아있다는 것을 일깨워주는 증거이다. 직원들은 자신의 업무 이외에는 관심이 없고 그 이외의 것에 대해서 뭔가를 하라고 하면 매우 꺼린다. 이와는 달리 주관 부서는 직원들이 뭔가를 하도록 해야 하는 목표가 있다. 알고 보면 직원들과 추진 사무국의 요구는 서로 충돌하게 되어 있다. 그래서 직원들이 스트레스를 받게 되는 것이다. 하지만 이들은 그런 자극이 없으면 관심을 잃고 만다.

[표 2-5] 이벤트 추진사례(E기업)

월	이 벤 트	내 용	비고
1	행운의 제안 번호	제안의 활성화를 위한 인센티브로 특정번호를 지정, 그 번호에 등록되는 제안자에게 상품을 지급한다. 예)9월 5일이면, 끝자리가 95로 끝나는 제안 번호 제안자를 선정해 시상한다.	
3	생일 제안 우대	본인의 생일날 제출된 제안이 채택되었을 때 기존 상금액의 2배를 지급해 준다.	
5	표어 및 포스터 공모전	제안과 관련된 주제를 선정하고 1개월 이내의 공모기간을 두고 모집하여 사내에 기사화하고 포상도 실시한다.	
7	원가절감 10일 작전	공모기간(10일) 동안 공모내용에 따른 아이디어를 집중적으로 접수받는다.	과제제안
9	커플 제안	자기가 평소에 신세를 지고 있거나 관심을 갖고 있는 사람끼리 상대방의 제안을 한 가지씩 써주어 대신 제출해 준다.	

제안 주관부서에서 여러 가지 관심을 표명해 주지 않으면 직원들이 무관심해지고 그로 인해서 건수가 점점 감소된다. 제안 추진 사무국은 지속해서 그들에게 제안제도가 생동하고 있다는 걸 보여 주어야 한다. 그것이 바로 이벤트이다.

2. 제안활동 이름공모

제안 활성화 차원에서 제안제도를 처음 시작하거나 제안의 분위기를 바꿀 필요가 있을 경우 제안활동에 대한 이름을 공모하는 것도 좋다. 보통 제안제도는 공장에서 하는 것으로 인식되고 너무 오래 되었기 때문에 고리타분하게 느낄 수도 있다. 제안을 하라고 하면 뭔지 부담감을 갖게 되고 업무와 별개로 나에게 부담을 주는 그런 인식이 팽배하므로 인식을 바꾸기 위한 제안이름을 공모한다.

제안활동에 대한 이름을 공모하면 직원들도 관심을 갖게 되고 뭔가 우호적인 분위기를 조성할 수가 있다. 제안활동에 대한 이름을 바꾼 기업의 경우 대체로 제안이 매우 활성화되고 있다. 제안활동의 명칭은 '아디이어 뱅크' 등 참신한 명칭으로 사용하고 있으며 웅진그룹은 '반디활동, 상상오아시스' 등 이름을 계속 바꿔왔으며 한국서부발전은 'click suggestion'의 이름으로 제안을 추진하고 있다.

3. 제안제도 OPEN 이벤트

제안제도를 개선하거나 전산시스템을 구축해서 처음으로 오픈하는 경우에도 이벤트를 하면 좋은 반응을 얻을 수 있다. 처음 시스템을 오픈할 때는 직원들의 관심이 매우 중요하다. 때문에 초기에 직원들의 관심을 집중시키기 위해서 이벤트를 추진한다.

■ 이벤트 기간:제안 전산 시스템Open일부터~45일(2009. 1. 1. ~ 2.15. 예상)

■ 이벤트 목적

- 제안 시스템 Open에 대한 관심 유도
- 자발적 참여 증대
- 제안 활성화 기반 조성

■ 이벤트 내용

시상명	내용	시상 인원	시상금
제안 조기 등록자	제안번호 1~20번 제안 등록자 중 추첨으로 5명 시상	5명	10만 원/인
최다 제안자	제안을 제일 많이 등록한 자	1명	10만 원/인
최다 실시자	제안을 실시 후 실시제안을 가장 많이 등록한 자(채택+실시제안)	1명	10만 원/인
최다 심사자	제안 심사를 가장 많이 한 자	1명	10만 원/인
우수 부서장	제안 참여율 100%인 팀으로 가장 먼저 등록된 부서	1팀	20만 원/팀
행운번호	제안 등록 번호 100번, 200번, 300번에 대한 행운번호 시상(번호는 경우에 따라 변경될 수 있음)	3명	10만 원/인
		소계	130만 원

[그림 2-12] 제안 시스템 OPEN 이벤트 사례(F 기업)

4. 개선사례 발표회

제안이 활성화된 기업일수록 해마다 개선사례 발표대회를 개최한다. 개선사례 발표대회는 1년 동안 한 제안들에 대해서 우수한 사례를 도출하기 위해 실시한다. 그 이유는 단순히 포상을 위한 것이 아니라 개선사례를 통해 종업원들에게 교육의 장을 마련해 주는 역할을 하기 위해서이다. 개선사례는 1년간 모든 우수 제안에 대해서 제안자가 발표하는 형태로 진행을 하며 이를 심사해서 포상을 하는 방법으로 진행한다.

5. 개선 포스터 활용

직원들의 마인드를 항상 유지시키기 위한 가장 좋은 방법이 바로 포스터이다. 회사에 출근하면 주변에 있는 몇 가지 문구가 직원들을 자극할 수 있게 된다. 포스터 및 표어 등을 통해서 자신을 되돌아보고 뭔가를 생각하게 된다면 그것처럼 좋은 것은 없다.

포스터 역시 게시판과 유사하게 식당이나 복도 등 사람들이 많이 모이는 곳에 붙여 두면 좋을 것이다.

6. 회사 차원의 제안상 제정 운영

삼성그룹은 93년부터 신경영을 추진할 때 제안활동을 매우 중요하게 여겼다. 이미 잘 알려진 대로 마누라와 자식 빼고 모두 바꾸라는 이건희 회장의 변화의지에 대해서 그룹 임직원들이 변화하기 위해 많은 노력을 했다. 이때 전 그룹적으로 아래로부터의 변화추진을 제안으로 시작하였다. 신경영이 한창인 2000년도에는 전 그룹의 제안실적이 347만 건(인당 30건)일 정도로 제일 실적이 높았다.

삼성 신경영 중 제안 활성화의 대표적인 이벤트는 바로 삼성 제안상이다. 삼성 제안상은 제안을 통해 업무개선 및 회사 발전에 크게 기여한 개인 및 분임조, 단체에 대해서 회장이 포상을 하는 제도이다. 이 상은 제조와 서비스 부문으로 구분하여 시상을 하며 대상 및 협력회사 특별상은 공통이고 제조 부문에 금 · 은 · 동상, 서비스 부문에 금 · 은 · 동상을 주었다.

14

제안 월/분기/연 실적은 어떤 형태로 보고하나?

고민

- 제안 월 실적을 보고하라고 하는데, 어떻게 보고를 해야 하나요?
- 월 실적 보고는 꼭 필요한가요?
- 월 실적 보고와 분기 보고 및 연간 보고는 어떻게 구분해야 하나요?
- 월 실적 보고는 언제 하는 것이 좋을까요?

원인 및 당위성

제안의 실적을 보고해야 하는데 제안 추진자들은 이를 어떻게 해야 할지 모르는 경우도 많다. 제안이 일상적인 업무로 자리매김 되었다면 수시로 보고를 하겠지만 활성화도 잘 안 되고 건수도 별로 없을 때는 제안 실적 보고에 대해서 부담을 갖게 되고 결국은 보고 자체를 하지 않게 된다. 제안 실적 보고는 어떻게 하는 것이 좋을까?

해결방안

1. 제안 실적 보고

정기적인 제안 실적 보고는 매월, 분기별, 연간 보고를 하는 것이 좋다. 매월은 매달 추진한 제안활동 및 실적에 대해서 경영층에 보고하고, 분기별은 매 분기별 특성을 분석해서 경영층에 보고한다. 특히 분기 보고는 당초 수립했던 제안 추진 전략의 방향대로 순항하고 있는지에 대한 내용분석과 보완사항 등을 내용에 포함시킨다.

해가 바뀌면 1년 활동을 마무리하고 다음 해의 제안 추진 방향을 수립한다. 이때에 연간 추진 전략에 비해 그동안 제안활동이 제대로 수행되었는지에 대한 반성과 아울러 부족한 부분, 잘된 부분들을 체계적으로 정리하여 보고한다.

■ 연 제안 실적 보고 내용

- 제안 추진 내용 요약
- 잘된 점 및 부족한 점, 보완사항
- 양적 내용
- 질적인 부분
- 고등급 현황
- 특이 사항
- 투자 비용
- 기타

2. 제안 실적 보고 사례

제안 추진 사무국은 제안의 활성화를 위해서 지속적이고 올바른 방향을 수립하여 추진해야 한다. 그래야 제안을 통한 성과를 도출할 수 있게 된다. 많은 기업들이 제안 추진 실적을 보고하는데, 일정한 틀은 없지만 그래도 제안 실적 보고에 도움이 될 수 있는 부분만을 취사선택해서 정리를 해보면 [그림 2-13]과 같다.

5월 제안 실적 보고

1. 월 제안 실적
   1) 제안 지표 현황
   2) 부서별 제안실적
   3) 유형효과
   4) 우수 부서 및 우수 제안자 현황
   5) 미 심사 및 미 실시 현황
   6) 제안 시상금 지급 현황
2. 제안활동 추이 분석
3. 월 주요 이슈
   1) 제안활동 분위기
   2) 미진한 부분
4. 6월 추진계획

[그림 2-13] 제안 월 실적 보고 목차 사례(G기업)

15

어떤 교육을 시켜야 하나? 이러닝은 어떨까?

고민

- 제안교육을 한다면 어떤 교육을 해야 하나요?
- 제안교육은 누구를 대상으로 하는 것이 바람직할까요?
- 이러닝이나 사이버교육은 없나요?
- 제안 관련 책을 나누어주는 것은 어떨까요?

원인 및 당위성

제안을 활성화시키는 가장 좋은 방법은 제안교육이다. 제안교육은 아무리 강조해도 지나침이 없다. 그렇다면 제안교육을 어떻게 시키는 것이 바람직할까? 제안교육 대상자, 시간 등 회사마다 여건과 상황이 다르기 때문에 교육을 진행하는 방법도 다양할 것이다.

해결방안

1. 제안교육의 필요성

기업에 교육을 가면 제일 많이 듣는 소리가 바로 '제안교육은 왜 하느냐'는 것이다. 50년 전부터 기업에 자리매김한 제안활동에 익숙해진 까닭에 이미 제안에 대해서 충분히 알고 있다는 소리다. 그런데 과연 그럴까? 과연 제안은 교육 없이도 잘 할 수 있을까?

제안의 내용도 경영환경 변화에 따라 많이 변화되었다. 과거와 달리 새로운 내용으로 단장이 되었다. 그래서 제안도 교육이 필요하다. 새롭게 구성된 신제안제도의 내용들에 대한 직원들의 교육이 이루어져야 한다. 어느 신문에 모 기업에서 전 직원을 일본 도

TOP					• 경영자 제안 교육
팀(부)장				• 심사자 교육 • 심사 Skill-Up • 심사자 보수교육	• 우수 제안자 국내/외 연수
과장		• 제안자 교육 • 문제해결 과정 • 고등급 Power-Up • 우수 제안자 교육 • 우수기업 벤치마킹	• 제안리더 교육 • 제안 심사 이해 • 제안 지도자 양성	• 제안자 보수 교육	
대리					
사원	• 신입사원 교육 (OJT) • 제안 입문 교육 • 아이디어 발상법				

자료 : 어용일, 「제안활동 성공추진 매뉴얼」, 2006.

[그림 2-14] 계층별 교육체계도 사례

요타의 TPS 연수를 보내는데 무려 45억 원 정도를 투자했다고 한다. 직원들 마인드 변화에 45억 원을 투자하는 기업도 있는데, 전 직원의 마인드 변화와 그 실천 수단인 제안에는 왜 투자를 하지 않는지 모르겠다.

사람중심의 제안활동이 활성화되려면 일정한 기법교육이 필요한 것이 아니다. 그들의 마인드를 움직이는 교육이 필요하다. 제안교육은 계층별로 체계적인 계획을 가지고 교육을 실시하는 것이 바람직하다. 계층별 교육 체계는 [그림 2-14]와 같다.

2. 사내교육 실시

필자가 대표로 있는 CNP경영연구소(www.cnpi.or.kr)에서는 제안 활성화를 위해서 회사의 요청이 있는 경우 사내교육을 지원하고 있다. 사내교육은 회사의 특성에 맞추어 맞춤형으로 진행이 된다. 사내교육을 하는 계층은 주로 심사자들이 제일 많고 제안 리더 및 제안자들을 대상으로 한다.

CNP경영연구소(www.cnpi.or.kr)의 제안 사내 강의 안내

심사자 과정 : 2~4시간
제안자 과정 : 2~4, 8시간
제안리더 과정 : 4~8시간

※ 전 직원 조회시간에 제안 특강도 가능합니다.(02-977-9950)
※ 강사 : 어용일 CNP경영연구소 대표

[그림 2-15] CNP경영연구소의 제안 사내교육 내용

3. 제안 이러닝(e-learning) 교육

최근에는 집체교육이 많이 줄어들고 대신 통신교육이나 사이버 교육이 많이 등장하게 되었다. 제안도 마찬가지로 통신교육과 사이버교육을 많이 한다. 필자도 한국능률협회와 같이 통신교육과 사이버 이러닝 교육을 그동안 진행하였다.

통신교육 교재는 3권으로 구성되었으며, 1권은 사고력향상에 대한 내용을 기술했고 2권은 문제발견형과 목표달성형에 대해 기술했으며 마지막 3권에서 신제안제도에 대해 기술하였다.

또한 사이버교육은 「나와 조직의 성장에너지 창의적 제안활동」이란 제목으로 신제안제도와 트리즈 부분을 추가하여 2009년부터 진행을 하고 있다.

[그림 2-16] 신제안제도 통신교재 사례

자료 : 한국능률협회, 「창의적 제안활동 사이버교육 초기 화면」, 2009.

[그림 2-17] 창의적 제안활동 이러닝 교육 사례

4. 제안교육과 제안 활성화의 관계

제안교육을 어떻게 시키느냐에 따라서 제안이 활성화가 되기도 하고 되지 않기도 한다. 필자는 10여 년 동안 500여 업체의 제안 활성화 지도를 하면서 얻은 경험으로 미루어 보면, 계층별로 제안 교육을 시키는 회사가 제안교육을 시키지 않는 회사보다 훨씬 제안이 활성화된 사례를 많이 보았다. [표 2-6]은 제안교육의 형태에 따라서 어떤 수준으로 제안이 활성화되는가를 나타낸 것이다.

가장 활성화된 '활성화 A수준' 은 제안이 자발적으로 하루에 제안 대상인원의 10% 정도가 건수로 나타나는 형태이다. 제안 대상 인원이 100명인 경우 하루에 10건씩 계속 나오는 모습이다. 이를 기준으로 B수준은 50~80% 정도로 5건 내외, C수준은 그 이하로

[표 2-6] 제안교육과 제안 활성화 정도 비교

교육과정	시간	활성화 (A수준)						활성화 (B수준)					활성화 (C수준)			활성화 (D수준)		
심사자	4hr	0	0	0				0		0		0		0				X
제안자 (1회 집합)	2hr									0	0		0					X
제안자 (차수별)	4hr	0	0	0	0	0	0											X
제안리더	8hr	0	0			0					0	0				0		X
사후관리 (심사자)	4hr	0	0					0	0						0			X
사후관리 (제안자)	4hr	0			0				0								0	X
활성화 정도(%)		120	100	90	90	90	80	70	70	60	60	60	50	50	50	40	40	30

나타나는 모습이다. 물론 교육을 하지 않고도 전산시스템만 새로 구축해도 30% 정도는 더 활성화시킬 수가 있다.

하지만 30% 향상하려고 돈을 들여 제안시스템을 구축하는 것은 아닐 것이다. 적어도 80% 이상 또는 100% 이상의 활성화 효과를 얻기 위함일 것이다. 만일 100% 이상의 효과를 얻고자 한다면 무조건 제안교육을 받아야 한다. 전 직원이 체계적으로 제안교육을 받고 심사자들은 심사하는 방법을 교육받으면 당연히 제안은 활성화가 된다.

16

제안 활성화 8자 모형은 무엇일까?

고민

- 제안이 활성화되면 무엇이 좋아질까요?
- 제안이 활성화되고 안 되고의 차이는 무엇인가요?
- 제안이 활성화되면 선순환이 되나요?
- 활성화된 제안의 모형이란 것이 있나요?

원인 및 당위성

제안이 활성화된다면 어떤 모습으로 나타날 것인가? 또는 활성화되지 않으면 조직의 모습이 어떻게 보이나? 이러한 것을 한눈에 보도록 개발한 것이 제안 활성화 8자 모형이다. 8자 모형으로 제안이 활성화된 모습과 활성화되지 않는 모습을 나타낸 것이다.

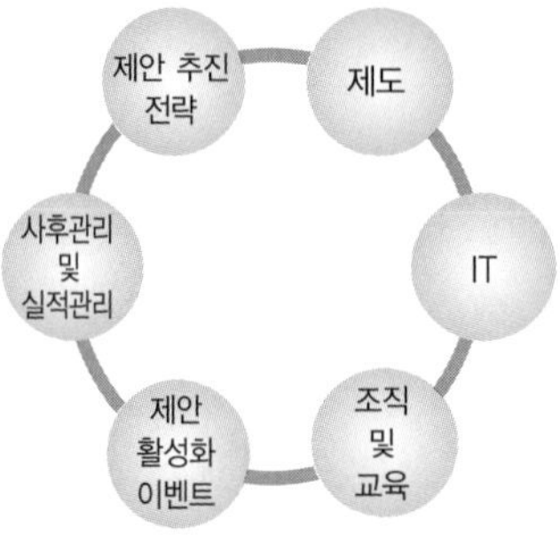

운영요소	검토 항목
제안 추진 전략	회사의 비전과 제안의 역할 정립 제안활동 추진 중장기 추진 계획 수립
제도	제안 양식 제안 처리 프로세스 심사 항목 및 심사 방법 인센티브 기타 항목
IT	전산 시스템 구축 전산을 활용한 자동 통계 처리
조직 및 교육	전사제안 담당자 조직 운영 제안자, 심사자 제안교육
활성화 이벤트	제안 활성화 이벤트 실시
사후관리 및 실적관리	채택제안의 사후관리 제안 운영실적 정기적 보고

[그림 2-18] 제안 활성화 6대 운영 요소

해결방안

1. 제안 활성화 6대 운영 요소

제안을 활성화하려면 단순히 건수 증대의 시각에서 보는 것이 아니라 제안활동 활성화 5대 모습(참여, 양 증대, 질 증대, 효과, 생활화)와 이를 운영하는 모습에서 관찰해야 한다. 즉, 제안을 어떠한 방향으로 추진하려고 하는가를 나타낸 제안 추진 전략, 이를 뒷받침하는 제안제도와 전산시스템 그리고 조직 및 교육 부문, 제안 활성화 이벤트 그리고 사후관리 및 실적관리의 6개 부문으로 접근해야 한다.

2. 제안 활성화 8자 모형

제안이 활성화되기 위해서는 가장 중요한 것은 제안 건수가 많은 것도 중요하지만 무엇보다도 심사가 더 중요하다. 실제로 기업에서 제안이 활성화되지 않는 이유로 제안자와 심사자의 비율을 질문하면 대부분 심사자의 역할이 70% 정도 차지한다고 대답한다. 즉, 제안 활성화의 키는 바로 심사 부분임을 명심해야 한다.

제안이 활성화되기 위해서는 무엇보다도 심사부서가 심사를 잘해서 채택을 많이 하고 업무에 많이 반영을 하게 되면 자연적으로 직원들이 관심을 갖고 제안에 참여하게 되어서 제안이 활성화된다. 반면 심사부서가 제안에 대해서 심사를 잘 하지 못하고 채택건수가 줄어들면 직원들 사이에 "제안하면 뭐 하냐? 채택도 안 되는데……." 라는 소리가 퍼져서 관심이 감소되고 이로 인해서 제안의 양은 급격하게 감소되어 제안이 침체된다.

제안 활성화 여부는 제안의 채택에서 판가름이 나게 된다. 채택

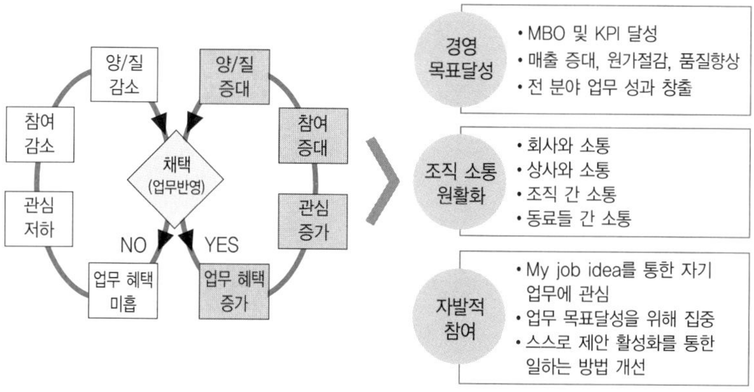

자료 : 어용일, 「국민제안 활성화 방안」, 희망제작소 연구포럼, 2006.

[그림 2-19] 제안 활성화 8자 모형

이 많이 되어 의견이 반영되면 자연스럽게 활성화될 것이지만, 채택률이 저조하면 제안은 자연스럽게 침체된다. 이를 8자 모형으로 그림으로 나타내면 [그림 2-19]와 같다.

제안이 침체된다면 그 요인은 단연 심사 부문이다. 제안자들이 아무리 많은 제안을 해도 채택되지 않으면 그 아이디어는 단순 아이디어일 뿐 성과를 얻지 못한다. 직원들은 아이디어 자체를 즐기는 것이 아니라, 제출된 아이디어가 실행되길 바라고 있다. 그런데 아무리 제안을 해도 실행을 하지 않으면 제안에 대한 관심은 급격하게 떨어지고 그로 인해 제안의 참여도도 떨어져서 제안의 양이 적어지게 되어 제안활동이 침체된다.

제3부
제안 참여 고민 9

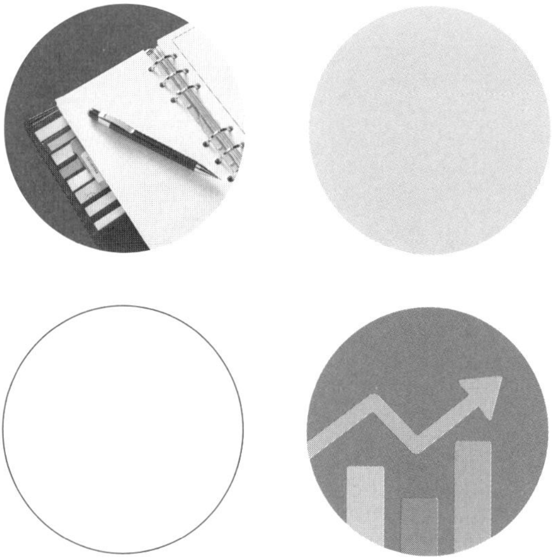

17

직원들은 왜 제안을 side job이라고 생각할까?

고민

- 제안자들은 제안에 관심이 없습니다.
- 제안을 업무에 부과되는 또 다른 일로 생각합니다.
- 업무가 바빠서 제안할 시간이 없다고 합니다.
- 제안을 side job이라고 생각합니다.

원인 및 당위성

제안을 아무리 강조해도 직원들은 제안에 잘 참여하지 않는다. 그 이유는 제안을 자신의 일로 여기지 않고 별도의 부가적인 side job으로 인식하고 있기 때문이다. 왜 직원들은 제안을 my job으로 인식하지 않고 side job으로 인식하고 있을까? side job으로 인식하기 때문에 제안에 대해서 부담을 많이 느낀다.

제안은 업무 외에 별도로 시간을 내어 찾는 side job은 아니다.

제안은 나의 일을 하면서 나오는 my job인 것이다.

해결방안

1. 제안이 side job이 된 이유

기업에 제안교육을 가서 제안자들에게 질문을 던졌다. "제안이 뭡니까?" 제안자들은 여러 가지 답변을 했다. "제안은 좋은 것이다. 제안은 아이디어를 내는 것이다. 제안은 자기계발의 한 가지 수단이다." 이렇게 원론적인 이야기를 하는 사람들이 있는 반면, 대부분의 제안자들은 '일하다가 불편한 것, 잘못된 것을 찾아서 개선하는 것' 이라고 대답했다. 즉, 제안은 일하다가 문제점을 찾아서 개선하는 것으로 인식을 하고 있는 것이다.

이 부분 때문에 제안을 side job이라고 느끼는 것이다. 왜냐하

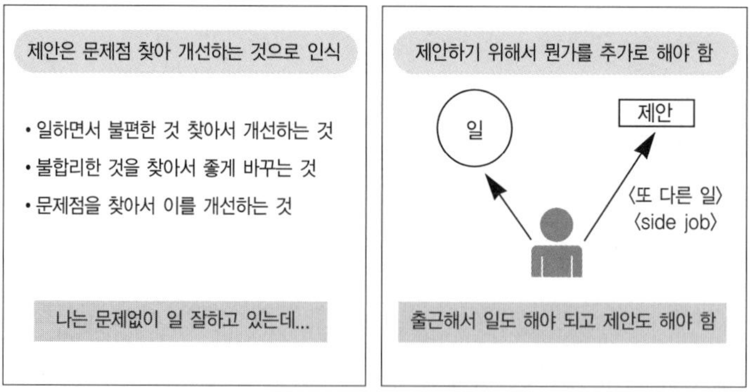

[그림 3-1] 나는 문제가 없다

면 일하다가 문제를 찾으라고 하니 직원들은 하나같이 '나는 문제가 없는데……?' 라고 답변을 하고 있다는 것이다. 나는 문제없이 잘 하고 있는데 문제를 어떻게 찾지? 라는 생각을 갖게 된다.

제안을 문제점 찾는 것으로 인식을 하고 있는데, 내가 하는 일은 문제가 없고 그런데 문제를 찾으라고 하니 당연히 문제를 찾아야 하는 또 다른 일이 생기는 것이다. 제조 공장에서는 불량이 나든지 사고가 나든지 하는 문제는 나와 상관없이 발생하기 때문에 개선할 여지가 많지만, 일반적으로 내가 하는 일은 문제가 없다고 생각하기에 개선을 하려면 뭔가 문제를 찾아야 하는 또 다른 일이란 생각이 저절로 든다. 그래서 직원들은 자신이 하는 일은 본연의 일이라 생각하고 문제를 찾는 제안을 또 다른 일(side job)로 느끼게 되는 것이다.

제안이 나에게 부담스런 존재가 되는 것은 나의 일과 제안을 별개로 생각하기 때문이다. 나는 출근해서 어느 정도 안정되게 문제없이 일을 잘한다고 생각한다. 그런데 문제라는 것이 나 이외의 곳에서 나오고 또한 이를 찾아서 뭔가를 해야 하기 때문에 나에게는 귀찮은 존재로 느끼게 되는 것이다.

출근해서 기본적으로 내가 해야 하는 일이 있는데, 제안이란 업무를 또 해야 되니 부담스럽고 귀찮을 수밖에 없다. 더군다나 이런 상황에서 제안 건수 목표를 주면 그 부담감은 더욱 커진다. 부담감이 커지면 제안은 점점 귀찮은 것으로 여기게 된다.

2. 제안은 나의 업무를 도와주는 것

제안자들은 제안에 대해서 많은 스트레스를 받는다. 그렇다면 과연 회사에서는 직원들에게 스트레스를 받으라고 제안제도를 도입한 것일까? 그것도 상금까지 주어가면서……. 아닐 것이다. 기업이 어떤 곳인가? 단돈 10만 원을 쓰더라도 효과를 파악해서 효과가 있을 경우에만 집행한다. 효과가 나지 않거나 부작용이 날 경우에는 집행을 하지 않는 것이 기업이다.

제안제도도 마찬가지로 충분한 검토와 분석을 통해서 도입이 되었다면 스트레스 요인이 아닌 긍정적으로 직원들을 도와주는 것임에 틀림이 없다. 그런데 왜 직원들은 제안에 대해서 스트레스를 받게 되는가? 그것은 제안제도 운영을 잘 못했기 때문이다.

기업에서 제안을 도입한 것은 모든 종업원들이 일하는데 힘들어 하니 일을 편하고 효율적으로 하도록 바퀴를 준 것이다. 그것도 모든 사람에게 공평하게 바퀴를 준 것이다.

바퀴를 달고 일을 하다 보면 쉽게, 보다 효율적으로 일을 할 수

자료 : 어용일, 「실행하기 쉬운 21세기형 제안제도」, 2003.

[그림 3-2] 제안은 업무에 바퀴를 달아준 것

있게 된다. 이렇게 바퀴를 제공해 주면 세 가지 유형의 반응이 나타난다.

첫째, 바빠 죽겠는데 왜 이런 제도를 도입해 스트레스를 받게 하느냐의 유형이다. 이런 유형의 사람들은 제안제도를 없애자는 제안을 하게 된다.

둘째, 회사에서 바퀴를 주니 달긴 달지만 효과를 내지 못하는 유형이다. 이들은 저가치 제안이나 채택되지 않을 제안을 몇 건 하고는 바퀴를 달았는데도 별 효과가 없다고 한다.

셋째, 제안이란 바퀴를 주니 이를 잘 활용해서 자신의 업무성과도 내고, 제안 상금도 많이 타가는 유형이다. 이들은 제안제도를 잘 활용해서 경영에도 많은 기여를 한다.

기업에서의 제안에 대한 반응은 이 세 가지 중 첫 번째 유형이 대부분이다. 이것은 제안에 대한 잘못된 개념과 고정관념 때문이다. 제안은 모든 직원에게 업무를 잘 처리하라고 바퀴를 달아준 것이다. 모두에게 공평하게 바퀴를 주었지만 연말에 가면 분명한 차이가 생긴다. 제안을 통해서 자기 보람과 성과의 기쁨을 맛보는 직원이 있는가 하면, 한 건의 제안도 하지 못해 제안 경쟁에서 뒤처지는 직원도 있다. 결국 제안 활성화는 내가 어떻게 생각하느냐에 따라서 달라진다.

3. 제안은 찾는 것이 아니라 자동으로 나오는 것

제안은 찾는 것이 아니라 자동으로 나오는 것이다. 하루에도

2~3건씩 나오는 것이 제안이다. 제안할 게 없다는 이유는 일과 제안을 별도로 생각해서이다. 제안은 일을 통해서 하는 것이고 일을 통해서 제안을 한다면 제안은 많이 나오게 된다.

제안을 많이 할 수 있는 방법은 제4부 '제안 활성화 1·1·1 운동' 노하우 편에 좀 더 자세하게 기술해 놓았다.

18

왜 제안 건수가 점점 줄어드는 것일까?

고민

- 제안자들은 이제 더 이상 제안할 게 없다고 합니다.
- 초기에는 건수가 증가하더니 이제는 점점 줄어들고 있습니다.
- 제안 상금을 올려도 제안 건수가 감소하고 있습니다.
- 제안 건수가 감소되어 스트레스를 받고 있습니다.

원인 및 당위성

제안활동을 지속하다 보면 제안 건수가 줄어들 때가 있다. 제안 건수가 떨어지는 원인은 여러 가지가 있는데, 제안 주관부서는 이를 잘 파악하지 않고 무조건 제안자를 탓한다. 제안 건수가 감소하는 원인을 정확히 파악한 후 대책을 수립하면 제안은 계속적으로 증대가 된다.

➡ 해결방안

1. 직원들은 제안에 대해서 관심이 적다

제안 추진 담당자는 제안이 자기의 업무이기 때문에 제안에 대해서 관심이 많지만 직원들은 제안에 대해서 관심이 매우 적다. 회사에서 워크숍을 하면서 직원들이 왜 제안에 대해 관심이 없는가에 대해서 토론을 시켜보았더니 다음과 같은 이유로 제안에 관심이 없다는 의견들이 나왔다.

- 기존업무와 별개로 보는 시각 : 자신의 업무와 관계없는 부담으로 인식
- 보상수준이 지나치게 커서 제안에 대한 부담으로 작용 : 제안에 대한 인식이 낮음
- 제안의견서 자체를 작성하기 귀찮아한다.
- 본인 업무가 아닌 이상 관심 갖기 싫어한다.
- 단순한 것도 제안인데 너무 복잡하게 생각하고 부담을 느낀다.
- 제안채택 기일 및 중복제안 Filtering 등 사전 작업이 많다.
- 운영의 미숙으로 참여율 부족(운영상 미숙)
- 제안서 작성 방법, 심사 방법, 근거자료 첨부 요구 등 방법을 모르겠다.
- 제안이 귀찮다.

2. 왜 제안 건수가 줄어들까?

제안이 줄어드는 원인을 워크숍 내용을 통해서 알아보았는데, 이를 요약하자면 제안할 시간이 없고 기본적으로 관심이 없기 때문이다. 제안에 관심이 없는 이유는 제안을 업무와 별개로 인식하는 side job 인식 때문이다. 직원들은 업무에는 관심이 많지만 일 외에는 관심이 없기 때문이다.

광화문에 위치해 있는 회사에서 '스마트 경영' 에 관련해 컨설팅을 한 적이 있는데 이 회사는 '스마트 경영' 을 하기 위해서 화상회의, 메신저 등 IT 투자를 많이 하였다. 그런데 임원들이 이 IT를 잘 활용하지 않아서 이를 잘 활용하도록 하는 컨설팅이었다. 필자는 전 임원들을 만나 "왜 전자결재나 메신저, 화상회의를 사용하지 않느냐?"고 면담을 하였다. 그랬더니 대부분의 임원들이 "업무와 관련해서는 누가 시키지 않아도 제가 다 합니다. 그런데 제 업무와 관련이 없는 것을 제가 왜 해야 합니까?" 하는 것이었다. 누구든지 자신의 업무와 관련해서는 누가 시키지 않아도 열심히 한다. 하지만 내 업무와 관련이 없다고 느끼면 관심도 없고 잘 하질 않는다.

제안도 마찬가지이다. 제안이 내 업무와 직접 관련이 되면 목표를 주지 않아도, 누가 강제적으로 시키지 않아도 스스로 한다. 하지만 내 업무와 관계가 없다고 느끼는 순간 제안은 하지 않게 된다. 제안을 하지 않으니 당연히 건수가 줄어든다. 제안 건수가 줄어드는 원인을 다른 데서 찾지 말고 일과의 관계에서 찾아야 한다.

3. 제안 건수를 늘리는 방법

제안 건수를 늘리는 방법은 당연한 이야기지만 제안자가 즐겁게 자발적으로 많이 참여를 하면 된다. 그렇다면 어떻게 하면 제안자를 자발적으로 참여시키는가?

제안자를 자발적으로 참여시키는 방법은 제안을 자신들이 하는 업무와 연결시켜주는 것이다. 제안을 side job으로 인식하지 않고 my job이라고 인식을 시켜주는 것이다. 제안을 my job이라고 인식하게 되면 제안자들은 제안을 많이 하게 된다.

my job idea의 개념 또한 제4부 '제안 활성화 1·1·1 운동' 노하우 편에 좀 더 자세하게 설명해 놓았다.

19

왜 상금을 높여도 직원들은 제안에 관심이 없을까?

고민

- 제안을 활성화시키려고 상금을 올려도 제안자들은 관심이 없습니다.
- 제안자의 관심과 활성화는 상금과 관계가 없나요?
- 상금을 올리면 제안이 활성화될까요?
- 제안자의 관심을 끌려고 상금을 올리려고 하는데, 어떻게 해야 하나요?

원인 및 당위성

제안을 활성화시키는 가장 좋은 방법은 교육인데도 많은 기업들이 교육보다는 상금을 더 올려서 활성화시키려는 노력을 한다. 물론 인센티브라는 것이 동기유발의 좋은 수단이 되지만 제안만큼은 상금을 올려도 제안이 생각처럼 잘 활성화되지 않는다. 상금을 올리는 것이 제안 활성화에 도움이 안 되는 것일까? 아니면 다른 방법이 있는 것일까?

해결방안

1. 관심은 자연스럽게 들어야 한다

제안을 활성화시키려고 기업에서 가장 쉽게 하는 방법이 제안 상금을 올리는 것이다. 상금을 많이 올리면 제안자들이 많은 관심을 가질 것이라고 생각한다. 물론 상금을 많이 올리면 당연히 좋을 것이다. 하지만 상금이 크다고 제안자가 더 많은 관심을 갖지는 않는다는 것을 이미 제2부 07에서 설명했다.

제안에 관심이 없는 가장 큰 요인은 상금이 아니라 제안을 side

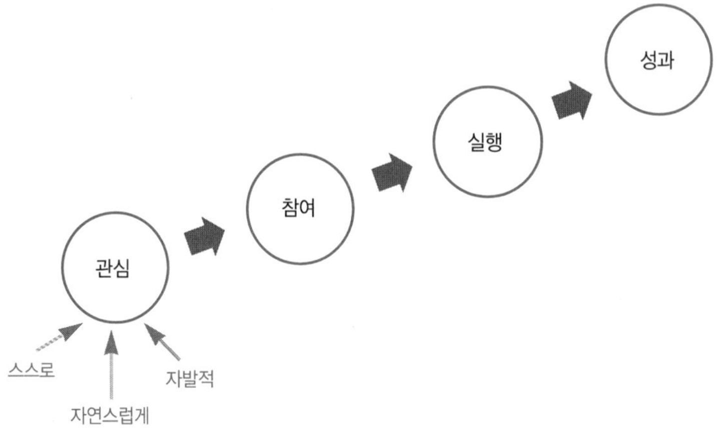

[그림 3-3] 성과 창출 단계

job이라 생각해서이다. 우리가 보통 생각하는 성과창출의 순서는 처음에 관심으로 시작해서 참여를 거쳐 실행을 통해 성과를 얻는 것이다.

[그림 3-3]에서 보면 성과창출의 시작은 관심이다. 그런데 이 관심을 끄는 것은 무엇인가? 관심이 유발되는 것은 자발적이고 자연스럽게 이루어져야 한다. 마치 예쁘게 생긴 여자나 잘생긴 남자를 보면 자연스럽게 눈이 가는 것처럼, 제안 상금이 이 부분을 채워줄 수 있을까? 어느 정도는 채워줄 수 있겠지만 모든 부분을 채워줄 수는 없을 것이다.

2. 제안 상금은 관심의 일부분이다

직원들이 회사생활을 하다 보면 여러 가지에 관심을 갖게 된다. 이 중 가장 많이 관심을 갖는 부분은 바로 자기의 일, 자기의 목표 달성이다. 이 부분은 일을 하다 보면 자연스럽게 몸에 배이게 된다. 그래서 누가 뭐라 하지 않아도 관심을 갖게 된다.

물론 관심을 갖는데 상금이 있다면 더욱 관심을 가질 수 있게 될 것이다. 상금 때문에 관심을 갖는 것은 아니다. 제안도 마찬가지이다. 직원들이 자연적으로 제안에 관심을 갖도록 해야지 상금을 주면서 관심을 갖도록 하면 한계가 있다.

제안자들이 제안에 관심을 어느 정도 갖느냐는 상금액의 차이에 따라서 결정되는 것이 아니라 얼마나 my job이 되느냐에 따라서 결정된다.

20

더 이상 개선할 것이 없다고 하는데 어떻게 하나?

고민

- 생산에서는 더 이상 개선할 것이 없다고 합니다.
- 제안할 게 없다는 이야기를 많이 합니다.
- 제안은 개선밖에 없나요?
- 공장 대부분이 자동화되어서 개선할 것이 없습니다.
- 사무직은 개선할 것이 없습니다.

원인 및 당위성

제안활동을 오랫동안 하다 보면 항상 나오는 이야기가 더 이상 제안할 게 없다는 의견들이다. 특히 제안을 오랫동안 한 회사일수록 정도는 아주 심한 편이다. 제안 초기 단계에 있는 회사들도 처음에는 제안을 많이 하지만 곧 제안할 게 없다는 이야기를 하면서 실제로 제안 건수가 급감한다. 과연 제안할 게 없을까?

➡ 해결방안

1. 제안의 두 가지 접근 방식

제안을 하기 위한 접근 방식은 크게 두 가지로 구분한다. 하나는 문제발견형의 개선 아이디어 방식이고, 다른 하나는 목표달성형의 창의 아이디어 방식이다. 문제발견형의 개선 아이디어 방식은 말 그대로 문제를 찾아 개선하는 방식이고, 목표달성형의 창의 아이디어 방식은 목표를 정하고 이를 달성하기 위해서 아이디어를 내는 접근방식이다.

[표 3-1] 문제발견형과 목표달성형 접근 방식 비교

구분	문제 발견형(개선 idea)	목표 달성형(창의 idea)
핵심용어	• WHY 방식(왜?) • 불편, 저가치, 비효율, 반복, 낭비 등	• How-to 방식(어떻게?) • 좋은, 새로운, 만족하게, 빠르게 등
접근시각	• 현재지향 • 여기에 문제가 있다.	• 목표 지향(미래) • ~을 위하여
접근의지	• 관찰(눈에 보이는 것이 대상) • 열심히/세밀하게/주의 깊게 관찰	• 목표달성의 의지(목표인식, 머리) • 목표달성을 위해서 무엇을 할 것인가?
PROCESS	• 문제발견 → 해결idea → 개선 → 효과	• 목표인식 → 달성idea → 실천 → 효과
중심활동	• 개선(Bad → Good) • 없앤다 / 바꾼다 / 줄인다(3요소)	• 창의적 idea 실천(idea → 실천) • 고객만족, 유행활용 등
제안자 참여	• 일부 참여, 소수(bad 발견자)	• 전원 참여(업무처리자)
시간 축	• 현재 → 과거 • 내일, 모레, 다음 주 (X)	• 현재 → 미래 • 내일, 모레, 다음 주(O)

자료 : 어용일, 『제안 활성화를 통한 일하는 방법 개선』, 2006.

기업에서 지금까지 제안을 하도록 제시한 기법이 문제발견형이었다. 하지만 제안은 문제를 찾아서 해결하는 방법만 있는 것이 아니라 목표를 정하고 이 목표를 달성하기 위해서 아이디어를 내는 방식도 있다. 목표달성형 접근방식이 그것이다. 문제발견형은 개선 아이디어(Kaizen idea)방식이고 목표달성형은 창의 아이디어(Creative idea)방식이라고 기술한다. 제안을 잘하려면 두 가지 접근 방식을 충분히 이해해야 한다.

2. 개선 아이디어 방식은 한계가 있다

문제발견형의 접근방식은 일을 하다가 불편한 것, 저가치의 일, 비효율 등 부정적이고 잘못된 것을 찾는 방식으로 개선(改善)을 하는 방식이다. 이 방식은 지금까지도 기업에서 교육할 때마다 강조하는 것으로, 마치 '제안은 개선' 과 같이 등식으로 인식될 정도로 많이 활용하고 있는 방식이다.

하지만 이 방식은 제안에 한계를 가져온다. 그 이유는 문제를 찾아야 하기 때문이다. 문제를 찾아야 제안을 할 수 있기 때문인데 대부분의 직원들은 문제 찾는 것을 매우 어렵게 느끼고 있다. 심지어 어떤 직원들은 더 이상 문제가 없어서 제안할 게 없다고 할 정도로 제안하는 데 한계를 느끼게 된다.

많은 사람들은 일을 하면서 다음과 같은 생각을 가질 수도 있다.

-"현재 잘 하고 있는데 뭐가 문제인가?"

–"뭔가 잘못된 것이 있어야 개선을 하지?"

–"아무리 찾아보아도 문제점이 없어!"

–"이제 더 이상 개선할 것이 없어!"

위에 열거한 생각들을 가지고 있다 보니 문제를 찾지 못하는 사람들은 개선을 하지 못하는 것이다. 그래서 항상 문제를 잘 찾는 소수의 사람만이 제안에 참여한다. 기업에서 제안활동을 하는데 일부 직원만 제안을 하고, 어떤 부서는 전혀 제안을 하지 않는 경우가 있는데 이 때문이다. 즉, 문제를 잘 찾는 사람이나 부서는 제안 건수가 많고, 그렇지 않은 부서는 제안 건수가 전혀 없는 것이다.

문제발견형의 가장 큰 약점은 현재 발생된 문제점을 찾아서 그 원인을 찾아나가는 과거 지향적 접근 때문에 미래의 일에는 접근이 용이치 않다는 것이다. 내일 할 일에 대해서 개선을 할 수도 없고, 일주일 후의 일에 대해서도 개선이 불가능하다. 해보지도 않고 어떻게 개선할 수 있겠는가?

그런데 회사의 일이란 거의 미래 지향적인 형태를 보이고 있다. 오늘 출근하면 오늘 할 일이 산더미 같다. 내일 할 일도 정해져 있다. 이번 주까지 해야 할 일이 꽉차 있다. 즉, 앞으로 해야 할 일이 매우 많다. 이렇게 앞으로 할 일에 대해서는 문제발견형의 개선방식으로는 적용할 수 없고, 오로지 목표달성형의 접근방식으로만 가능하다.

3. 제안을 많이 할 수 있는 목표달성형 방식

목표달성형의 방식은 문제를 찾아서 개선하는 것이 아니라 현재보다 더 좋고, 더 빠르고, 더 편리하고, 더 효율적으로 일할 수 있는 방법을 생각해 내는 방식이다. 정해진 목표를 어떻게 실행할 것인가를 생각해 내는 방식으로 'how-to 방식'이 필요하다. 흔히 일을 하다 보면 지금보다도 더 잘하고 싶은 생각이 들거나, 더 효율적으로 일을 해야 하겠다는 의지를 갖게 된다. 이러한 의지를 실천해 줄 수 있는 것이 이 방식이다.

목표달성형 방식은 열심히 돌아다니고, 세밀하게 관찰한다고 아이디어가 나오는 것이 아니다. 목표를 달성하고자 하는 의지가 필요하다. 목표달성형 아이디어는 자리에 가만히 있어도 가능하고 회사에 출 · 퇴근할 때, 화장실에서도, 전철 안에서도 얼마든지 아이디어를 낼 수 있는 방식이다. 그래서 제안을 아주 많이 할 수 있는 방식이다.

4. 생산은 문제발견형, 사무서비스 부문은 목표달성형 접근

문제발견형은 눈으로 관찰이 가능한 일에 적용 가능하고, 목표달성형은 눈으로 보이지 않는 무형의 일에 적용 가능하다. 일반적인 회사의 일에서 눈으로 관찰이 가능한 일은 바로 기계 설비나 장치를 가지고 물건을 만드는 생산 부문의 제조업이고, 눈으로 관찰이 곤란한 일은 주로 사무실에서 하는 사무 · 서비스 부문의 일이다. 물론 이들이 칼로 무를 베어내듯 정확하게 구분이 되는 것은 아니고 전체적인 큰 흐름이 그렇다는 것이다.

생산 부문도 목표달성형의 문제가 있고 사무 · 서비스 부문도 문제발견형의 문제가 있다. 그렇지만 대부분 생산 부문은 유형적(physical)이기 때문에 관찰이 가능하고, 원인 찾기가 수월한 문제발견식(why 방식)이 가능하다. 그러나 사무 · 서비스 부문은 사람 중심이기 때문에 유형보다는 무형적인 것이 대부분이다. 그런 까닭에 문제를 찾는 문제발견형보다는 목표를 달성하는 목표달성형(how-to 방식)이 바람직하다는 것이다. 그래서 생산 부문은 개선에 무게가 실린 문제발견형의 문제 중심으로, 사무 · 서비스 부문은 아이디어 실천에 비중을 둔 목표달성형의 문제 중심으로 접근하면 좋다.

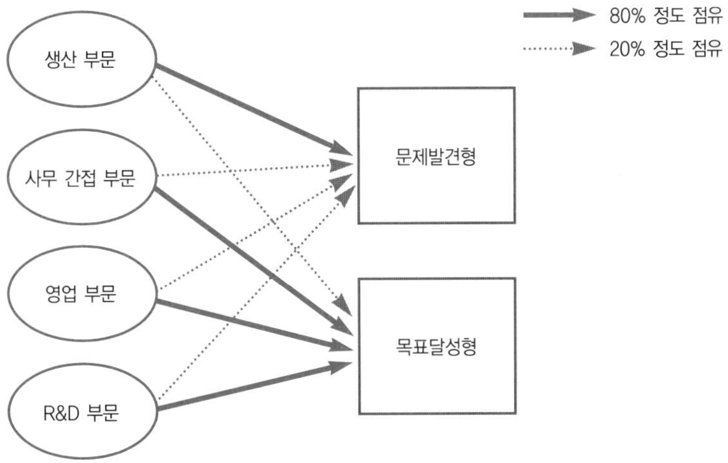

자료 : 어용일, 『제안 활성화를 통한 일하는 방법 개선』, 2006.

[그림 3-4] 업무별 제안의 접근 방법

21

왜 사무직은 제안에 참여하지 않지?

고민

- 현장직은 제안을 열심히 하는데, 사무직은 거의 제안을 하지 않습니다.
- 사무직과 현장직을 구분해서 활동을 해야 하나요?
- 사무직은 제안을 하지 않아서 제안의 대상에서 제외를 시켰습니다.
- 사무직을 제안에 참석시키라고 하는데 방법이 없습니다.

원인 및 당위성

어느 기업이나 생산 부문은 제안활동이 왕성하지만 사무 간접 부문은 거의 유명무실한 제도로 전락하고 마는 경우가 많다. 사실 제안제도는 생산뿐만 아니라 사무 간접 부문 등 전 직원이 참여하는 좋은 제도임에 틀림이 없는데 사무직은 거의 참여하지 않는 특징이 있다. 왜 사무직은 제안에 참여하지 않을까?

해결방안

1. 공장 중심으로 만들어진 제안제도 측면

프로쿠르스테스 침대 현상

그리스 · 로마신화를 보면 '프로쿠르스테스의 침대(Procrustes Bed)' 라는 이야기가 나온다. 프로쿠르스테스는 자신의 집에 철제 침대를 만들어 놓고 나그네가 묵기를 청할 때 침대보다 크면 신체

[표 3-2] 제조업과 비제조업의 제안 활성화 비교

항 목	2009년도 실적	제조업	비제조업	비고
유자격 수(인)	511,226	301,495	209,731	431개 회사 조사
총제안 건수(건)	4,147,936	3,919,067	228,869	
인당 제안 건수(건)	8.1	13.0	1.1	
참가율	49.2	61.6	31.5	제안참가인수÷유자격수×100(%)
채택률	78.9	81.6	33.9	채택 건수÷총제안 건수×100(%)
실시율	79.5	83.4	13.6	실시 건수÷총제안 건수×100(%)
인당 포상금(원)	86,313	107,498	26,759	
제안 1건당 상금액(원)	5,238	5,093	7,722	
인당 추진 예산 총액(원)	31,895	49,382	6,757	
실시 1건당 경제효과액(원)	4,473,057	4,431,588	8,838,106	
효과지수(배)	679.1	726	155	

자료 : 한국제안활동협회, 「2009년도 한국아이디어 경영대회 전국대회」, 2010, 요약정리

의 일부분을 자르고 침대보다 작으면 몸을 늘려 침대 크기에 꼭 맞아야 잠을 재우는 괴물이다. 전혀 맞지 않는 물건을 늘리거나 줄여서 어떤 모델이나 사상에 억지로 맞추려는 것을 이 이야기에 비유할 수 있는데, 부작용이 날 수밖에 없는 행동이다.

국내 사무 간접 부문의 제안제도 적용방식이 바로 프로쿠르스테스의 침대 방식이었다. 즉, 제조 공장의 제안제도를 무조건 이 제도에 맞추어서 제안하고 심사하라는 식이었다. 그렇게 운영하다 보니 [표 3-2]처럼 몸에 잘 맞는 제조업은 제안활동이 어느 정도 활성화되지만, 억지로 옷에 몸을 맞추어 입은 유통이나 도 · 소매업, 서비스업, 건설업, 공기업, 은행 및 보험 업종 등 사무 · 간접 서비스 부문은 제안활동이 활성화되지 못한 것이다.

종업원 아이디어를 죽이는 실시제안 도입

아이디어제안에서 실시제안(개선 후 제안)으로 바뀐 이유가 제안 건수는 많은데 실시 건수가 적거나 아이디어제안이 대부분 '해달라', '문제가 있다' 등 요구 위주로 편중이 되어 있고 제안을 해도 반영이 되지 않는다는 이유 즉, 실시와 관련해서 실시율이 낮기 때문이다. 실시를 한 후 제안을 하면 실시율이 100%가 되기 때문에 실시제안으로 전환한 것이다.

사실 실시제안을 하려면 자기 혼자서도 충분히 개선을 할 수 있는 환경이 우선 되어야 한다. 아무리 문제를 발견해도 혼자 실시하기에 어려운 것이라면 실시제안이 될 수 없다. 제조업의 공장은 개인이 어느 정도는 자신의 분야에서 고치고, 바꾸고, 그만두고 해서 스스로 개선해 볼 수 있는 여지가 많기 때문에 실시제안이 가능하다. 그러나 사무 간접 부문은 문제를 발견해도 그 문제가 조직과 사람으로 인해서 복잡하게 얽힌 가운데 도출된 문제이므로 혼자서 해결하기에 거의 불가능하다. 즉, 문제를 해결하려면 여러 사람의 도움을 받아야 하며 상사의 의사결정이 있어야만 가능한 것들이 많기 때문에 실시제안에는 한계가 있다.

이러한 사무 간접 부문의 업무특성을 무시한 채 손바닥 뒤집기 식으로 무조건 실시제안으로 제도를 바꿈으로 인해서 정작 아이디어가 중요하고 필요한 사무 간접 부문이 단순히 실시를 하지 않았다는 이유 하나로 좋은 아이디어도 제안으로 인정을 하지 않는, 오히려 아이디어를 죽이는 식으로 운영하니 제안이 활성화될 수가 없는 것이다.

제조업에서는 설비의 향상을 위해서 설비에 대한 개선이 중요한 것처럼 사무 간접 부문은 업무의 질과 서비스의 질을 높이기 위해서 사람의 아이디어가 매우 중요하다. 수많은 아이디어 중 하나라도 회사가 잘 지원해 주면 그 아이디어 하나가 회사를 살릴 수도 있는 사례는 우리 주위에서도 얼마든지 찾아볼 수 있다.

2. 개선의 접근방식 측면

개선은 현재 눈에 보이는 것을 대상

제안제도의 접근방식을 보면 아주 간단하다. 자신의 일이나 회사의 일을 개선하라는 것이다. 이처럼 제안의 사고방식은 간단하고 명료한 것이다. 그런데도 제안을 어렵게 느끼는 것은 바로 개선이란 단어의 함정에 있는 것이다.

개선은 문제를 찾아서 고치는 것이므로 문제가 현재 존재해야만(반드시 현재 존재해야만 함) 개선이 가능하다는 것이다. 그런데 만약 현재 문제가 없다면 개선을 할 수 있겠는가? 개선할 대상이 없으면 개선을 할 수 없다는 것은 바로 개선의 한계를 나타내는 결정적인 증거이다.

사무 간접 업무는 미래 중심의 일

자, 이제는 사무 간접 부문 쪽으로 눈을 돌려보자!

제조는 말 그대로 제품을 만드는 것이라고 볼 때 사무 간접 부문은 제품을 만드는 것이 아니라 만든 제품을 팔거나 관리하는 것 또는 아예 제품이 없는 서비스를 만드는 것이라고 볼 수 있다.

이들 사무 간접 부문 분야의 핵심 업무는 대체로 서비스나 정보를 만들어내는 일들이다. 서비스는 고객을 만족시키기 위해서 만드는 것이고 정보는 상사가 의사결정을 하기 위해서 만드는 것이다. 고객만족을 시키지 못하는 서비스란 의미가 없고 상사의 의사결정을 지원해 주지 못하는 정보 역시 의미가 없게 된다.

아무리 설명서를 회사 내부 기준에 의해서 잘 만들었다고 해도 고객이 읽어보고 이해를 하지 못하면 그 설명서는 가치가 없는 설명서가 되고, 아무리 신경을 쓰고 노력을 해서 보고서를 만들어도 상사가 의사결정 하는 데 도움을 주지 못한다면 그 정보야말로 참고는 될지언정 가치있는 정보는 되기 어려울 것이다.

이렇게 서비스나 정보를 만드는 일은 제품을 만드는 일과 무척 다르다. 제품을 만드는 제조는 눈에 보이는 것을 대상으로 하지만, 정보와 서비스를 만드는 사무 간접 부문은 눈에 보이는 것을 다루는 것이 아니라 앞으로의 일, 미래의 일을 다루는 일을 하고 있다. 고객만족이란 미래의 일이고, 의사결정 역시 미래의 일이다. 즉, 고객을 만족시키기 위해서 일을 하는 것이고 상사의 의사결정을 하기 위해서 일을 하는 것이다. 그래서 사무 간접 부문에 개선이란 수단으로 접근해서는 잘 되지 않는다. 미래의 일을 개선할 수는 없기 때문이다.

미래의 일에 대해서 제안하는 방법이 앞에서 설명한 목표달성형 제안이다.

3. 당연한 것에 대한 제안 불인정 측면

제조는 당연한 것을 인정해 준다.

제조업종은 불량 감소나 원가절감, 품질향상을 한 개선사례는 모두 제안으로 인정해 준다. 고등급 제안들은 대부분 원가절감, 품질향상을 한 사례이다. 원가절감이나 품질향상은 모두 제조업종이 당연히 해야만 하는 일들이다.

제조업에서는 아침에 출근해서 퇴근할 때까지 당연히 해야 할 일을 하면 제안으로 인정해 주니 제안 건수도 많아지고 제안도 활성화된다. 만약 제조공장에서 불량을 잡았거나 물건을 싸게 만들었다고 제안을 했을 때 상사가 "이거 당연히 해야 할 일 아닌가? 당연히 물건을 만들 때 싸고 좋게 만들어야 되지 않나! 당연히 해야 할 일을 해놓고 무슨 제안을 하는가?"라고 한마디만 했으면 아마 제안활동은 급속하게 축소될 것이다. 그런데 다행히 제조업에서는 당연한 것이라도 이를 제안으로 인정해 준 덕분에 제안이 활성화되고 있는 것이다. 만약 제조 공장에도 당연히 해야 할 일을 빼고 제안을 하라면 과연 제안이 나올까?

서비스와 정보도 당연히 해야 할 일의 결과물이다.

사무 간접 부문 분야 사람들이 정보를 만들거나 서비스를 만드는 일 모두는 다 당연히 해야 할 일들이다. 제조분야에서 제품을 만들 때 싸고 좋게 만드는 것을 당연히 해야 할 일이라고 볼 때, 사무분야는 정보를 만들 때 빠르고 가치 있게 만드는 것을, 서비스분야는 고객만족을 위한 모든 서비스 창출 등은 모두가 다 당연히 해야 할 일들이다.

상사가 의사결정을 잘 하도록 보고서를 잘 만들거나 우리 회사의 제품을 구매토록 하기 위해서 고객에 대한 지속적인 친절행위를 제공하는 행위는 당연히 해야 할 것들이다. 그런데 제조분야는 당연히 해야 할 일을 제안으로 인정해 주는데, 사무 간접 부문 분야에서는 보고서를 만들거나 서비스 행위를 잘하는 당연히 해야 할 일들을 제안을 하면 당연히 해야 하는 것이라고 치부해서 제안으로 인정을 하지 않는다.

비제조업에서 당연히 해야 할 정보나 서비스 활동을 빼고 제안을 하라고 하면 사실 할 것이 아무것도 없다. 무엇을 제안하겠는가? 당연히 해야 할 일을 제외하면 정말 제안할 것이 없다. 사무 간접 부문 분야도 당연히 해야 할 일들을 제안으로 인정해 주어야 한다. 당연한 일을 제안으로 인정한 제조 부문과 이를 인정하지 않은 사무 지원 부문의 제안 활성화 결과가 어떻게 되었는가? [그림 3-5]를 보면 결과를 한눈에 알 수 있다.

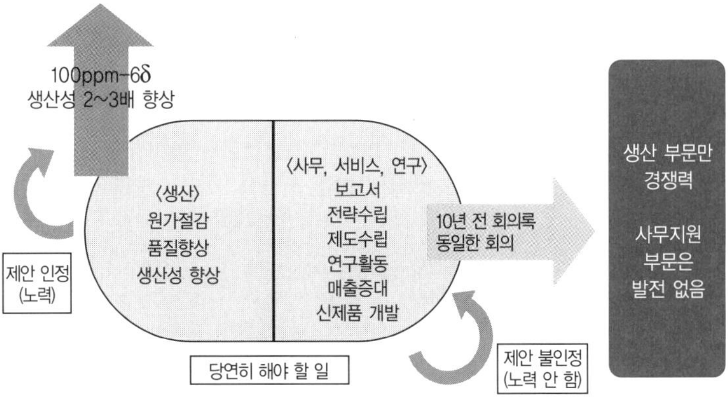

자료 : 어용일, 『제안 활성화를 통한 일하는 방법 개선』, 2006.

[그림 3-5] 당연한 결과의 제안 인정여부 결과

4. 사무 간접 부문은 제조 부문과 달리 접근해야 한다

사무 간접업무에 맞는 제도 운영

일반 사무직의 제안 활성화 방법은 제조 부문의 접근 방식을 그대로 취하면 절대 성공할 수가 없다. 일반 사무직은 제조 부문과는 달리 접근해야 제안이 활성화된다. 필자는 몇 년 동안 사무 부문은

[표 3-3] 사무 간접 부문 제안 추진 전략

구분	업종 특징	제안 추진전략	비고
사무/간접 부문	1.업무를 연결	• 업무 자체를 대상으로 하는 제안창출	업무제안 추진
	2.정보를 창출	• 정보 생산 활동도 제안으로 인정	업무제안 추진
	3.인간중심의 일	• 사람의 질을 향상시키는 제안 • 표준화보다는 실천의식이 중요	인재양성제안추진/ 교육 강조
	4.의사결정을 지원	• 업무결과물 제안으로 인정	업무제안 추진
	5.사람의 경험이 중요	• 직원의 아이디어 적극 활용 • 사람의 경험을 제안으로 인정 • best practices를 benchmarking	아이디어제안/ 지식제안/ 중복제안 인정
	6.직원들이 바쁘다	• 즉결식 심사방법 도입 • 제안처리 전산화	즉결식 심사/ 전산시스템구축
서비스 부문	7.무형성/소멸성 등	• 효과산출방법 간소화 • 문제발견형 교육보다는 목표달성형 교육	무형효과 인정/ 교육방법 변경
	8.서비스중심은 사람	• 사람의 질을 향상시키는 제안 • 표준화보다는 실천의식이 중요 • 고객만족을 추진하는 제안활동	인재양성 제안추진/ 교육 강조/ 고객제안 도입
	9.객관적 품질평가 곤란	• 산출방식 세분화 불필요 • 경험적, 직관적 산출방법 도입	무형효과 인정/ 경영기여도평가

자료 : 어용일, 「실행하기 쉬운 21세기형 제안제도」, 2003.

제조 부문과 다르므로 제안제도를 제조 부문처럼 하지 말고 달리 해야 한다고 외쳐왔다. 제안의 대상도 달리해야 하고 제안의 접근 방식도 달리해야 하며, 특히 심사방법도 제조 부문과 달리해야 하며 유형효과 산출방식도 달리해야 하고 전산시스템도 새로 구축을 해야 한다고 누차 강조해 왔다. 또 한 번 강조하고 주장하는데, 일반 사무직 더 나아가서는 비제조업은 제조 부문과 확연히 차이가 있기 때문에 제안제도를 운영할 때 제조 부문 것을 그대로 활용하면 절대로 제안이 활성화될 수 없고 일반 사무직에 맞는 제도를 적용해야만 제안활동이 활성화된다.

일반 사무직의 제안 평가는 달리 해주어야 한다.

지식활동의 평가는 객관적 판단이 어렵다. 잘 한다, 못 한다 또는 좋다, 나쁘다의 평가 기준은 주관적일 수밖에 없다. 이를 아무리 숫자로 표현한들 그것은 주관을 숫자화시킨 것에 지나지 않는다. 숫자로 나타내도 그것은 주관적인 것이다.

이런 의미에서 일반 사무직 제안에 대한 평가는 객관성을 요구할 것이 아니라 주관성 그 자체를 인정해 주어야 한다. 상사가 의사결정을 하는 데 상사의 기준, 상사의 지식, 상사의 경험에 따른 결정을 그대로 받아들여야 한다. 만약 상사의 결정을 받아들이지 못한다면 이는 제안활동에서의 문제가 아니라 조직 자체가 붕괴될 수도 있는 아주 위험한 행동이 될 수도 있다. 설령 상사가 의사결정을 잘 못 내리더라도 이는 어쩔 수 없다. 상사의 의사결정에 대해서는 복종하든가 아니면 상사를 바꾸든가의 둘 중 하나를 선택할 수밖에 없다.

이런 의미에서 일반 사무직의 제안에 대한 평가는 철저하게 상사에게 의존하게 되고 상사는 자신의 지식을 활용해서 의사결정을 하는 주관성을 갖게 되므로 기존의 심사표에 의한 방식으로 심사하면 안 된다. 심사표를 버리지 않는 한 일반 사무직의 제안은 활성화될 수 없다.

일반 사무직의 제안 대상은 환경에 따라 바뀌어야 한다.

일반 사무직의 제안 활성화를 위해서 다시 한 번 강조를 하지만 (이는 아무리 강조를 해도 지나치지 않음.) 제안 대상은 본인의 업무가 되어야 한다. 본인의 업무를 떠나서 제안을 하게 되면 쓸데없는 제안들이 나오게 된다.

본인의 업무는 사실상 목표를 달성하는 것으로 나타난다. 직원들은 자신의 목표를 달성하기 위해서 일을 하게 되는데 이 목표가 업무목표이다. 그래서 제안의 대상은 팀마다 다르고 같은 팀 내에서도 개인마다 제안의 대상이 다르게 나타나야 한다. 목표가 바뀌면 제안의 내용도 바뀌게 되고 업무분장이 바뀌게 되면 제안의 대상이 달라져야 한다.

제안 대상은 항상 유동적이어야 하고 항상 변해야 한다. 업무분장에 따라 달라져야 하고 목표가 바뀜에 따라 달라져야 하고 경영환경이 바뀜에 따라서 달라져야 한다. 그래야 제안활동이 활성화

된다. 보통 제안의 대상은 규정으로 정해 놓으면 몇 년이고 계속 가는데 이는 제조 부문의 발상이다. 제조 부문은 한 번 기계를 들여오면 특별히 바뀌지 않는 한 몇 년이고 동일 제품을 만들어내기 때문에 제안의 대상도 거의 변함이 없는데 일반 사무직은 그렇지 않다. 일반 사무직은 환경 대응적이기 때문에 환경이 바뀌면 자연히 일하는 내용도 바뀌게 된다. 이러한 특성들이 제안제도에 반영이 되어야 제안이 활성화된다.

22

제안 건수를 늘리고 싶은데 방법이 없나?

고민

- 제안 건수가 많이 나왔으면 합니다.
- 어떻게 하면 제안을 많이 할 수 있을까요?
- 제안을 많이 할 수 있는 노하우는 없나요?
- 사무직도 현장처럼 제안을 많이 할 수 없을까요?

원인 또는 당위성

제안을 주관하는 제안 주관부서 입장에서는 제안 건수가 많이 나왔으면 하는데 생각보다 제안 건수는 쉽게 늘지 않는다. 제안 건수가 늘지 않는 것은 제안하는 방법을 모르기 때문이다. 많은 제안자들은 제안서를 쓰기 위해서 아이디어를 내야 된다고 생각하며, 제안이 매우 어렵다고 느끼고 있기 때문에 제안 건수가 적은 것이다. 어떻게 하면 제안 건수가 많이 나올까?

해결방안

1. 제안-제안활동-제안제도 이해

제안자들이 제안할 것이 없다, 제안이 어렵다고 말하는 것은 제안활동과 제안제도에 대한 충분한 이해가 없기 때문이다. 만일 제안과 제안활동, 제안제도의 차이점을 이해한다면 제안은 어려운 것이 아니라 아주 쉬운 것이라는 사실을 알게 될 것이다. 제안과 제안활동, 제안제도의 개념을 이해하면 제안 건수는 쉽게 늘릴 수가 있다. [그림 3-6]은 제안과 제안활동, 제안제도의 관계를 나타낸 것이다.

제안은 이미 알려져 있는 것처럼 자신의 생각을 제시하는 것으로 일반적으로 생각을 꺼내는 일이다. 제안활동은 제안을 실무에

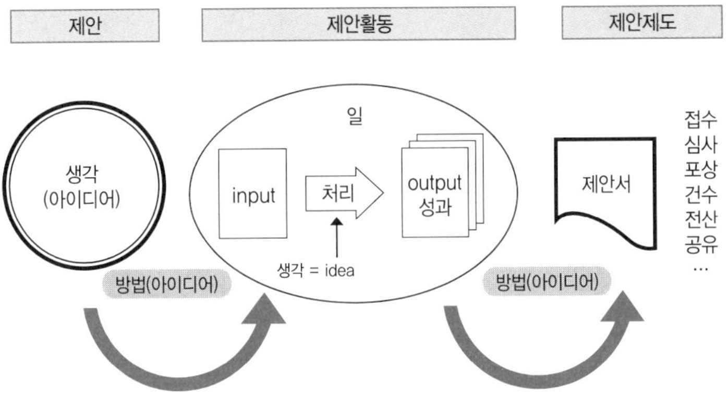

어용일, 『제안 활성화를 통한 일하는 방법 개선』, 2006.

[그림 3-6] 제안-제안활동-제안제도

직접 반영하여 실행하는 것으로서, 자신의 아이디어를 일할 때 적용하여 자신의 결과물(output)의 성과를 높이는 것이다 즉, 나의 제안활동은 내가 회사에 출근해서 퇴근할 때까지 내가 하는 일의 결과물이 잘 나오게 하기 위해서(빠르게, 좋게, 싸게, 경제적, 효율적으로, 안전하게 등등) 생각하고 노력하는(idea를 내는) 활동이라고 정의를 한다.(어용일, 『제안 활성화를 통한 일하는 방법 개선』, 2006.)

이에 비해 제안제도는 이러한 활동이 회사차원에서 체계적으로 이루어지도록 제도로 만든 것이다. 제안제도는 직원이 아이디어를 제출하면 이를 공식적으로 접수해 주고 심사해서 성과에 따라 포상하도록 만든 것이다. 이뿐만 아니라 제안이 몇 건이나 제출이 되었으며, 참여율은 얼마인지 등의 통계를 만들고 분석한다. 그렇기 때문에 보다 능률적으로 관리하는 데 초점이 맞추어져 있다. 이렇게 제안과 제안활동, 제안제도는 서로 다른 의미를 가지고 있다.

2. 제안제도의 혜택을 받으려면 제안서를 작성해야 한다

제안제도는 상금이란 매력적인 제도가 있다. 제안을 하게 되면 건당 상금을 주게 되는데, 필자는 기업에 가서 제안교육을 할 때 제안 상금은 또 다른 제안 수당이라고 말한다. 회사에서는 일을 할 때 언제 어느 곳에서든지 아이디어를 제출하면 급여 이외에 또 다른 수당을 준다는 사실이다.

제안 수당은 누가 받을까? 아무나 받는 것일까? 아이디어가 많다고 수당을 받을까? 예를 들어 특근 수당이 있다고 하자. 만약 어떤 직원이 특근을 하면 특근 수당을 받을까? 야근을 한다고 야근 수당을 받을까? 아니다. 아무리 특근을 많이 하고 야근을 많이 해도 수당을 그냥 받을 수는 없다. 자신이 야근이나 특근을 했다고 특근기록부에 사인을 해야 한다. 즉, 증거를 표시해야 한다는 것이다. 병원에 입원했다고 월말정산에 의료비 혜택을 받을 수 있을까? 아니다. 아무리 장기간 입원을 해도 의료비 공제를 받을 수 없다. 그렇다면 어떻게 해야 의료비 공제를 받을 수 있을까? 그것은 바로 입원했다는 증거 서류를 제출해야 한다는 것이다.

제안 수당은 누가 받을까? 일을 잘하면 받을까? 아이디어가 많다고 받을까? 성과를 많이 냈다고 받을까? 아니다. 아이디어를 냈거나 성과가 났다는 것을 증거로써 제출을 해야 한다. 이 증거가 바로 제안서이다. 어느 제안자라도 제안을 통해서 건수 인정, 상금 수령 등 제안제도의 혜택을 받으려면 반드시 해야 할 일이 있다. 바로 제안서를 작성해야 하는 것이다. 아무리 일을 잘하고 성과를 내어도 그것을 제안서에 쓰지 않으면 제안제도가 준비한 아무런 혜택을 받을 수 없다.

예를 들어 소모품 낭비가 심해 공동구매를 이용하였더니 소모품비가 월 평균 100만 원이 절감 되었다고 하자. 회사가 이를 제안 건수로 인정해 주고 제안 상금을 주겠는가? 다른 예로 생산 현장에서 복잡한 공정을 단순하게 만들어 처리 시간이 5시간이나 줄어들었을 때 수고했다며 제안 건수로 인정해 주고 제안 상금을 주겠는가?

아무리 직원들의 아이디어가 업무에 현격한 공로가 있었을지라도 그 자체만으로는 제안제도의 혜택을 받을 수 없다. 그러므로 당연히 제안 건수로 인정되거나 제안 상금을 받을 수가 없다. 그렇다면 어떻게 해야 제안 건수로 인정을 받고 제안 상금을 받을 수 있는가? 바로 이러한 활동 내용을 제안서에 작성해서 제출해야 하는 것이다. 즉, 제안서에 작성해서 제출해야 회사가 이를 접수하고 제안 건수로 인정, 심사하여 성과에 따라 상금을 지급하는 것이다. 제안서를 제출하지 않으면 제안에 대한 어떠한 보상도 없다.

3. 제안서는 내가 제안활동한 내용을 쓰는 것이다

그렇다면 제안서에는 무슨 내용을 적는 것일까? 위의 예에서 기술한 것처럼 소모품을 아끼는 방법, 공정을 개선한 내용을 제안서에 적으면 된다. 그렇다면 소모품비를 절감하고 공정을 개선한 내용은 제안, 제안활동, 제안제도 중 어느 부문에서 나타난 것인가? 바로 제안활동 부문에서 나타난 것이다. 결국 제안자가 제안서를 쓴다는 것은 제안활동의 내용을 옮겨 적는 것이라고 보면 된다.

그렇다면 누구의 것을 적는 것일까? 다른 팀에서 성과 낸 것의 자료를 몰래 가져와 그것을 정리해서 제안서에 작성하는 것일까? 물론 아니다. 남이 아니라 내가 일을 하다가 나의 아이디어를 사용해서 성과를 얻은 것을 제안서에 적는 것이다.

제안서 작성이란 내가 회사에서 아이디어를 내어 성과를 도출한 것을 일정한 양식에 따라 옮겨 적는 것이다. 제안서를 작성하기 위해서는 아이디어와는 전혀 관계없는 약간의 용기와 문장력 그리고 표현력만 있으면 된다. 아이디어는 일을 할 때 필요한 것이다.

제안자들이 제안을 어렵게 느끼고 제안할 것이 없다고 하는 이유는 제안서에 작성할 내용이 나의 제안활동 내용과 별개라고 인식하기 때문이다. 제안활동은 그냥 내가 하는 일이고, 제안서에는 그것 외에 또 다른 무엇을 찾아서 써야 하는 것으로 인식하고 있기 때문이다.

23

개선을 하면서도 왜 제안서를 제출하지 않을까?

고민

- 제안자들이 제안서 쓰는 것을 싫어합니다.
- 평소에 개선은 하는데 제안서는 쓰지 않습니다.
- 어떻게 하면 평소에 개선한 것을 제안서에 쓰도록 만들까요?
- 제안서를 안 써서 그렇지 개선은 많이 한다고 합니다.

원인 및 당위성

직원들에게 제안서를 왜 안 쓰냐고 물으면 일할 때 알아서 개선을 한다고 한다. 제안서를 안 써서 그렇지 실제로는 개선을 한다고 대답하는 것이다. 왜 개선을 하면서도 제안서를 쓰지 않을까? 평소에 개선하는 것은 제안으로 생각을 하지 않아서일까? 만일 평소에 개선하는 것을 제안으로 인정해 주면 제안 건수가 많이 증대될 것이다. 어떻게 하면 제안서를 쓰게 할까?

해결방안

1. 제안서를 쓰지 않는 이유

기업에서 제안교육을 하면서 제안서를 쓰지 않는 이유를 적어보라고 했더니 아래의 의견들이 나왔다.

■ 제안서를 작성하지 않는 이유

- 제안에 대한 인식 차이: 원래 내 업무인데…….
- 제안서 작성에 대한 부담감: 구두보고와는 다른 정형화된 양식으로 인한 부담
- 주변 시선에 대한 부담: 자기 일은 안 하고 제안만 하나? 불만만 많나?
- 그동안 실행되지 않았음을 오히려 질책하는 분위기
- 내가 아니어도 누군가 쓸 것이라고 생각한다.
- 당연히 자기 업무로 생각
- 제안서 양식에 맞춰서 작성해야 한다는 두려움(문장력, 표현방법을 정확하게 모름)
- 보고서 작성이 힘듬(글로 표현하는 것)

직원들이 평소에 개선을 하고도 제안서를 작성하지 않는 이유는 네 가지로 요약이 된다.

1) 제안서 양식이 너무 복잡하다.

일반적인 제안서 양식을 보면 너무 복잡하게 되어 있다. 제안서를 작성하기에는 너무 많은 것을 써야 한다. 제안의 종류, 현상 및 문제점, 개선대책 및 효과산출, 기대효과 등 이 모든 것을 채워 넣어야 하니 귀찮다는 것이다. 나는 단지 이렇게 하면 좋다고 생각을 한 것 뿐인데 왜 그렇게 되었는지, 개선하면 구체적으로 어떻게 좋아지는지 등 내용작성이 배보다 배꼽이 더 큰 경우가 되어서 제안서 쓰기를 잠시 뒤로 미루는 것이다.

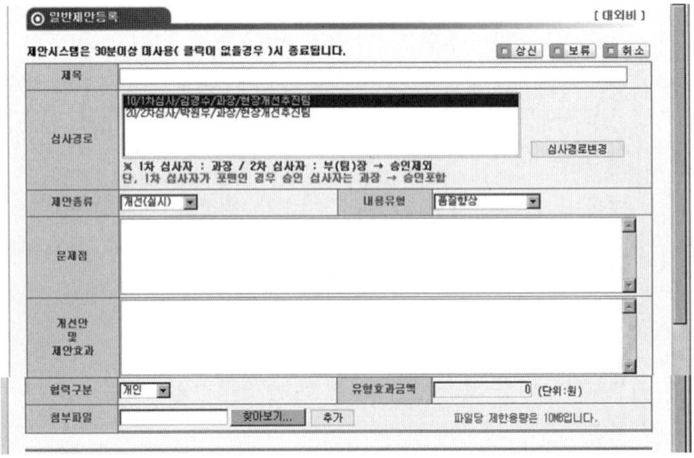

[그림 3-7] 복잡한 제안서 양식(H사)

2) "이게 무슨 제안이냐? 네가 할 일이지!"

제안활동한 내용을 제안서에 작성해서 제출하면 심사자는 다음과 같이 이야기한다.

"이게 무슨 제안이냐? 네가 하는 업무지!"

"월급 주는 이유가 이런 일하라고 주는 것인데 그냥 일하면 되지 뭘 제안서를 쓰냐?", "제안 시상금 받으려고 쓰는 것이냐?"

제안서를 쓰지 않았으면 이런 소리를 듣지 않아도 되는데 괜히 제안서를 써서 핀잔을 들으니 누가 좋아하겠는가? 다시는 제안서를 쓰지 않을 것이다.

3) 제안서 양식의 형태이다.

제안서 양식을 보면 개선 전과 개선 후의 모습으로 되어 있다. 내 업무를 개선해서 제안서를 작성하려고 할 때 먼저 무엇을 써야 할까? 바로 개선 전의 모습을 써야 한다는 것이다. 그런데 개선 전은 뭘 쓰는 것인가? 문제점을 적는 것이 아닌가? 다시 말하면 제안자는 먼저 자기가 뭘 잘못 했는지를 밝히고 제안서를 써야 한다. 여러분이라면 제안서를 쓰기 위해 자기의 잘못을 먼저 고백할 용기가 있을까?

4) 고등급 제안을 원하기 때문이다.

대부분의 제안들은 효과가 적다. 성과가 큰 제안들은 몇 건 되지 않는다. 직원들이 개선하는 수준은 그저 평범하고 적은 것들이 대부분인데 회사에서는 큰 건을 요구하니 제안자들은 스스로 '이건 너무 작은 건이야. 이건 별거 아니야' 라고 생각을 해서 제안서를 쓰지 않는다. '큰 건 나오면 쓰지!' 하는 생각을 갖게 된다. 큰 건은 아마 퇴직할 때까지 나오지 않을 수도 있다. 그러면 퇴직할 때까지 제안서 한 장 못 쓸 것이다.

2. 제안서를 쓰도록 하기 위한 방법

제안자들이 평소 개선한 것을 제안서에 쓰도록 하기 위해서는 위 네 가지를 바꿔주어야 한다. 먼저 쉽게 쓸 수 있도록 양식을 단순화시켜야 한다. 그 다음 당연히 해야 할 일도 제안으로 인정해 주어야 하고 개선 전을 쓰기 싫으면 안 써도 되도록 해야 하고, 작은 것도 제안으로 인정해 주어야 한다. 그러면 제안서는 많이 올라오게 될 것이다.

24

협력업체를 어떻게 제안에 참여시키지?

고민

- 협력업체를 제안에 참여시키고 싶은데, 방법이 없나요?
- 협력업체를 제안에 참여시켜야 하나요?
- 직원 외에 제안에 참여시켜야 할 사람은 누구인가요?
- 협력업체뿐만 아니라, 일용직도 있으며 계약직도 있습니다.

원인 및 당위성

제안은 모든 직원들이 참여하는 제도이며 특히 협력업체 직원뿐만 아니라 회사에 관여된 모든 사람들이 제안에 참여하는 것이 바람직하다. 도급사원, 외주사원, 일용직, 아르바이트생 등 모두 제안에 참여하는 오픈 시스템이 되어야 한다. 어떻게 하면 협력업체 직원들을 참여시킬까?

해결방안

1. 모든 직원은 제안에 참여

제안제도는 기업의 경쟁력 강화를 위해 운영하는 것이기 때문에 경쟁력에 관계되면 모든 사람들을 참여시키는 것이 좋다. 협력사, 도급사원, 계약직, 일용직, 아르바이트 등 가능하면 모든 사람을 참여하게 해서 Open System이 되면 좋다.

협력사를 제안에 참여시키는 방법은 여러 가지가 있다.

1) 협력사 직원 → 모(母)회사 협력업체 창구

협력사 직원이 모회사의 협력사 창구에 직접 제안을 할 수 있다. 이 경우 모회사에는 협력업체를 총괄 관리하는 부서가 있어야 한다. 협력회사를 총괄하는 부서가 협력사에 관련된 모든 것을 총괄할 수 있으므로 이 부서에 제안을 한 후 회사에 전달해 제안을 처리한다.

이 경우의 단점은 협력사 사장은 직원들이 제출한 내용을 알 수가 없다는 점이다. 정보부족 및 소통 부재로 인해 협력사 사장이 잘 모르는 사항이 모회사에 전달이 될 수 있으므로 때로는 난처해질 수도 있게 된다.

2) 협력사 직원 → 소속 협력사 사장 → 모회사 협력업체 창구

협력사 직원이 소속 협력사 사장에게 직접 제안을 한 후 협력사

사장이 일부 내용을 걸러서 모 회사 협력사 창구로 보내는 방법이다. 이후 협력사 주관부서가 처리하는 절차는 1)번과 동일하다.

단, 이 경우에는 사전에 협력사 사장이 제안내용을 검토할 수 있으므로 문제가 될 만한 제안은 사전에 걸러지기 때문에 협력사 직원들의 의견이 사장되는 경우도 발생한다. 협력사 직원 입장에서는 사장이 검토한다는 측면에서 많은 부담이 갈 수밖에 없다.

3) 협력사 직원 → 소속사 팀장 → 소속 협력사 사장 → 모회사 협력업체 창구

협력사 직원이 소속 협력사 사장에게 직접 제안하기 전에 자신의 팀장에게 먼저 제안을 한 후 팀장이 협력사 사장에게 전달하는 방법이다. 이후 프로세스는 2)번과 동일하다. 단 이 경우에는 팀장까지 관여가 되어서 제안 처리 프로세스가 너무 복잡하게 진행이 되어서 자칫하면 제안이 활성화되지 않을 수도 있다. 처리 기간이 길면 누구나 지치게 마련이다.

4) 협력사 직원 → 소속사 팀장 → 소속 협력사 사장 → 모회사 실시부서

협력사 직원이 소속 협력사 사장에게 직접 제안하기 전에 자신의 팀장에게 먼저 제안을 한 후 팀장이 협력사 사장에게 전달하는 방법이다. 협력사 사장은 제안을 실행하는 모회사의 실시부서로 직접 전달하는 방법인데, 이 방법은 실시차원에서는 프로세스가 간단하지만 적용하기에는 문제점들이 많다. 협력사 사장이 직접 실시부서를 지정하는 문제도 그렇고 협력사 창구도 일원화되지 않아서 관리의 문제가 많이 발생할 수 있게 된다.

5) 협력사 직원 → 소속사 팀장 → 모회사 협력업체 창구

협력사 직원이 소속 협력사 팀장에게 직접 제안을 하고 팀장이 모회사 협력업체 창구로 전달하는 방법이다. 이후 프로세스는 1)번과 동일하다. 이 경우 협력사 사장이 내용을 모르는 것에 대해서는 1)번에서도 지적을 했지만 여러 가지 문제점들이 야기될 수 있다. 특히 팀장들이 모회사 협력업체에 직접 전달하면 일의 부담이 늘어날 수 있다.

6) 협력사 직원 → 모회사 실시부서

협력사 직원이 모 회사 실시부서에 직접 제안을 할 수도 있다. 이 경우 제안 프로세스는 매우 간편하고 단순하지만 역시 관리의 문제를 야기할 수 있다. 협력사 직원이 모회사의 실시부서를 전부 알아야 한다는 부담과 소속사 사장이 정보를 모른다는 1)번 지적이 문제가 될 수도 있다.

2. 협력사 제안 참여 시 고려할 점

1) 제안 상금 지급문제

협력사 제안을 시행할 때 제일 걸림돌이 되는 것이 협력사 제도 구축보다는 현실적인 제안 상금 지급의 문제이다. 법적으로 협력사 직원에게 직접 상금을 줄 수 없도록 하고 있어서 기업마다 여러 가지 방법을 동원해서 시상금을 주게 된다.

2) 전산 참여 문제

협력사를 전산에 참여시키기 위해서는 우선 전산 ID를 어떻게 부여해야 하는 것과 제안의 모든 내용을 공개할 것인가를 사전에 결정해야 한다. 전산 ID를 부여하게 되면 비용도 수반될 수 있다. 또한 모든 정보를 공개하면 보안의 문제도 있다. 이런 부분을 잘 고려해서 협력사 직원을 참여시키도록 한다.

25

제안을 전산으로 하면 현장에서 잘 참여할까?

고민

- 제안시스템을 도입하려는데 현장에서 반대가 있습니다.
- 현장에는 전산(PC)이 없는데, 제안 시스템을 도입하면 현장에서 입력이 가능할까요?
- 현장은 특성상 도면이나 서류작업이 많은데 전산이 가능할까요?
- 현장은 전산작업과 paper 작업으로 이중적 관리를 해야 하나요?

원인 및 당위성

제안을 전산화하면서 현장 직원들이 제안에 참여하지 않을까 걱정을 많이 한다. 현장은 페이퍼가 익숙하고 전산기가 없어서 과연 제안에 잘 참여할 수 있을까 하는 생각을 하기 때문이다. 특히 현장의 경우 도면이 많고 현장의 특수성 때문에 전산작업이 불가능하다고 이야기하기도 한다.

과연 제안제도를 전산화시키면 현장에서 잘 참여할까?

➡ 해결방안

1. 제안 전산작업은 편리성 증대

제안을 전산화시킨다면 대부분의 제안 추진자들은 환영한다. 수작업을 하던 부분이 전산으로 바뀌면 그만큼 편리성이 증대되기 때문이다. 아무래도 현대는 지식정보화 시대이기 때문에 전산이란 것이 꼭 필요할 수밖에 없다.

하지만 은근히 걱정이 되기도 한다. 만약 제안제도를 전산으로 운영하면 전산기가 있는 사무실은 좋겠지만 전산기가 없는 현장은 어려울 것이라고 생각하고 있다. 언뜻 들어보면 그럴듯하다. 현장에는 PC가 없기 때문에 과연 제안을 전산으로 하라고 하면 전산으로 할 것인가?

2. 일하지 않고 뭐 하냐?

기업에 사무용 PC가 처음 도입되었을 때가 대략 1985년도쯤이다. 이때 SPC1000 등 개인용 PC가 들어오게 되어 기존에 대형 IBM 등으로 작업하던 것이 개인용으로 전환이 되었다. 그 당시 기업에서는 개인용 PC가 그리 싼 편이 아니어서 회사에 대략 10여 대 정도 들여와 전산실에 놓고 전산교육장에서 직원을 대상으로 베이직프로그램(basic program) 등을 교육하였다. 그 당시에는 신기하기만 했다. 개인용 PC가 나오기 전에는 타이핑이나 예쁜 글씨를 써서 보고했는데, 개인용 PC가 보급됨에 따라 프린터를 한 보고서는 인쇄한 것처럼 깨끗하고 보기 좋았다.

사무실에서 업무를 보다 프린터가 필요하면 일부 전산교육을 받은 사람들이 사무실에 PC가 없으므로 저녁에 전산실에 와서 전산으로 작업을 하고 프린트를 하였다. 그러다 전산작업이 확대되면서 사무실에 PC 1대씩을 설치해 주었다. 하지만 아무도 PC를 다룰 수가 없어서 이 PC는 전산교육을 받은 사람만이 할 수밖에 없었다.

담당자는 업무를 전산으로 처리하기 위해서는 PC를 켜야만 했다. 그런데 PC를 켜고 작업을 하고 있으면 상사가 이런 이야기를 했다. "너 지금 일하지 않고 뭐 하냐? 남들은 열심히 일하는데, PC켜고 뭐 하는 거냐? 일 끝난 다음에 PC 작업을 하라." 사실 PC가 별로 없었던 당시에는 PC를 켜고 일하는 것은 다른 일하는 것으로 여겨졌다.

이후 사무직도 전산으로 작업하는 일이 점점 증가하면서 PC 보급도 점차 늘어나 2인 1대에서 2000년 초에는 1인 1PC가 되어 지금은 모든 업무를 전산으로 처리하게 되었다. 1인 1PC가 된 지금, 만일 출근해서 PC를 켜놓고 있지 않다면 상사가 뭐라고 하겠는가? "너 PC 켜고 일을 해야지 지금 일하지 않고 뭐 하냐? 어디 아프냐?"라고 할 것이다. PC가 들어온 지 불과 15년 만에 PC에 대한 인식의 변화가 일어난 것이다.

3. 현장도 PC 작업이 필요하다

대부분의 현장은 거의 PC가 없다. 생산관리에 꼭 필요한 사무실에만 PC 몇 대가 있는데 이 PC는 대부분 사무직원들이 차지해서 작업한다. 그런데 제안을 전산으로 입력하라고 전산화시키면 현장에서는 당연히 PC도 없는데 무슨 전산이냐?라는 소리를 할 수밖에 없다. 당장은 PC가 없기 때문에 그럴 수밖에 없다.

만약 현장에서 제안을 하기 위해 PC를 켜고 입력을 한다면 뒤에서 이런 소리를 할 것이다. "일하지 않고 뭐 하냐?" 초창기 사무실에서 하는 소리와 똑같다. 사무직도 이런 과정을 거쳐 점차 작업들이 PC를 필요로 하는 업무가 많아졌다. 이제는 PC로 작업하지 않으면 일이 안 된다는 것처럼 앞으로는 현장도 마찬가지일 것이다. 지금 현장에서 PC 작업을 하면 분명히 일하지 않고 뭐 하냐는 소리를 듣겠지만, 현장도 지식정보화 시대에 맞게 PC로 작업하는 일들이 늘어나서 PC가 꼭 필요한 작업들이 있다면 현장도 아마 똑같이 이야기를 할 것이다. PC를 켜지 않으면 일하지 않고 뭐 하냐고.

지금은 지식정보화 시대이고 PC는 어느 분야를 막론하고 필요한 시대가 되었다. 현장도 마찬가지이다. 지식경영이 도입되며 사무직만이 아니라 현장에서도 자신의 지식을 전산으로 올리도록 하고 있고, 제안제도가 전산화되면서 아이디어를 전산으로 입력하도록 하는 업무의 변화가 일어나고 있다. 요즘은 스마트폰으로 쉽게 사진도 찍을 수 있어서 현장에서도 문제 지점을 손으로 그리지 않고 쉽게 사진을 찍어서 제안으로 올릴 수 있는 프로그램들이 개발되고 있다.

제안이 전산화되어 현장에서 부담감 및 거부감을 갖는다면 이는 시대를 역행하는 것이다. 특히 제안 주관부서에서 제안 전산화를 주저한다면 이는 현장직을 완전히 지시정보화 시대에 소외시키는 결과를 초래하도록 만드는 모습이 된다.

요즈음에는 집에서도 전산입력이 가능하도록 프로그램이 도입되어 있고 심지어 PC방에서도 제안을 입력하도록 프로그램을 만들고 있다. 이미 제안이 전산으로 개발되어 사용 중인 회사에서는 제안이 전산화되어도 전혀 문제없이 제안을 잘 입력시킨다고 한다. 제안 전산화로 인해서 현장이 참여를 잘 하지 않을 것이라는 것은 기우라고 생각한다.

4. 현장에서 제안 입력토록 준비

현장에는 PC가 절대적으로 부족한 것이 사실이다. 실제 필자가 현장을 돌아보면 PC가 거의 없다. 그렇다고 제안을 전산으로 입력시키기 위해서 1인 1PC를 갖출 필요는 없다. 휴게실에 PC 몇 대를 설치해 주면 좋다. 그러면 간간이 쉬면서 제안을 입력시킬 수 있다. 실제 많은 현장이 이렇게 하고 있다.

실제로 현장직들이 매일 수시로 제안을 하는 것은 아니다. 적어도 일주일에 한 건만 해도 월 4건, 연 52건이다. 연 50여 건은 결코 적은 숫자가 아니다. 일주일에 한 번 정도는 휴게실에 와서 제안을 등록시키기만 해도 된다. 또한 집에서도 제안을 입력할 수 있도록 보안 담당자와 협의해서 회사 밖에서도 제안을 할 수 있도록 조치를 취해 주면 좋다.

제4부

제안 활성화 '1 · 1 · 1 운동' 실천 고민 6

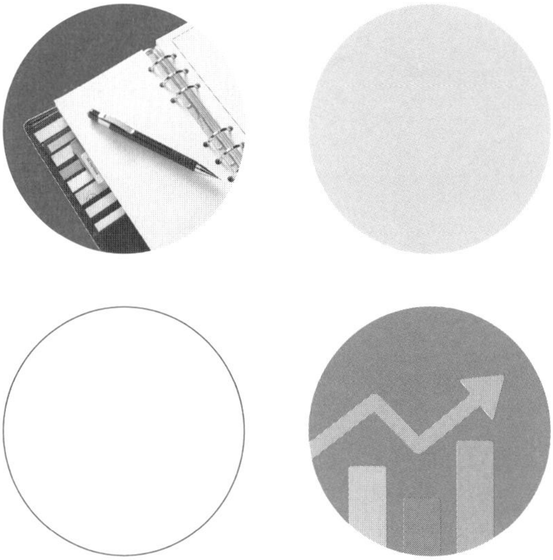

26

이게 업무일까? 제안일까?

고민

- 업무인지 제안이지 구분이 안 가요.
- 제안을 올리면 업무라고 하면서 돌려보냅니다.
- 사무직은 업무 이외에 무슨 제안을 할 수 있을까요?
- 업무도 제안이 되나요?

원인 및 당위성

제안 중에서 가장 논란이 되는 부분은 '이게 제안이냐, 업무냐' 하는 것이다. 제안과 업무를 별개로 봐야 하는지 아니면 같이 봐야 하는지에 대한 이야기가 항상 고민이다. 업무인지 제안인지 확실한 구분이 필요한데 구체적으로 이야기해 주는 컨설턴트는 별로 없는 것 같다. 심지어 어떤 컨설턴트는 업무와 제안은 별개라고 이야기하기도 한다. 업무와 제안을 별개로 보면 제안은 side job이 될 수밖에 없다. 업무와 제안의 관계를 설정해 보면 업무는 제안의 대상이고 제안은 수단이 된다.

➡ 해결방안

1. 제안으로 인정하지 않는 이유

제안규정을 보면 제안의 대상이 아닌 것 중에는 주지의 사실이나 특허받은 것, 팀의 업무 목표 및 상사의 지시 등 주로 업무에 관련된 것은 제안으로 인정하지 않고 있다.

■ 제안규정에서 의한 제안사항이 아닌 것 사례

다음의 사항은 제안으로 인정하지 않거나 불채택이 된다.

① 일반적으로 널리 공지되었거나 사용되고 있는 것

② 특허권 · 실용신안권 · 의장권을 취득한 것

③ 이미 제출한 제안 또는 회사가 연구 · 실험한 것과 동일하거나 유사한 내용

④ 구체적인 개선내용이 없거나 실현 불가능한 내용

⑤ 그 내용이 단순한 주의환기 · 지정 · 비판 · 건의 또는 불만의 표시에 불과한 것

⑥ 소속부서의 분장업무사항으로 이미 구체적 운영계획이 수립된 업무

⑦ 상사 또는 상급부서의 구체적인 지시로 시행한 것

⑧ 직무상 당연히 수행하여야 할 일상 업무 관련내용

⑨ 감사 팀에서 지적하여 개선한 사항

이러다 보니 제안자들은 아침에 출근해서 퇴근할 때까지 자신이 하는 것이 대부분 팀의 업무목표 사항이거나 상사의 지시사항 수명하는 것인데 이것에 대해서 제안을 하게 되면 제안으로 인정을 해주지 않게 되므로 '내 업무는 제안이 아니구나!' 하는 생각을 하게 된다.

2. 업무처리가 제안이 되어야 하는 이유

회사에서 업무 목표와 목표달성과의 관계는 시작과 끝의 관계이다. '목표'는 일의 시작이요 '달성'은 일의 끝이다. 그래서 새해가 되면 연간 업무 목표를 수립하고 연말이 되면 그 결과를 평가한다. 이렇게 시작과 끝은 명확하게 나타나지만 시작과 끝 사이에 있는 중간단계인 '과정'은 눈에 보이지 않는다. 눈에 보이지 않기 때문에 소홀해지는 경향이 있다. 일의 과정은 아주 중요한 업무추진 활동이다. '과정'이 충실하면 좋은 결과를 얻을 수 있다. 그래서 회사에서는 합리적인 평가를 위해서 과정관리를 해야 한다는 소리도 만만치 않다. 그만큼 '과정'도 중요하다는 뜻이다.

일에 있어서의 '과정'은 아이디어의 도출과 실천의 반복이다. 이렇게 업무처리를 하다가 '과정'에서 나오는 모든 아이디어들은 제안이 된다. 제안활동 측면에서 본다면 업무는 아이디어를 내야

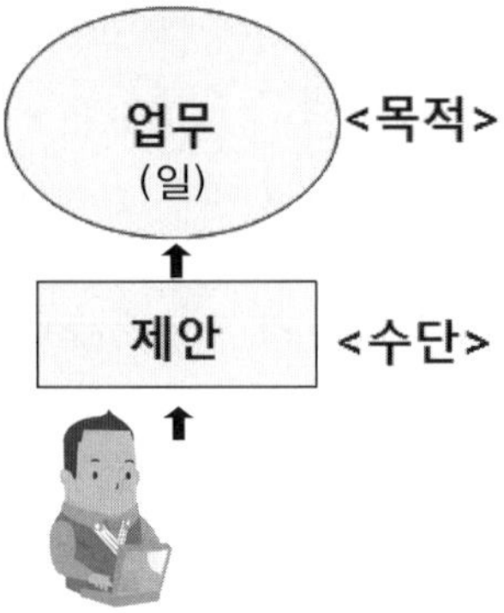

[그림 4-1] 업무는 제안의 대상

하는 대상인 것이다. 일을 잘하기 위해서 제안을 하는 것이다.

3. 공무원 제안제도도 자신의 업무를 제안으로 인정

1973년 대통령령으로 제정된 공무원 제안제도 규정에서도 제안자 자신의 업무를 제안으로 인정하지 않았다. 그랬던 공무원 제안제도가 33년 만인 2006년 7월 1일자로 그것을 제안으로 인정하도록 제도가 바뀌었다. 필자가 2006년도에 행정안전부가 주관하는 '공무원 제안 활성화 T/F팀' 의 일원으로 참여해 자신의 업무도 제안으로 인정해야 한다는 강력한 주장으로 자신의 업무를 제안의 대상으로 인정하도록 규정을 바꾼 것이었다. 새로 바뀐 공무원 제안규정 및 동 시행규칙은 2006년 6월 15일자로 행정자치부에서 정식으로 공포가 되었다. 행정자치부에서 공포된 제안규정 전부개정령안의 제정 이유 및 변경 내용 중 제안의 대상에 관하여 변경된 내용은 다음과 같다.

■ 개정 이유 : 공무원 제안의 범위 · 대상 확대(안 제3조 및 제5조)

– 자신의 업무에 관련된 사항이 제안 대상에서 제외되고, 공동제안의 경우 2인의 제안에 한정하면서 소속기관장의 허가를 받도록 하고 있어 공무원 제안의 범위와 대상을 지나치게 제한하고 있음으로 이를 개선하려는 것임.

– 자신의 업무와 관련한 제도개선 사항도 제안으로 제출할 수 있도록 하고, 공동 제안의 경우 소속기관장의 허가 없이 3인 이상이 공동으로 제안할 수 있도록 함.

– 공무원 제안의 범위 · 대상을 확대함에 따라 담당 업무의 개선효과를 높일 수 있으며 소그룹 활동을 통한 제안이 활성화될 것으로 기대됨.

■ 개정 내용 : 제안의 범위 · 대상 확대

– 제안 범위를 행정제도 · 행정서비스 · 행정문화 · 행정운영의 개선과 관련된 의견 · 고안으로 확대

– 자신의 업무와 관련한 제도 개선 사항 및 자신이 취득한 특허권 · 실용신안권 · 디자인권 · 저작권도 제안 대상에 포함

– 일반적으로 공지되었거나 사용 또는 이용되고 있는 것이라도 좋은 성과를 창출할 수 있는 내용은 적극 활용(벤치마킹 활성화)

– 공동제안의 경우 소속기관장의 허가 없이 3인 이상도 제안 가능

■ 종전/개정 규정 비교(2006. 7. 1.)

구분	종전 규정	개정 규정
법령제명	제안규정	공무원 제안규정
제안의 범위	행정운영의 능률화와 경제화에 관련된 창의적인 의견 또는 고안	행정제도 · 행정서비스 · 행정문화 및 행정운영의 개선과 관련된 의견 또는 고안
제안에 해당하지 아니한 것	1.특허권 · 실용신안권 · 의장권을 취득한 것 2.일반적으로 공지되었거나 사용 또는 이용되고 있는 것 3.그 내용이 단순히 법령의 제정 · 개정 또는 폐지를 요구하는 것 4.제안자의 담당업무와 관련하여 당연히 추진하여야 할 것 또는 서식의 정비 등 제안내용이 단순한 것	1.타인이 취득한 특허권 · 실용신안권 · 디자인권 · 저작권 ※2~4번 모두 삭제

27

업무와 제안은 어떤 관계가 있을까?

고민

- 업무와 제안이 혼동됩니다.
- 업무도 제안이 되나요?
- 왜 업무는 제안으로 인정하지 않을까요?
- 업무는 당연히 하는 일인데, 왜 제안으로 인정을 해야 하나?라는 의견이 많습니다.

원인 및 당위성

일과 제안은 어떤 관계가 있을까? 밀접한 관계일까, 아니면 별개로 움직이는 것일까? 업무냐, 제안이냐의 논란과 함께 일과 제안의 관계도 많은 논란을 일으키고 있다. 일과 제안의 관계를 명확히 해둘 필요가 있다.

해결방안

1. 제안은 목표를 실행할 때 아이디어를 내는 활동이다

기업에서의 지식은 크게 두 가지로 구분된다. 하나는 총체적 지식이고 또 다른 하나는 특정장소와 시간에서의 지식이다.

총체적인 지식은 모든 지식의 합으로 회사가 보유한 모든 수치를 더한 것으로 나타난다. 이 지식은 경영자나 간부들이 회사의 목표와 방향을 설정하는 데 참고자료로 활용된다. 총체적 지식으로 설정된 목표와 방향은 누군가가 실행을 해야 그 가치가 빛을 발한다. 만약 실행을 하지 않으면 그것은 한낱 페이퍼워크(paper work)에 지나지 않는다.

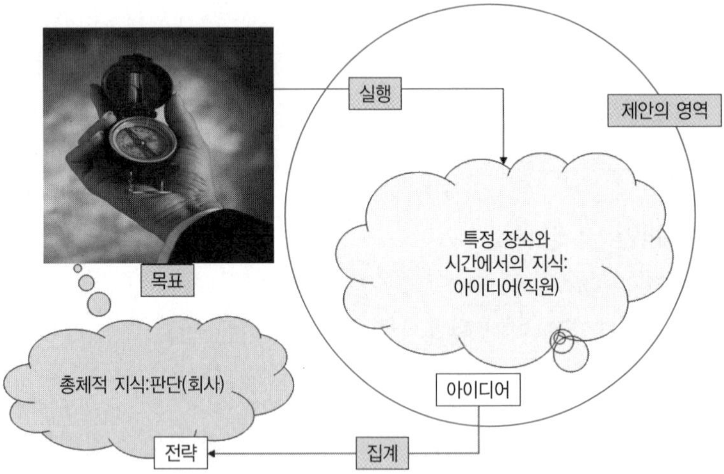

자료 : 어용일, 『제안 활성화를 통한 일하는 방법 개선』, 2006.

[그림 4-2] 기업에서 나타나는 지식의 유형과 연계

회사의 목표와 방향은 누가 실행하는가? 그것은 특정 장소와 시간에서의 지식을 가지고 있는 직원들이 맡게 된다. 직원들은 목표를 실행할 때 아이디어를 짜낼 수밖에 없다. 아이디어를 내어 실행하게 되면 결과가 나타나게 되고, 그 결과를 집약하면 총체적인 지식이 된다. 이렇게 회사의 일이란 특정 장소와 시간에서의 지식으로 실행하는 것과, 이를 집약한 총체적인 지식으로 의사를 결정하는 반복적인 사이클이 계속되는 것이다. 이 중 제안은 특정 장소와 시간에 관한 것으로 누구든지 일을 할 때 아이디어를 내는 부분이다.

2. 제안자가 제안을 하는 지점(제안 point)

제안의 경우에도 예외 없이 마찬가지이다. 아무런 지침도 없이 무조건 제안을 강요해서는 창출되는 것 없이 어려움만 줄 따름이다. 제안자들이 제안을 쉽게 느끼도록 하기 위해서 제안을 하는 지점(point)을 명확히 가르쳐주어야 한다. 그러나 현실적으로 그 누구도 어느 지점이 최적의 지점인지에 대해서는 가르쳐주지 않고 제안만 제출하라고 다그친다.

그렇다면 제안을 하는 최적 지점은 어디인가? 그것은 일의 구조를 먼저 이해하는 데에서 시작된다. 일반적으로 일의 구조는 인풋(input)을 받아서 아웃풋(output)을 내는 과정으로 진행되게 마련이다. 직원들은 일을 통해 수많은 결과물(output)을 만들어내고 있는데, 제안이 필요한 지점은 업무 속에 자리하고 있다. 그것은

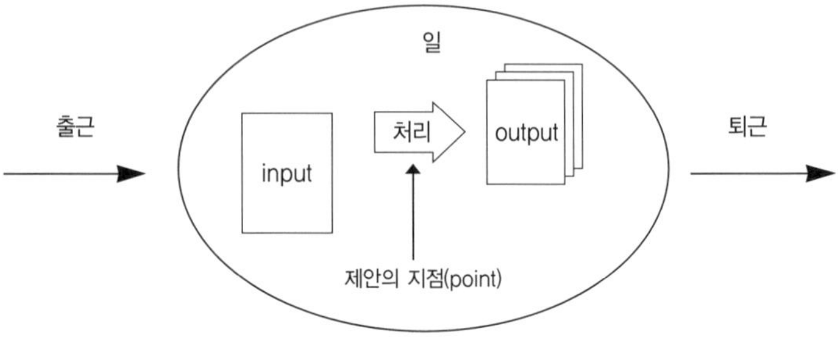

자료 : 어용일, 『제안 활성화를 통한 일하는 방법 개선』, 2006.

[그림 4-3] 제안자가 제안을 하는 지점(point)

바로 인풋(input)을 받아서 자신의 결과물인 아웃풋(output)을 잘 만들도록 노력하는 과정이 바로 그 지점이다. 바꾸어 말해 자신의 결과물을 잘 얻어내기 위해 수행하는 과정에서 제안이 필요한 것이다.

28

my job idea란 무엇일까?

고민

- my job idea가 무슨 뜻인가요?
- 제안을 내 일처럼 할 순 없을까요?
- 제안을 업무에서 찾으라고 하는데 내 업무에서 찾아야 하나요?
- 내 업무 제안을 하는 것이 가장 좋다고 하는데 무슨 의미인가요?

원인 및 당위성

제안은 나를 위한 활동이라고 하는 이론대로 한다면 당연히 내 업무를 제안해야 하는데 대부분의 직원들은 그렇지가 않다. 제안을 하면 내가 편해진다고 하는데 왜 내 업무에 대해서 제안을 하지 않을까? 그 이유는 문제를 찾으라고 하기 때문이다. 직원들은 자기는 문제가 없다고 생각한다. 문제가 없으니 개선할 게 없다고 하면서 제안을 하지 않는다.

my job idea는 문제를 찾으라는 것이 아니다. 자신의 업무에 대해서 수준을 높이라는 것이다.

해결방안

1. 제안자의 제안 유형

제안 활성화의 핵심은 제안자로 하여금 즐거운 제안을 하고 적극적으로 제안에 참여토록 하는 데 있다. 아무리 맛있는 음식을 차려놓아도 손님이 오지 않으면 무의미하듯이 아무리 좋은 포상 제도를 갖추어 놓아도 제안자가 제안에 참여를 하지 않으면 아무런 의미가 없다. 결국 제안 활성화 및 제안의 성공여부는 제안자의 참여 여부에 달려 있다고 해도 과언이 아니다.

그렇다면 제안자를 어떻게 하면 제안에 참여시킬 수 있을까?

	일반적 보상체계	
	아이디어상	실시상
① 아이디어 제출	O	X
② 타인 아이디어 + 실시	X	O
③ 나의 아이디어 + 내가 실시	O	O
④ X + 내가 실시	X	O
⑤ X + 공동 실시자 참여	X	O/n
⑥ 나의 아이디어 + 공동 실시자 참여	O	O/n

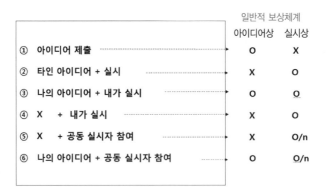

자료 : 어용일, 『제안 활성화를 통한 일하는 방법 개선』, 2006.

[그림 4-4] 제안자의 제안 참여 형태와 상금

제안자를 제안에 참여시키는 방법은 우선 제안자의 여러 가지 유형을 분석해 보면서 접근하면 된다. 일반적으로 제안자의 제안 참여 형태를 보면 다음과 같은 일곱 가지 유형이 있음을 알 수 있다. 이들 유형에서 가장 바람직한 형태는 세 번째 항목이다.

1) 아이디어제안만 하는 유형

아이디어제안만 하는 유형은 대부분 자신의 일보다는 타 부서에 대해서 초점이 맞추어지는 경우이고, 아이디어 제출에 대한 보상을 받게 된다. 하지만 이 형태는 주로 타 부서의 문제점만 지적하기 때문에 채택될 확률이 그다지 높지 않다. 특히 아이디어 내용이 단순 불만이나 내용이 없는 건의 수준인 경우에는 상금조차 받지 못할 경우도 생긴다.

일반적으로 아이디어제안만 하는 사람은 제안 건수는 많을지 몰라도 채택이 낮기 때문에 실제 받을 수 있는 경제적인 혜택은 미미하다. 또한 자신의 아이디어가 채택이 되지 않은 것에 대해서 아쉬움을 가지고 결국에는 심사자에 대한 불만으로 이어질 수도 있다. 그렇기 때문에 제안제도 자체에 대한 무용론을 들먹이면서 이에 대해 반감을 가지게 될 수도 있다. 결국 아이디어제안만 하는 경우는 제안제도를 통해 별 이득이 없는 경우가 나타날 수 있다.

2) 타인의 아이디어를 받아서 실시하는 유형

타인의 아이디어를 받아서 내가 실시하는 유형은 타 부서에서 제안한 것이 우리 부서에서 채택이 되어 내가 실시자로 지정이 된 경우이다. 이 경우는 실행만 내가 위탁받은 셈인데, 부여된 아이디어는 내 것이 아니라 마땅히 제공한 사람의 것이다. 그래서 아이디어상은 제안자에게 돌아가고 실시한 나는 실시상을 받게 된다.

실시 상금은 실시한 결과의 효과에 따라서 실시한 당사자가 받게 된다. 만일 아이디어를 받아서 실시한 내용이 큰 효과로 고등급을 받거나 추가 포상을 받는 경우, 모든 상금을 실시자에게 주는 것도 좋지만 일부는 아이디어의 로열티를 인정하여 제안자에게 떼어주는 것이 바람직하다.

위 유형의 제안은 제안한 사람의 제안을 실행하는 것이므로 제안 제목도 제안자가 제안한 것이 된다. 나는 오로지 제안자의 아이디어를 실행한 것이므로 실시 후 내가 실시제안을 하더라도 동일 제목으로 제안을 해야 한다.

3) 내가 아이디어를 내고 내가 실시하는 유형

내가 아이디어를 내고 그것이 채택되어 내가 실시자가 되는 경우이다. 이렇게 되면 아이디어상과 실시상 모두를 혼자 받게 된다. 이 경우는 제안의 대상이 내 업무가 될 수밖에 없는 조건에서 이뤄진다. 즉, 나의 일에 대해서 아이디어를 내고 곧이어 내가 실시를 하게 되는 경우로서 제안활동의 가장 바람직한 본보기가 된다.

내 업무에 대해서 문제가 생기면 개선하고, 지금보다 더 잘 해보겠다고 제안을 하는데 이를 만류할 상사가 있을까? 당연히 채택이 되고 당연히 실시될 수밖에 없다. 이 경우는 '제안은 나를 위해서 한다' 라는 제안활동의 기본 사상을 가장 충실히 따르는 사례가 된다.

내가 아이디어를 내고 내가 실시를 하는 경우에는 모든 상금을 내가 갖게 되므로 경제적인 이득도 함께 얻게 된다. 또한 나의 일에 대한 제안을 하게 되어서 보다 애착심을 가지도록 만들고, 나아가 제안에 대한 적극적인 참여를 유도하는 동시에 풍족한 보람을 가져다주며 제안 건수도 많게 된다.

4) 아이디어를 내지 않고 바로 실시하는 유형

아이디어를 내지 않고 바로 실시하는 경우를 지칭하여 실시제안 또는 개선제안이라고 말한다. 실시제안은 아이디어제안에서 발전이 보완된 형태를 말한다. 아이디어제안을 운영하는 데 있어서 건수는 많지만 실시는 되지 않고, 드러난 문제가 해결이 되지 않으며 고스란히 남아 실시의 효과를 얻지 못하므로 제안의 참뜻에 어긋나게 된다. 그래서 이를 보완한 것이 바로 실시제안이다.

실시제안은 일단 실시를 한 후에 그것을 정리해서 제안으로 상정하는 것이다. 즉, 아이디어는 혼자서 머릿속에 간직하고 그것을 실시해 보고 효과가 있으면 제안을 하라는 경우이다. 이런 경우에는 실시하기 전, 아이디어는 볼 수가 없고 단지 실시의 결과만 볼 수 있다. 이 때문에 좋은 아이디어라도 실시를 하지 않았다는 이유로 사장될 수도 있다.

아이디어를 내지 않고 실시만 해서 제안하는 경우도 제안 참여 유형의 3)번처럼 자신의 일만이 가능하다. 그런데 3)번과 4)번의 경우에서 차이점이 드러난다. 3)번의 경우는 아이디어가 밖으로 드러난 반면, 4)번의 경우는 그렇지 않다는 것이다. 중요한 것은 문제를 개선하는 것도 좋지만, 그 문제에 관련된 아이디어도 가시적으로 만드는 경우가 더 바람직하지 않을까?

아이디어를 내지 않고 바로 실시할 경우, 사전의 아이디어를 제출하지 않았기 때문에 아이디어에 대한 보상을 받을 수 없고, 단지 실시만 했기 때문에 실시상만 받을 수 있다. 실제로 아이디어가 없는 것이 아니라, 있음에도 불구하고 해당하는 상을 받지 못하게 되는 경우이다.

5) 아이디어를 내지 않지만 공동 실시에 참여하는 유형

이 유형은 내가 아이디어를 내지 않았지만 다른 사람이 실시할 때 공동 실시자로 참여하는 경우이다. 공동 실시자라는 것은 제안 내용을 실시할 때, 여러 사람이 함께 힘을 합쳐 문제를 해결하였음을 말하고, 이에 참여한 사람을 공동 실시자라고 한다. 공동 실시자라는 표현은 오로지 실시제안에만 해당한다.

이 유형은 공동 실시자들 스스로 실시에 따르는 상금을 균등하게 나누어야 한다. 물론 실시하는 데 기여한 만큼의 기여도에 따라서 실시 상금을 차등 배분하는 경우도 있지만, 대체로 인원수대로 균등하게 나누는 것이 일반적이다. 그래서 실시상을 인원수대로 분배하는 1/n의 개념이 나온다.

6) 아이디어를 내고 타인 실시에 공동으로 참여하는 유형

이 유형은 내가 제출한 아이디어가 채택이 되고, 실시자가 나의 아이디어를 실시할 때 내가 직접 도와주는 형태이다. 대체적으로 아이디어를 내는 사람은 단순 건의를 제외하고는 그 분야에 대해서 많은 정보를 가지고 있다. 무엇이 문제이며 어떤 식으로 개선이 되면 좋은지, 왜 이런 제안을 하게 되었는지 등 제안 내용에 대해서 많은 아이디어를 가지고 있다. 반면 실시를 하는 사람은 때때로 왜 이런 제안이 나오게 되는지 영문을 모르는 경우도 있다. 그렇기 때문에 전체적으로 보면 아이디어제안에 대한 정보를 실시자보다는 제안자가 많이 가지고 있다.

그렇다면 만일 실시자가 내 아이디어를 실시할 때, 내가 도와주면 어떻게 될까? 아마도 실시가 더 매끄럽게 될 것이며, 제안자와의 관계도 돈독해질 것이다. 일반적으로 실시자는 실시의 즐거움보다는 제안자에 대한 푸념이 앞서게 된다. 바쁜데 왜 이런 제안을 해서 나를 귀찮게 만드는가? 또는 그렇지 않아도 할 일이 많은데 제안 처리 때문에 퇴근도 못하고 일을 더하게 만든다는 등 여러 가지 불만을 갖게 된다. 그런 상황에서 어차피 실시할 것이라면 제안자가 도와주고 쉽게 문제가 해결되도록 하는 것이 바람직한 것이다.

아이디어를 내고 그 실시에 동참하는 경우, 아이디어를 냈기 때문에 아이디어상이 있고, 공동 실시자로 참여했기 때문에 실시 시상금의 1/n만큼의 시상금을 가질 수 있을 것이다.

7) 제안을 하지 않는 유형

제안을 전혀 하지 않는 경우이다. 이 경우는 단지 일만 열심히 할 뿐 제안서를 제출하지 않기 때문에 제안제도에서 어떠한 혜택도 받지 못하게 된다. 이 경우는 별로 바람직한 유형은 아니다. 제안을 한 건도 제출하지 않았다는 것은 기본적으로 애사심이 없다는 표현일 수도 있다.

물론 꼭 제안을 해야 애사심이 있는 것은 아니다. 또 제안을 했다고 무조건 애사심이 충만하다고는 볼 수 없다. 하지만 기본적으로 회사에서 하는 정책에 참여를 하느냐, 하지 않느냐의 관점으로 보면, 어쨌든 제안을 하지 않는 직원은 회사 정책에 참여를 하지 않는 것으로 간주된다. 아무리 바빠도 회사 정책에 최소한의 참여가 있어야 하지 않을까?

2. my job idea는 자기 일에 대해서 제안을 하는 것이다

위에서 설명한 것처럼 가장 바람직한 유형은 3)번이다. 그렇다면 내가 아이디어를 내고 내가 실천할 수 있는 것은 무엇인가? 바로 내 업무 외에는 없다. 자신의 업무에 대해서 제안하는 것이 여러 가지 제안 유형 중 가장 바람직한 유형이다. 이렇게 자신의 업무를 제안하는 것이 my job idea이다. 특히 실시제안의 경우는 거의 my job idea가 된다.

자신의 업무에 대해서 제안을 하는 경우에는 제안의 변수가 다양하게 나타난다. 자신의 업무는 자신의 업무 목표부터 MBO(Management By Objectives), 개인 KPI(Key Performance Indicator)달성, 지시사항 수행 등이 모두 제안의 대상이 된다.

3. my job idea는 자신이 하는 일의 수준을 높이는 것이다

필자는 기업에서 제안 지도를 할 때 다음과 같은 이야기를 한다.

"만약 여러분 개인의 능력이 100%라고 할 때 여러분은 몇 % 정도의 능력을 발휘하고 퇴근을 하십니까?".

"평균 50~60% 정도 능력 발휘를 합니다."

"그러면 100% 능력을 발휘할 수도 있습니까?"

"예! 할 수 있습니다."

"할 수 있는데 왜 하지 않습니까?"

"바쁘기도 하고 해도 특별한 보상도 없습니다."

만약 직원들이 일을 할 때 자신의 능력을 100% 발휘한다면 개인과 회사는 어떻게 될까? 아마도 경쟁력이 매우 향상될 것이다. my job idea는 자신의 능력을 100% 발휘하도록 해서 자신이 일하는 수준을 높이는 것이다.

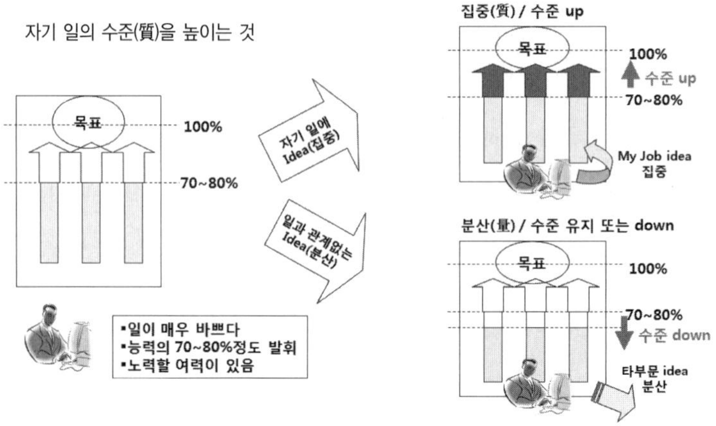

[그림 4-5] my job idea의 개념

4. my job idea 사례

my job idea 추진 사례는 필자에게 교육을 받은 기업에서는 흔히 찾아볼 수 있다. 그 중 몇 가지 사례를 보면 [그림 4-6]과 같다.

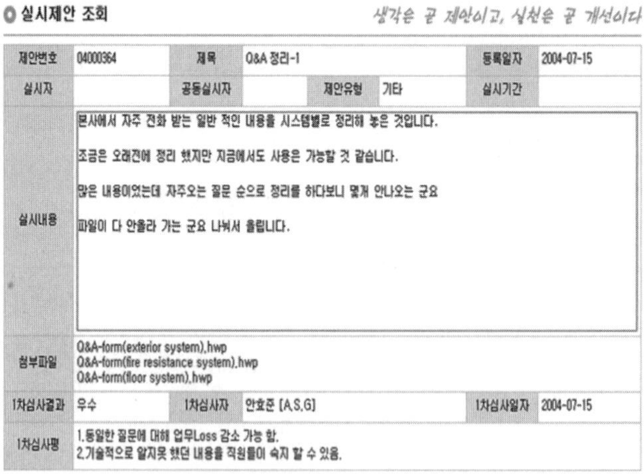

◎ 실시제안 조회 *생각은 곧 제안이고, 실천은 곧 개선이다*

제안번호	04000364	제목	Q&A 정리-1			등록일자	2004-07-15
실시자		공동실시자		제안유형	기타	실시기간	
실시내용	본사에서 자주 전화 받는 일반 적인 내용을 시스템별로 정리해 놓은 것입니다. 조금은 오래전에 정리 했지만 지금에서도 사용은 가능할 것 같습니다. 많은 내용이었는데 자주오는 질문 순으로 정리를 하다보니 몇개 안나오는 군요 파일이 다 안올라 가는 군요 나눠서 올립니다.						
첨부파일	Q&A-form(exterior system).hwp Q&A-form(fire resistance system).hwp Q&A-form(floor system).hwp						
1차심사결과	우수	1차심사자	안효준 [A.S.G]			1차심사일자	2004-07-15
1차심사평	1.동일한 질문에 대해 업무Loss 감소 가능 함. 2.기술적으로 알지못 했던 내용을 직원들이 숙지 할 수 있음.						

[그림 4-6] my job idea 사례 1

이 사례는 일을 하면서 전화가 많이 오는 경우, 질문내용을 정리해서 게시판에 올린 것이다. 사실 일을 하면서 자주 질문 전화가 와도 Q&A를 게시판에 올리라는 규정은 없다. 그냥 전화가 오면 받아서 처리하면 된다. 하지만 이렇게 하는 방법이 최선은 아닐 것이다. 제안자는 전화로 자주 문의하는 내용을 게시판에 올려놓았다. 결과는 전화업무량이 확 줄었다. 이렇게 동일한 일을 하면서도 좀 더 수준 높은 일이 되는 것이다.

[그림 4-7]은 또 다른 기업의 my job idea 사례이다. 어느 회사에서도 흔히 볼 수 있는 내용이다.

■ 월별 제안 현황

구 분	3월	4월	5월	6월	7월	8월	9월	10월	11월	12월
건 수	874	750	488	425	601	329	2,063	1,993	1,739	
유형제안비율	4%	3%	2%	4%	3%	1%	2%	1%	2%	
유형제안건수	31	19	8	17	18	2	40	28	32	

[그림 4-7] my job idea 사례 2

필자는 기업에 제안교육을 가기 전에 먼저 그 회사의 제안 실적을 보내달라고 한다. 제안 실적을 보면 어느 정도 제안 활성화의 수준을 파악할 수 있고, 그 수준에 맞게 지도를 할 수 있기 때문이다. 대부분의 기업들은 [그림 4-7]처럼 제안 실적을 보고한 자료를 필자에게 보내준다. 물론 전혀 문제가 없다.

하지만 이 보고를 [그림 4-8]과 같이 보고를 하면 어떻게 될까?

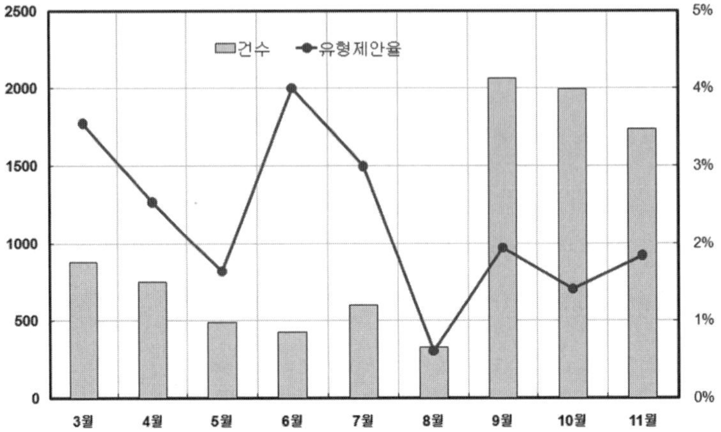

[그림 4-8] my job idea 사례 3

위 보고서처럼 월별 실적을 그래프로 나타내면 아마 전체적인 흐름이 눈에 확 띄게 될 것이고 사례 2보다는 훨씬 보고서의 질이 높아질 것이다. 물론 그래프를 그리지 않아도 된다. 하지만 이왕 보고를 하는 것이라면 [그림 4-8]처럼 좀 더 보고서의 질을 높이려고 노력해 본다면 아주 훌륭한 보고서가 나올 것이다.

만일 보고서를 작성할 때 [그림 4-9]처럼 다른 회사와 비교하여 보고를 하면 어떻게 될까?

동일한 보고서를 만들어도 다른 회사와 비교를 해서 보고서를 작성하면 보고서의 질이 높아져서 상사의 의사결정 수준이 달라질 것이다. my job idea는 자신이 하는 일에 대해서 가장 높은 수준으로 일을 한다는 의미다.

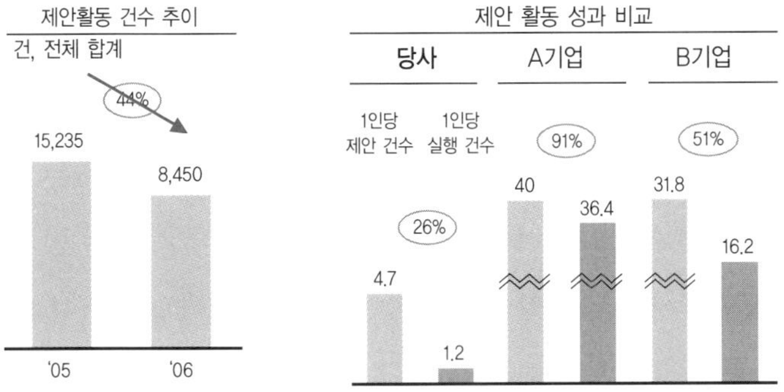

• 활동이 본격적으로 추진된 05말 이후 제안 건수는 오히려 감소하고 있음.

• 아직은 우수 기업 대비 낮은 수준이며, 실행되는 비율도 낮아 제안 내용의 질적인 측면이 강화될 필요성이 있음.

[그림 4-9] my job idea 사례 4

5. 공직사회의 my job idea 운동 추진

필자가 2007~2008년도에 행정안전부 제안분야 자문위원으로 활동할 때 공직사회에서도 my job idea 운동을 추진하라고 권한 적이 있다. 공무원 제안제도의 중앙제안을 심의해 보니 공무원들이 거의 타 부서 제안을 많이 하고 있었다. 공무원들이 과연 타 부

□ **추진목적**

○ 모든 공무원들이 자기 업무에 대해 새롭고 창의적인 관점에서 접근하는 기회를 제공하여 **일 중심의 새로운 공직문화**를 구현

□ **주요내용**

○ **1인 1아이디어의** '국민신문고'(또는 자체 제안시스템) 등록 및 숙성

- 모든 공무원은 자기 업무와 관련하여 1년에 1개 이상의 아이디어를 제안

My job idea 운동의 특징

- **현재 하고 있는 나의 일에 대한 제안**(On my present job)
- **심사과정이 업무와 분리되지 않는 쌍방향 토론**(By two way communication)
- **업무 재해석을 통해 국민과 고객의 가치 실현**(For customer value)

자료 : 행정안전부, 「국민 · 공무원 제안 활성화 지침」, 내부 설명회 자료, 2008.4

[그림 4-10] 공직사회 my job idea 운동 추진

서 일에 대해서 얼마나 알고 제안을 하는 것일까? 업무에 대해서 가장 잘 알고 있는 사람은 현재 그 부서에서 근무하고 있는 공무원들일 것이다. 만약 개선을 해도 업무를 가장 잘 알고 있는 사람이 하는 것이 가장 효율적이다. 때문에 공무원들이 가장 잘 아는 자신의 업무에 대해서 제안을 하는 것이 좋을 것이라고 하면서 my job idea를 추천한 것이다.

6. my job idea로 얻는 효과

지난해(2009년) 말 한 중견기업에서 하루 종일 팀장들과 워크숍을 한 적이 있었다. 그동안 my job idea를 적용한 후의 조직의 변화모습과 적용 시 나타난 문제점 및 보완점들을 조별로 토론하는 자리였다. 이 자리에서 my job idea를 적용한 후 나타난 조직의 변화에 대해 조별로 토론한 결과는 다음과 같다.

■ 조직이 변화된 모습

- 업무에 최선을 다하려는 의식
- 하려고 하는 의식 및 자발심
- 제안의 스트레스를 덜 받는다.
- 대가가 지불된다.
- 업무 지시가 편해졌다.
- 실행능력이 좋아진다.
- 스스로 업무에 대해 일정 관리를 한다.

- 하루의 목표가 뚜렷해진다.
- 업무에 대한 반성의 기회가 된다.
- 자기 일에 적극적 태도로 변한다.
- 구체적인 사고가 발달된다.
- 시키기 전에 알아서 한다.
- 개인 업무에 대한 PR(광고)효과
- 제안 건수가 높아졌다.
- 직원들이 생각을 많이 하고 있는 게 보인다(일과 동시에).
- 도전적인 일을 하려는 풍토가 조성되고 있다.
- 일에 맞춰 하고자 하는 분위기
- 업무 처리에 대한 생각을 정리할 수 있는 기회
- 조직 커뮤니케이션 활성화

실로 놀라운 변화가 아닌가? 사실 위에 나타난 내용들은 모든 경영자나 직원들이 바라는 모습일 것이다. 업무에 대한 관심, 자발적 참여, 성과에 대한 보상, 상하 간 커뮤니케이션 원활화 등등, 이러한 모습들이 바로 my job idea 구현으로 가능하다.

사실 이 기업만 이런 것이 아니다. 그동안 수많은 기업들을 my job idea(엄밀히 말하면 신제안제도라는 이름으로 적용을 했지만 그 핵심이 바로 my job idea임.)를 적용한 결과 나타난 조직의 변화모습은 거의 유사하다.

29

my job idea로 실제 제안을 어떻게 할까?

고민

- my job idea 제안은 어떤 형태로 나타나는가요?
- 내 업무를 제안하라고 하는데 어떻게 하는 건가요?
- 내 일은 그냥 하면 되지 않나요?
- 내 일을 제안한다는 것은 일상적으로 일하는 것을 제안한다는 뜻인가요?

원인 및 당위성

my job idea의 개념은 현실적으로 매우 설득력이 있는 내용이다. 하지만 my job idea에 대한 정확한 개념 이해가 안 되면 실제 제안하기가 매우 어려워진다. 말은 쉬운데 실행하기가 어렵다는 것이다. my job idea의 개념을 가지고 제안하면 하루에도 몇 건씩 제안이 가능하다.

해결방안

1. 직원들이 일하는 모습

직원들이 일을 하면서 제안하는 방법을 그림으로 표시하면 다음과 같다.

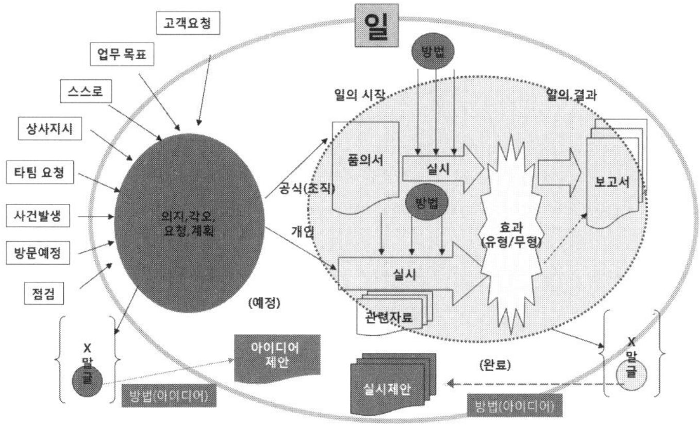

자료 : 어용일, 『제안 활성화를 통한 일하는 방법 개선』, 2006

[그림 4-11] my job idea로 제안하는 방법

[그림 4-11]에서 보면 직원들이 출근을 하면 여러 가지 요인들이 일을 하도록 만들고 있다. 그것은 고객의 요청, 상사의 지시, 업무 목표 등 미리 정해져 있는 일들이 그들을 기다리고 있는 것이다. 직원들은 이러한 인풋의 처리를 부여받으면 일 처리로 들어간다. 일을 할 때는 아무런 개념 없이 일하지 않고, 머릿속에 업무 시나리오를 구상하게 된다. 따라서 어떻게 하겠다는 생각이나 다짐,

목표를 달성하겠다는 의지를 품게 된다.

예를 들어, 상사가 지시를 하면 어떤 방법으로 이를 수행할 것인가 생각하게 된다. 그런 구상을 마친 다음 실질적인 업무에 들어가게 되는데, 업무는 두 가지 방법으로 진행된다. 하나는 공식적인 일로서 품의를 받아서 진행하는 것이고, 다른 하나는 어제한 것처럼 오늘도 혼자서 실행하는 경우이다.

어쨌든 공식적이든, 비공식적이든 일을 하게 되면 성과가 나타나게 된다. 그 성과의 종류는 무형 또는 유형의 효과로 구분이 되고, 또 효과가 큰 것인가 작은 것인가에 의해 구분되지만, 큰 것이든 작은 것이든 모두 효과라고 볼 수 있다. 이렇게 업무를 효과적으로 본 후 퇴근을 하는 것이다.

2. 예정은 아이디어제안, 완료는 실시제안

일을 하기 전에 머릿속에 구상하고 있는 것을 표현하는 세 가지 방법이 있다.

첫째, 아무 내색도 하지 않는다. 직원이 아무런 표현을 하지 않아도 그 직원은 일을 하게 된다. 단지 무슨 생각을 가지고 일을 하려는지 알 수가 없을 뿐이다.

둘째, 말로 표현한다. 자신이 어떠한 일을 하겠다는 것을 말로 표현하는 것이다. 말로 표현하면 이 말을 들은 상사는 부하 직원이 어떻게 일을 추진하리라는 것을 알게 된다.

셋째, 글로 표현한다. 머릿속에서 계획하고 있는 것을 글로 표현하는 방법이 바로 아이디어제안의 방법이다.

아이디어제안은 자신이 어떤 일을 하고자 하는 예정 사항을 문장으로 작성하는 것이다. 이렇게 글로써 제안서에 작성하면 제안제도에 의해서 접수가 되고, 심사가 되는 건 물론 상금을 받게 된다. 만일 아무리 좋은 생각을 했어도 글로 옮기지 않으면 제안 건수로 인정받거나 제안 상금을 받을 수 없다.

실시제안 또한 마찬가지의 분류가 유효하다. 회사에 출근해서 하는 일에 어떤 아이디어를 사용해서 성과를 냈는지에 대해서 표현의 방법 역시 세 가지로 분류해 볼 수 있다.

첫째, 아무런 말도 하지 않고 퇴근하는 경우이다. 이 경우 그 직원은 보고를 하지 않았을 뿐이지 일로써 이미 성과는 낸 것이다.

둘째, 말로 표현한다. 내가 한 일을 어떻게 했다고 말로 표현하는 경우로, 상사는 보고를 받기는 하지만 제안으로서의 아무런 혜택을 줄 수가 없다.

셋째, 글로 표현한다. 내 일을 어떻게 했는지에 대해서 글로 표현한 것이 바로 실시제안이다. 제안서를 쓰면 역시 공식적으로 제안제도가 운용된다. 곧이어 접수가 되고 심사가 되며 제안 상금을 받을 수 있게 된다.

결국 아이디어제안과 실시제안은 표현의 문제이다. 자신의 생각을 말로 하는 것이 아니라 글로 표현하는 것이 곧 제안이다.

3. my job idea를 통해 자기 일에 관심을 갖는다

my job idea를 하려면 적어도 내가 회사에 와서 무슨 일을 하는지에 대해서 정확히 파악하고 있어야 한다. 내 업무는 내가 알고 있는데 이게 무슨 소리냐고 의아하게 생각할지도 모른다. 일반적으로 모든 직원들은 자기가 하는 일을 잘 알고 있다고 자부하고 있다. 하지만 실제로는 그렇지가 않다.

필자는 제안교육을 할 때 제안서 작성법을 실습시키는데 교육생들에게 백지를 나누어주고 회사에 출근해서 자신이 하는 일을 열 가지만 적어보라고 과제를 내준다. 그러면 교육생들은 처음 몇 가지를 적을 때까지는 잘 기록하지만, 이내 고개를 흔들면서 고민을 한다. 대체로 다섯 가지 정도는 잘 적지만 그 이상은 조금 고심하며 적는다. 심지어 열 가지를 다 채우지 못하는 교육생들도 있다. 적어도 회사에서 일을 몇 년 이상 했음에도 불구하고, 그것을 즉시 적지 못한다는 것은 실제 자신의 업무에 소홀했다는 증거이다. 따라서 그만큼 자신이 회사에서 무엇을 하는지에 별로 관심을 갖고 있지 않다는 것으로 귀결된다.

적어도 회사에 출근하는 이유와 내가 무슨 일을 하는지에 대한 명확한 인식이 있어야 my job idea에 능숙할 수 있다. 그래야 나의 업무를 통해서 아이디어도 낼 수가 있다. 실제로 my job idea를 도입해서 운영하고 있는 회사에서는 이런 긍정적인 모습을 보인다. 직원들이 출근하면 시키지 않아도 자신의 수첩에 오늘 할 일에 대해서 기록을 하고, 퇴근을 할 때에는 수첩에 O, △, X표시를 한다고 한다. 이중에서 O표시는 완료한 것이고, △표시는 진행 중, X표시는 미결이라는 표시이다. 이것에서 O표 한 것을 추려 실시제안으로 제출한다.

이렇게 자기가 할 일을 지속적으로 체크하고, 확인하면서 진행한다고 생각해 보길 바란다. 나아가 모든 직원이 이렇게 일을 한다면 회사의 경쟁력은 눈에 띄도록 향상될 것을 확신한다. 이렇듯 회사의 경쟁력 제고는 자신의 일을 잘 수행하는 것과 밀접한 관계가 있다.

30

제안의 대상을 늘리고 싶은데!

고민

- 제안할 게 없다는 이야기가 계속 나옵니다.
- 더 이상 개선할 게 없다는 말을 합니다.
- 제안 건수를 늘릴 수 있는 방법이 있나요?
- 목표달성형으로 접근하면 제안 건수가 많다고 하는데 정말인가요?

원인 및 당위성

제안 건수 증대는 제안 추진 사무국의 지상과제일 것이다. 제안 건수 증대는 아무리 강조해도 지나치지 않다. 하지만 제안 건수는 의욕과 욕심만 가지고 되는 것은 아니다. 방법을 제공해 주어야 한다. 제안은 품질향상 및 원가절감만 있는 것이 아니라 업무를 상대로 제안을 할 수도 있고 고객을 상대로 제안을 할 수도 있다. 제안 대상을 확대하면 제안 건수는 쉽게 증대된다.

해결방안

1. 제안 대상 확대

제안을 하다 보면 주로 공장의 생산성 향상이나 품질향상, 원가 절감 등에 대해서 제안이 많이 나오게 되지만 그 대상을 확대하면 제안 건수를 쉽게 증대시킬 수가 있다. 제안의 대상을 확대하는 개념을 그림으로 표시하면 [그림 4-12]와 같다.

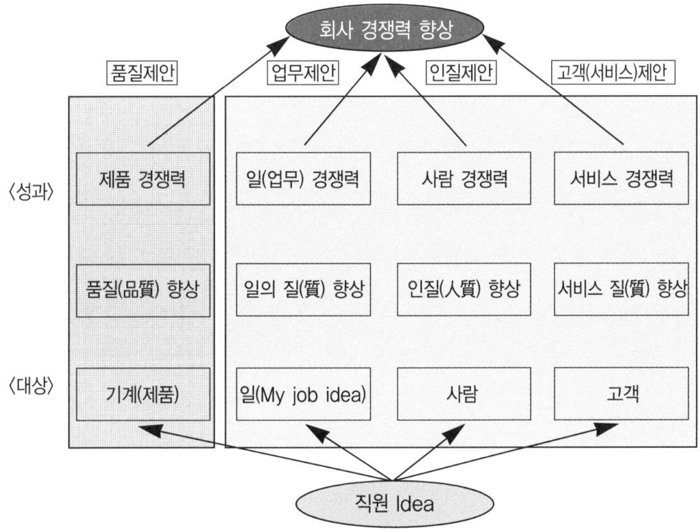

자료 : 어용일, 『제안 활성화를 통한 일하는 방법 개선』, 2006

[그림 4-12] 제안 대상의 확대

2.품질제안

품질제안은 기존 제안활동에서 많이 해온 이미 알고 있는 방식이다. 제안의 대상을 기계설비 및 공정을 대상으로 제안을 하는 방법이다. 현장에서 설비 및 공정을 대상으로 제안을 한 결과 품질이 매우 높아졌으며, 그 결과 제품의 경쟁력이 향상되어서 기업의 경쟁력이 향상되었다. 이 부분은 더 이상 설명하지 않아도 잘 알고 있는 방식이다.

3.업무제안

업무제안은 my job idea 개념을 적용한 것으로 제안을 자기가 하는 업무를 대상으로 하는 것이라고 이 책의 곳곳에 설명을 한 내용들이다. 자기 일에 대해서 제안을 하면 업무 경쟁력이 높아지게 된다. 업무 경쟁력이 높아지면 당연히 기업 경쟁력은 높아진다. 업무제안의 자세한 내용은 제4부 26, 27에서 상세히 설명했다.

4.인질제안

인질제안은 제안의 대상을 제품이 아닌 사람에 둔다. 이 제안의 궁극적인 목적은 제안활동을 통해 사람의 실력, 즉 인질(人質)을 향상시키는 데 있다. 또 이를 밑거름 삼아 직장에서 보람차게 일하게 함으로 말미암아 업무 성과를 내고, 긍정적인 사고방식 및 자기계발, 일의 보람을 갖도록 하는 데에 다각적 의미가 있다. 즉, 제안의 방향 및 벡터(Vector)를 제품에 한정한 품질의 향상이 아닌, 기업 내의 인적 자원의 자질 향상에 두고 심혈을 기울여 고부가 가치를 창조해 보자는 것이다.

인질제안을 하게 되면 직원들의 아이디어를 사람에게 집중하여 사람의 질을 향상시키게 된다. 한 사람의 질이 향상되면 그 사람이 경쟁력을 갖게 될 것이다. 또 그 사람이 경쟁력을 갖게 되면 그가 속한 기업도 자연스럽게 경쟁력을 갖게 될 것이다. 품질만 좋다고 해서 상위의 경쟁력을 갖는 건 아니다. 사람이 경쟁력을 가지고 있어도 회사는 탄탄한 경쟁력 위에 서있게 되는 것이다.

인질제안 사례

인질제안은 단순히 인재를 양성하고 육성하는 차원과 더불어 기계 설비가 아닌 사람을 대상으로 아이디어를 내고 제안을 하는 것을 의미한다. 물론 우수한 인재를 확보하고 육성하는 제안이 나오면 더욱 좋지만, 우수한 인재를 양성하지 못한다 해도 제안의 대상을 사람으로 한다는 점에 더욱 큰 의의가 있다.

■ 현대백화점 직원들 "안마 받고 일해요."

최근 백화점, 할인점에서 격무에 시달리는 매장 여직원들 '기살리기' 에 나섰다. 현대백화점 서울미아점에서 근무하는 여직원들은 3월부터 한 달에 두세 번씩 마사지 서비스를 받고 있다. 이들은 백화점에서 제공한 무료 마사지 쿠폰을 사용해 서비스를 받고 있다. 하루 10명씩 1회 30분 정도 무릎 · 어깨 · 허리에 시술받고 있는 것이다. 현대백화점은 여직원들의 반응이 예상보다 높아지자, 최근에는 마사지 전문 시각장애인을 상시 초빙하고 있다.(조선일보 2002. 5. 24.)

■ 팀 달력 제작

창원에 있는 한 회사에서는 팀 조직 활성화를 위해서 팀 달력을 제작하였다. 이들이 제작한 달력에는 팀원들의 교육 행사나 팀원 가족의 생일과 결혼기념일 등이 자세히 인쇄되어 있어서, 팀 내 모든 직원들이 이를 기억하고 다함께 축하하는 데 도움을 주고 있다. 따라서 팀원 간에 가족과 동등한 유대감을 고취시켜 활성화된 조직의 위상을 갖추고 있다. 또 이 팀에서는 그러한 목적을 취지로 담아 그들만의 달력을 만든 것이다.

■ 빵 이벤트

애경백화점 구로점 이수일 점장과 각 부서 팀장 등 간부들은 아침 출근길 직원들에게 빵과 우유를 나누어준다. 한 달에 두세 차례 진행되는 이 같은 ‘ 격려의 빵 나누어주기’ 행사에서 간부들은 직원들에게 일일이 빵을 나누어주면서 직원들의 기를 북돋아준다.(매일경제, 2004. 11. 11.)

5.고객제안

고객제안은 제안의 대상을 고객으로 하는 것이다. 고객 만족을 위해 제안을 하게 되면 자연히 고객 서비스는 향상될 것이며, 고객 서비스가 향상되면 기업의 경쟁력이 향상된다. 고객제안은 항상 고객을 생각하고 그들을 만족시키기 위해서 제안을 한다고 생각하면 된다.

고객제안 사례

■ 메뉴의 칼로리양 제공

오래전 일이다. 고속도로 휴게소에서 음식을 시켰는데 음식이 나오면서 명함 크기로 칼로리양을 적은 쪽지를 함께 받은 적이 있다. 쪽지에는 일일 권장량과 오늘 판매하는 메뉴의 칼로리양을 적어 놓았다. 이를 경험하고 단순히 음식만을 파는 것이 아니라 서비스까지 포함해서 판매한다는 인식을 갖게 되었다.

■ 병원의 식사 선택

병원에 입원한 적이 있었는데 토요일이 되자 간호사가 종이 한 장을 주었다. 종이는 아침 식사로 빵식과 일반식, 일품식을 나열한 후 선택을 하도록 한 것이다. 빵식은 그야말로 빵을 주는 것이고 일반식은 백반식으로 주는 것이며, 일품식은 짜장밥 등을 준다. 사실 어떤 식단이 나와도 무방한데, 선택을 할 수 있다는 것이 고객에 대한 서비스를 많이 배려했다는 생각이 들었다.

■ 호텔신라, 외출 투숙객에게 전화연결

"호텔 룸으로 전화가 걸려 왔을 때 손님이 부재중이시면, 저희가 손님께 대여해 드린 휴대전화로 전화를 자동으로 연결해 드리겠습니다."

호텔신라 총지배인은 "손님들이 호텔방에 있는 전화기를 밖으로 들고 다닌다는 개념으로 생각하시면 된다며 사소한 서비스로 보일지 몰라도 상당히 큰 투자를 했다."고 말했다.(조선일보 2002. 5. 21.)

31

‘제안 활성화 1 · 1 · 1 운동’ 실천 노하우!

고민

- 1인 1일 1건 제안이 가능한가요?
- ‘제안 활성화 1 · 1 · 1 운동’을 추진하고 싶은데 가능할까요?
- 어떻게 하루에 1건을 제안할 수 있나요?
- 하루에 제안을 얼마나 해야 되나요?

원인 및 당위성

제안을 활성화시키려는 대표적인 의지표현이 바로 ‘제안 활성화 1 · 1 · 1 운동’일 것이다. 요즘은 기업에서 이런 구호를 별로 볼 기회가 없지만 8, 90년대에는 제법 많이 볼 수 있었던 구호였다. 그 의미는 말 그대로 ‘하루에 한 사람이 제안 한 건씩 하자’는 것이다. 과연 제안을 한 사람이 하루에 한 건의 제안이 가능할까? 물론 가능하다. 아니 그 이상도 가능하다.

해결방안

1. "제안 활성화 1 · 1 · 1 운동 가능합니까?", "예!"

2008년도에 서울에 있는 모 기업에 제안교육을 갔는데 강의장은 지하 교육장이었고 교육생들은 각 팀의 제안 리더로 30여 명 정도 참석했다. 지하로 이동해서 강의장으로 들어서자 한눈에 확 들어오는 것이 있었다. 혁신 분위기 업을 위해서 포스터나 플래카드 등을 걸어놓았는데 플래카드에는 다음과 같은 글귀가 적혀 있었다. '제안 활성화 1 · 1 · 1 운동' 누가 봐도 1일 1사람이 1건씩 제안을 하자는 뜻임을 바로 알 수 있었다.

'제안 활성화 1 · 1 · 1 운동'은 과거 8, 90년대에 기업에서 제안 활성화를 위한 표어, 모토 등으로 많이 사용했던 용어다. 하루에 한 사람이 제안을 한 건 하자는 이 운동은 단지 의지표현 정도로 여겨진 도저히 달성이 불가능한 표어였던 것이다.

필자는 강의를 시작하기 전에 교육생들에게 질문을 하였다.

"여러분, 이 '제안 활성화 1 · 1 · 1 운동'에 대해서 어떻게 생각하십니까? 하루에 한 사람이 제안을 한 건씩 제출할 수가 있다고 생각하십니까?"

그랬더니 모두들 그냥 웃는 얼굴로 답변하였다. 이것은 단순히 표어이지 어떻게 달성할 수 있느냐는 의미였다. 그래서 필자는 "여러분 제가 1 · 1 · 1이 아닌 1 · 1 · 2, 1 · 1 · 3으로 해드리겠습니다. 제안은 방법만 알면 하루에도 몇 건씩 제출할 수 있는 아주 쉬운 것입니다."라고 했더니 모두들 의아한 표정으로 필자를 쳐다보았다.

필자는 신제안제도의 핵심인 일과 제안의 관계, 제안과 제안활동 그리고 제안제도와의 관계, 제안은 찾는 것이 아니라 목표를 달성하는 수단, 목표달성형 접근 방식, my job idea, 제안 대상의 확대 등으로 6시간 정도를 교육한 후 다시 교육생들에게 질문을 하였다.

"여러분 제게 교육을 받아보니 어떻습니까? '제안 활성화 1 · 1 · 1 운동' 가능합니까?"

그랬더니 "예!"라는 대답이 곳곳에서 들리기 시작했다. 몇몇은 아주 확신에 찬 자신 있는 소리로 대답했고, 일부는 가능하다는 의미로 조그마한 목소리로 대답하였다. 아주 소수는 이렇게 하면 하루에 4건, 5건도 가능할 것이라는 대답을 하였다. 그렇다. 바로 이것이다. 제안은 목표를 주고 제출하라고 하는 그런 것이 아니라 하루에도 2~3건씩 자동적으로 나오는 것이다.

이 사례는 필자가 제안 공개강의를 할 때마다 이야기하면서 공개교육 참석자들에게도 같은 질문을 하고 시작을 한다.

"여러분. '제안 활성화 1 · 1 · 1 운동'이 가능할까요? 어느 회사에서는 '제안 활성화 1 · 1 · 1 운동'을 하고 있는데 여러분은 어떻게 생각합니까?"

교육생들은 남의 이야기처럼 별로 신경을 쓰지 않는 표정들이다. '제안 활성화 1 · 1 · 1 운동'이란 표어는 너무나 많이 들어왔던 이룰 수 없는 구호에 불과한 것을 자신들도 다 알고 있다는 뜻이다.

“제가 오늘 여러분들이 ‘제안 활성화 1 · 1 · 1 운동’ 이 가능한지 아닌지를 교육 후에 질문드릴 것입니다. 그때 대답해 주시기 바랍니다.” 하고는 교육을 시작하고 오후 정도가 되면 역시 같은 질문을 한다.

“여러분, 어떻습니까? 교육이 아직 다 끝나지는 않았지만 교육을 들어보니 ‘제안 활성화 1 · 1 · 1 운동’ 이 가능하겠습니까?”

공개강의 참석한 교육생들도 마찬가지로 대답을 한다.

“예! 가능합니다.”

2. 구내식당에서 밥 먹는 것이 제안일까?

교육이 거의 종료가 될 즈음에 교육생들에게 이런 질문을 던졌다.

“여러분의 회사에서는 구내식당이 있지요? 구내식당에서 밥 먹는 것이 제안입니까?”

모두들 의아한 표정을 지으면서도 일부 참석자는 이렇게 답변을 했다.

“제안이지요! 구내식당에서 밥을 먹으면 외부에서 먹는 것보다 가격이 저렴하므로 원가절감 차원에서 보면 제안이지요!”

“물론 밖에서 먹는 것과 비교해서 비용차원을 비교하자면 당연히 좋은 제안이겠지요? 하지만 제가 이야기하는 것은 비교 차원이 아니라 그냥 구내식당에서 밥 먹는 것을 의미합니다.”

일부 교육생들은 제안이다. 제안이 아니다라는 식의 얘기들을 했다.

필자는 다음과 같이 설명을 하면서 다시 질문해 보았다.

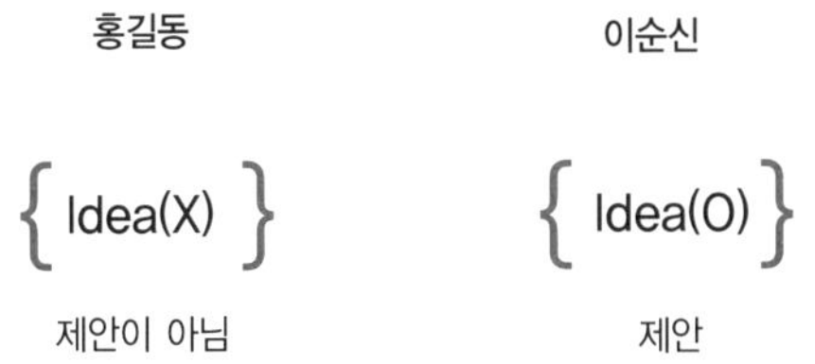

[그림 4-13] 구내식당에서 밥 먹는 것이 제안인가?

홍길동과 이순신이 있다. 홍길동은 점심시간이 되어서 구내식당에 가서 아무 생각 없이 밥을 먹고 나온다. 이것은 당연히 제안이 아니다. 식사시간이 되었으니 그냥 가서 밥 먹는 행위일 뿐이다.

하지만 이순신은 구내식당에서 밥을 먹으면서 이런저런 생각을 한다. ‘왜 줄 서서 밥을 먹을 때 식당에서는 식판과 숟가락 젓가락을 먼저 줄까? 숟가락 젓가락을 먼저 주니깐 어떤 사람은 잡지 않고 그냥 가다가 다시 돌아가는 사람, 어떤 사람은 숟가락을 떨어뜨려서 다시 집어오는 사람 등이 생기게 된다. 결정적인 것은 미리 주는 수저는 밥을 푸고 반찬을 담는 데는 전혀 사용이 되지 않는다는 것이다. 만일 수저를 밥과 국, 반찬을 다 집어 들고 나올 때 주면 어떨까?’ 이런 생각을 제안서에 작성하면 제안이 된다.

그렇다면 식당에서 밥 먹는 것이 제안인가 아닌가의 질문은 잘못된 것이다. 식당에서 밥 먹는 것은 제안이냐 아니냐가 아니라 제안의 대상일 뿐이다. 밥 먹으면서 이런저런 생각을 하면 제안이고, 아무 생각 없이 밥을 먹으면 제안이 아니다.

또 다른 예를 들면, '내가 하는 일이 제안일까?' 라는 것이다.

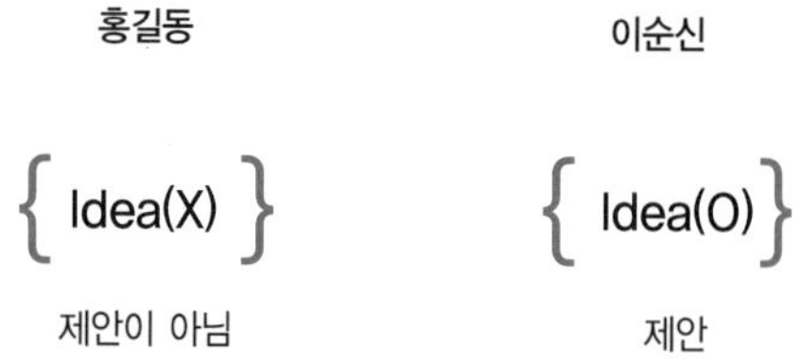

[그림 4-14] 내가 하는 일이 제안일까?

홍길동과 이순신이 있다. 홍길동은 회사에 출근해서 아무 생각 없이 자기 일을 한다. 이것은 제안이 아니다. 단지 월급을 받으니 일을 하는 것이다. 하지만 이순신은 자기 일을 하면서 이런저런 생각을 한다. 예를 들면 '더 좋은 방법이 없을까? 남들은 어떻게 하지? 이렇게 하면 시간이 많이 걸릴 텐데 방법을 바꿔볼까? 등등. 이렇게 자기 일에 대해서 생각을 하는 것은 제안이다.

그렇다면 자기의 일이 제안인가 아닌가의 질문은 잘못된 것이다. 자기가 하는 일은 제안의 대상일 뿐이다. 자기 일을 하면서 이런저런 생각을 하면 제안이고, 아무 생각 없이 일을 하면 제안이 아니다.

3. '제안 활성화 1 · 1 · 1 운동'의 실천

제안은 하루에도 몇 건씩 가능한데 지금까지 해왔던 문제를 찾는 방식으로는 도저히 할 수가 없다. 하지만 목표달성형으로 접근하면 가능하다. 즉, 일을 하다가 문제를 찾아서 제안을 하는 것이 아니라, 먼저 무슨 일을 할 것인가를 생각하는 것이다. 목표를 생각하면 달성방법은 자동으로 나오는 것이다.

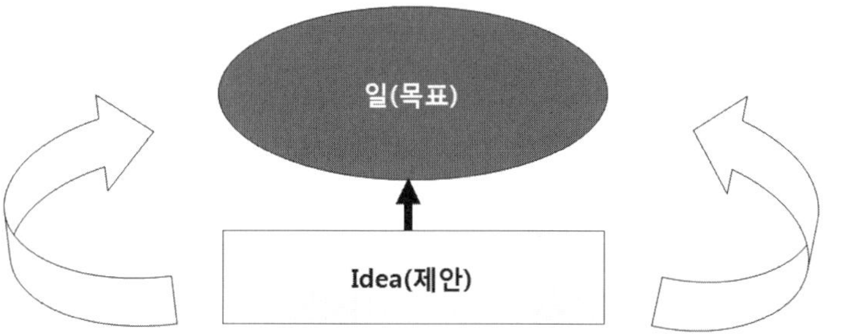

[그림 4-15] 제안은 자동 창출

제안을 하기 위해서는 제안에 신경을 쓰는 것이 아니라 일에 대해서 생각을 해야 한다. 일에 대해서 생각을 하고 그 일을 달성하기 위해서, 더 좋은 방법에 대해서 생각을 하는 것이다. 제안을 잘하기 위해서는 문제를 찾는 것이 아니라 대상을 찾는 것이다.

제안의 대상이 있으면 그 대상에 대해서 더 좋은 방법, 더 쉬운 방법이 없을까? 라는 식의 목표달성형으로 접근한다면 제안은 하루에도 수없이 자동으로 나오게 된다.

제5부

제안 심사지연 및 지도방법 고민 9

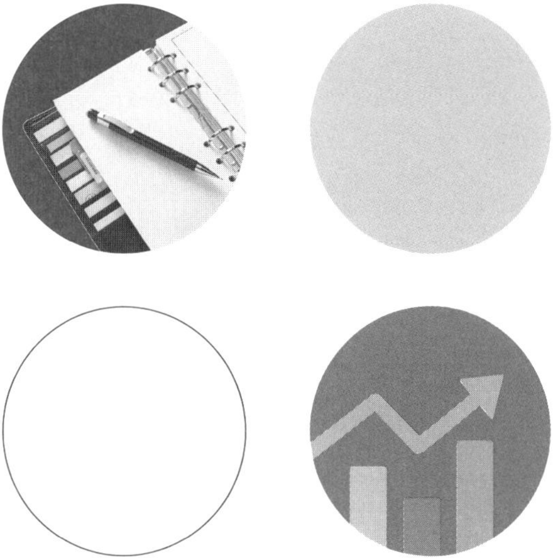

32

제안 심사는 제안 활성화에 어떤 영향을 미칠까?

고민

- 제안 활성화에 영향을 주는 것은 제안자인가요? 심사자인가요? 아니면, 제안 추진부서인가요?
- 제안 심사가 제안 활성화에 많은 영향을 주는 것 같은데 그런가요?
- 제안이 활성화되지 않는 것은 제안자와 심사자 중 누구의 책임이 더 큰가요?
- 심사자가 중요하다는 이야기를 많이 들었습니다.

원인 및 당위성

제안이 활성화되지 않으면 제안 주관부서는 과연 누구 때문에 제안이 잘 안 될까 하는 생각을 갖게 된다. 제안자 책임일까? 심사자 책임일까? 경영자 책임일까? 아니면 누구 책임일까? 제안 활성화에 심사자는 어느 정도 영향을 주게 될까? 제안 활성화에 영향을 주는 요인을 알게 되면 활성화 방안을 수립하는 데 많은 도움이 될 것이다.

해결방안

1. 제안 활성화 여부 70% 정도는 심사자 영향

"제안 활성화가 잘 안 되는 경우 그 책임은 크게 경영자, 심사자, 제안자, 제안주관부서 중 여러분은 누가 제안 활성화에 가장 영향을 준다고 생각하십니까?"

제안교육을 가서 이런 질문을 해보면 여러 가지 답변이 나온다. '경영자의 책임이 크다.', '아니다, 제안자의 책임이 크다.', '아니다, 심사자의 책임이 크다.', '아니다, 제안 주관부서의 책임이 크다.' 거의 통일된 답은 나오지 않는다. 하지만 어느 회사나 공통적인 것은 심사자의 책임이 제일 크다는 대답이 가장 많이 나온다. 혹시 이 질문을 제안자에게 던졌기 때문이라는 사람들이 있을지 모르겠는데 심사자들에게도 같은 질문을 해봐도 심사자들 역시 자신들의 영향이 크다는 답변을 한다.

필자가 많은 기업을 다니면서 들은 내용을 종합해 보면 제안 활성화에 가장 영향을 주는 계층은 바로 심사자라는 의견이 가장 많이 나왔다. 실제로 제안을 제출하지 않는 사람들의 의견을 들어보면 다음과 같은 이유 때문에 제안을 하지 않는다는 말을 한다.

- 제출한 제안이 시시하다고, 우습게 여길까 봐
- 제안을 해도 채택이 안 될 것이라는 생각
- 잘 들어주지 않는다.
- 관리자와의 커뮤니케이션이 불편하다.
- 스스로 업무는 개선하여도 제안서 제출은 하지 않는다. "이게 무슨 제안이냐? 네 업무지!"라는 소리를 들을까 봐

2. 들어주니 제안을 하지!

제안자는 제안을 하라고 하면 가치 있는 제안이든, 가치 없는 제안이든 그냥 제안을 하게 된다. 그런데 이 제안에 대해서 심사자들은 심사라는 과정을 거치면서 많은 평가를 하게 된다. "이게 제안이냐? 별 가치가 없는 것 같다.", "이게 건의지 제안이냐?" 등등. 제안자는 제안에 대해서 정확히 교육을 받은 것도 아니고 제안을 제출하는 내용에 대한 표준화된 방법이 있는 것도 아니고 단지 일하다가 아이디어가 있어서 제안을 한 것일 뿐인데, 제안자 자신은 아이디어라고 생각했는데 심사자는 아니라고 하면서 면박을 준다.

사실 제안자 입장에서는 제안을 하지 않아도 되는 것을 회사에서 제안을 하라고 하니까 마지못해 제출했는데 이러저러한 이야기를, 그것도 칭찬이 아닌 대부분 문제를 지적하는 형태를 듣다 보니 불쾌해지고 제안한 것에 대해서 후회를 하게 된다. 제안한 것에 대해서 후회를 하면 다음에 과연 제안을 하겠는가?

서비스가 좋기로 유명한 일본 MK 택시는 계속해서 직원들의 이야기를 듣는다고 한다. 서비스 수준이 높은데도 직원들이 지속적으로 제안을 하는데, 그 이유가 바로 윗사람이 들어주니까 제안을 한다고 한다. 윗사람이 들어주니까 직원들이 열심히 제안을 한다는 의미는 바로 심사자의 중요성을 일깨워주는 것이다.

33

타 부서 제안은 아무리 좋아도 왜 거의 채택이 되지 않는가?

고민

- 타 부서 제안은 거의 채택이 안 됩니다.
- 타 부서 제안이 채택이 안 되는 것은 무슨 이유 때문인가요?
- 타 부서 제안이 채택이 안 되어서 제안이 활성화가 안 됩니다.
- 타 부서 제안인 경우, 어떻게 해야 채택이 될까요?

원인 및 당위성

제안자가 제안을 할 때 타 부서에 대해서 제안을 하게 되면 대부분 채택이 되지 않고 불채택이나 건의 처리가 된다. 왜 타 부서의 제안은 거의 채택이 안 되는 것일까? 타 부서에 제안을 하게 되면 채택률이 낮아지고 실시율도 떨어진다. 그 이유는 무엇일까?

해결방안

1. 제안자의 정보부족으로 불채택

제안자의 정보부족으로 인해 채택이 어렵다. 대체로 타 부서에 대해 제안을 할 경우 그 부서에 대해서 많이 알지 못하는 경우가 많다. 예를 들어 홍보방법을 인터넷으로 하자는 제안을 홍보 팀으로 했을 때, 홍보에 대한 정보가 제안자가 많겠는가 아니면 홍보 팀 사람이 많겠는가? 아마도 홍보 팀이 정보가 많을 것이다. 그렇다면 정보가 적은 사람이 정보가 많은 팀을 상대로 제안했을 경우 그들을 설득할 수 있겠는가?

홍보 팀은 제안자가 생각해낸 인터넷 홍보방법을 생각하지 못했을까? 아침에 출근해서 하루 종일 홍보에 대해서 고민을 하는 사람이 홍보 팀 사람이라면 과연 인터넷 홍보라는 방법을 생각하지 않았을까? 아마도 충분히 검토했을 텐데 여러 가지 여건이 맞지 않아서 못했을 것이다. 결국 특별하거나 특이한 것이 아닌 경우를 제외하고는 홍보 팀도 어느 정도는 검토가 되었을 것이다.

2. 상대부서 단점을 지적해서 불채택

제안자의 제안형태 때문에 채택이 어렵다. 제안을 하는 이유는 서로 잘 되자는 것이다. 문제점들을 개선해서 비효율과 잘못된 부분을 고쳐서 좀 더 나은 모습으로 가자는 좋은 취지에서 제안을 권장하는 것이다. 그런데 제안의 형태를 보면 제안서 양식이 개선 전, 개선 후로 되어 있어서 먼저 상대방의 문제점을 지적해야 한다. 아무리 잘하자는 취지에서 이야기를 하더라도 먼저 잘못된 부분을 밝혀내면 누구든지 기분이 좋을 리가 없다.

만일 제안한 내용을 채택이라고 한다면 그 실시부서 심사자는 자신들의 잘못을 공식적으로 인정하는 모습이 된다. 과연 해당부서 팀장은 제안자의 문제점 지적에 대해서 흔쾌히 받아들일 수 있을까? 이론적으로 받아들일 수는 있지만 현실은 그렇지가 않다. 그래서 대체로 타 부서의 제안인 경우 불채택으로 가게 되고, 심지어 아무리 좋은 내용이라도 일단은 검토 중이라는 대답으로 불채택을 시키는 것이다.

3. 채택이 되어도 실시 여건이 안 된다

제안자의 제안을 채택하고 싶어도 실시 여건이 안 된다는 것이다. 만일 제안자가 제안한 내용을 실시하겠다고 채택을 하면 누군가가 이를 실시해야 하는데, 과연 여유 있게 할 수 있는 사람을 확보한 팀이 몇 군데나 될까? 그렇지 않아도 일이 바쁘고 사람이 없어 주어진 일도 제대로 마무리하기 어려운데 추가로 일이 생기는 것을 감당할 수 있을까? 내용이 좋아도 실시할 사람이 없거나 또는 예산이 없는 상황이 발생해서 채택이 어렵게 된다.

4. 타 부서 제안보다는 나의 업무를 제안

제안을 하라고 그러면 대부분의 제안자들은 회사에 대해서 제안을 하고 타 부서에 대해서 제안을 한다. 그 이유는 제안하는 순서를 모르기 때문이다. 번뜩이는 아이디어가 회사를 살리기도 하지만 일반적으로 성과 있는 제안은 그리 쉽게 나오지 않는다.

그래서 제안을 하기 위해서는 어느 정도 고민을 해야 하고 시간도 투자를 해야 한다. 시간을 투자하는 것이라면 기왕에 성과가 나는 곳에 투자를 하거나 중요한 곳에 투자해야 한다. 일하면서 중요하고 성과 있는 곳은 어디인가? 그것은 바로 현재 내가 하는 일이 아닌가?

제안도 우선순위가 있어야 한다. 제안의 우선순위는 제일 중요한 업무 즉, 내가 하는 일에 대해서 먼저 제안을 하고 다음에 타 부서 제안을 하며 마지막에 회사에 대해서 제안을 하는 것이 바람직하다.

■ 제일 중요한 부분부터 아이디어를 창출함

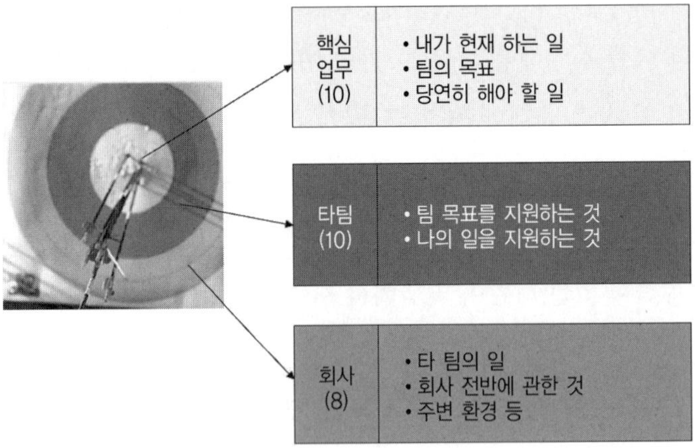

[그림 5-1] 제안의 우선순위

5. 타 부서에 대한 제안일 때 마음가짐

타 부서의 제안은 채택이 잘 안되므로 가능하면 타 부서보다는 자기의 일을 제안하면 채택률은 높아진다. 만일 꼭 타 부서에 제안을 하고 싶다면 제안에 대한 기대치를 바꿔야 한다. 대부분의 제안자는 타 부서 제안일지라도 꼭 채택이 될 것이란 기대를 가지고 제안을 하게 되는데 기대가 크기 때문에 실망도 크게 된다.

그래서 타 부서에 대한 제안 내용일 경우에는 꼭 채택이 되어야 한다는 생각을 버렸으면 한다. 단지 내 생각을 해당 팀으로 전달했다는 정도로 만족하면 된다. 꼭 채택이 되어야 한다는 기대 때문에 실망도 많이 하게 되는데, 내 의견 전달로 만족하고 상대방 부서에서 채택을 해주면 고맙다는 생각을 가지면 불채택에 대한 불만도 많이 사라질 것이다.

또 다른 방법은 목표달성형 제안을 하는 방법이다. 목표달성형의 제안은 상대방 부서의 잘못을 지적하는 것이 아니라 상대방 부서가 잘 되기 위한 여러 가지 방법을 제안하는 것이다. 예를 들면 인사 관련 제도가 잘못되었다고 표현하지 말고 "내가 다른 회사에 가보니 이러이러한 제도를 시행하고 있는데, 참고해 보기 바랍니다." 하면서 좋은 정보나 자료를 제공해 주는 차원의 제안으로 가면 그 부서 입장에서는 열린 마음으로 검토할 것이다.

34

왜 제안자는 제안 심사에 항상 불만을 가지는가?

고민

- 제안자는 항상 심사자에 대해서 불만이 많습니다.
- 심사가 늦어져서 불만입니다.
- 심사결과에 대해서 공정하지 않다고 항상 불만입니다.
- 심사자는 제안 내용을 제대로 파악하지도 않고 심사하는 것 같습니다.

원인 및 당위성

어느 기업이나 제안자가 심사자들의 심사결과에 대해서 만족하는 경우는 많지 않다. 대부분 심사결과에 대해서 불만족하다고 말한다. 특히 심사결과에 대해서는 더욱 그렇다. 그렇다고 심사자는 심사를 부실하게 하거나 소홀하지 않았는데도 제안자가 불만인 경우도 있다. 제안자와 심사자 간의 갈등 요인이 무엇인지 알아보고 해결방안을 찾아본다.

해결방안

1. 공정한 심사가 어렵기 때문이다

사전에 보면 공정(公正)이란 '공평하고 올바름 또는 공평하고 올바르다.' 로 되어 있다. 여기서 공평하다는 뜻은 '어느 한 쪽으로 치우치지 않고 고름.' 이란 뜻이 강하다. 또 기회 또는 분배 차원의 공평성을 의미하기도 한다. 제안에서 공정한 심사는 기회의 공평보다는 보상의 공평을 말함에 무게가 더 실린다.

그런데 과연 보상의 공평이란 것이 있을 수 있겠는가? 경제의 원칙을 대입하여야 한다. 아무리 아웃풋이 같더라도 인풋이 다르면 그 보상을 달리할 수밖에 없다. 1,000원을 투자해서 10,000원의 효과를 낸 사람과 2,000원을 투자해서 10,000원의 효과를 낸 사람은 각기 차등 보상을 해야 한다. 보상의 차이는 유형의 투입요소뿐만 아니라 무형의 요소도 동일하게 적용해야 한다. 두 사람의 제안이 내용과 효과가 같더라도 거기에 투입된 시간이나 생각의 깊이, 고민의 흔적 등을 고려한다면 분명 인풋의 차이가 있게 마련이다. 인풋의 차이가 발생하면 그에 대한 보상은 차등을 두어야 한다.

동일한 제안이라도 이렇게 다른 보상의 예가 나온다. 제안자의 무형이나 유형의 투입 요소 차이, 심사자의 가치 기준이나 관심 분야 등에 따라서 제안을 달리 평가한 것이다. 그렇기 때문에 공정한 심사를 한다는 것은 무척이나 어렵다. 단지 심사자는 공정하게 심사하도록 꾸준히 노력을 할 뿐이다.

2. 심사자는 제안자가 싫어하는 것을 중요하게 여긴다.

제안 심사의 3요소는 신속, 정확, 공정이라고 한다. 그런데 필자는 공정한 심사는 현실적으로 매우 어렵다고 생각하는 사람이다. 하지만 관습적으로 공정한 심사란 심사의 3요소 중에서 누락될 수 없는 중요한 항목이기 때문에 이론적인 설명은 하고 있다.

이 심사의 3요소가 심사에서 어떻게 나타나는지 사례들을 조명해 보기로 한다. 기업에 가서 지도를 하거나 공개 강의를 할 때, 심사의 3요소 중 가장 중요하다고 생각하는 것이 무엇이냐고 질문을 해보면 다음과 같은 대답이 나온다.

[표 5-1] 제안자와 심사자의 차이

심사 3요소	제안자		심사자
	좋아함	싫어함	중요하게 여기는 것
신속	O		
정확		O	O
공정			

먼저 제안자 입장에서는 신속이 제일 중요하다고 답변한다. 기각되어도 좋으니 빠른 심사를 원하는 것이다. 그런데 제안자가 제

일 기피하는 스타일이 무엇이냐는 질문을 던지면, 하나 같이 정확한 심사를 꼽는다고 답변한다. 그 이유는 정확한 심사를 하기 위해서 제안자에게 많은 자료와 산출 근거를 요구하기 때문인 것이다. 여차하면 일을 할 수 없을 정도로 많은 후속 자료를 제출하라고 하니 당연히 싫을 수밖에 없다.

거꾸로 심사자에게 가장 중요한 요소를 물어보면, 대부분 정확한 심사가 제일 중요하다고 답변한다. 이렇게 정확성을 놓고 보면 제안자와 심사자 간 견해 차이가 확연하다. 그렇다면 위의 예를 통해, 심사자는 제안자가 제일 싫어하는 방식을 막중하게 여기고 있다는 것을 알게 된다. 그래서 항상 심사에 대해서는 잡음이 끊이질 않는 것이다.

성경에 보면 믿음, 소망, 사랑 중에 가장 중요한 것은 사랑이라고 꼽고 있듯, 제안 심사에 있어서 신속, 정확, 공정 중에서 가장 중요한 심사는 신속이다. 이 사실을 심사자들이 기억해 실무에 적용하면 많은 불만이 해소될 수 있을 것이다.

3. 제안 시그널 이론 적용

기업에서 제안자들이 심사자에게 하는 불평과 불만 중 하나는 자신의 제안에 대해서 올바르게 평가를 하지 않는다는 것이다. 자신은 3등급 정도를 생각하고 제안을 했는데, 막상 심사자가 심사한 결과를 보면 겨우 채택되거나 5등급에 머물러 있는 것이다. 심지어는 채택조차 되지 않는다. 그래서 심사자들의 공정한 심사를 촉구하기도 한다.

이러한 현상을 극복할 수 있는 방법이 바로 제안 시그널 이론이다. 제안 시그널 이론은 바로 제안자들에게 필요한 이론이다.

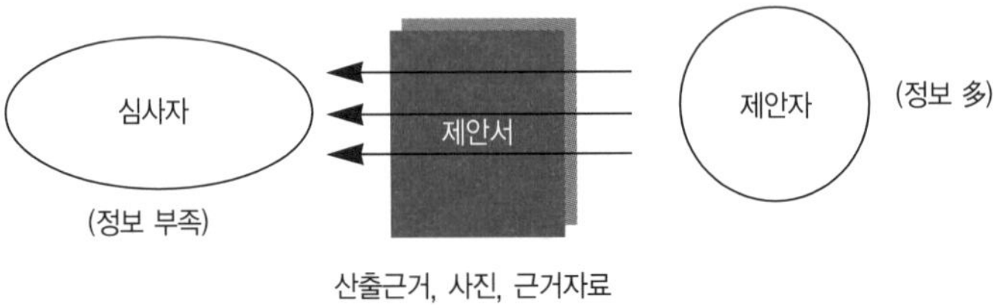

[그림 5-2] 제안 시그널 이론

[그림 5-2]에서 보면 제안에 대해서 정보를 많이 가지고 있는 사람은 바로 제안자이다. 심사자는 제안에 대한 정보가 많지 않다. 그렇다면 제안에 대해서 제안자는 정보가 많고 심사자는 정보가 없는 상태로 즉, 정보의 불균형이 발생되는 것이다. 그럴 경우 일련의 폐해가 발생하는데, 바로 제안자가 바라던 수준의 심사가 되지 않아서 채택되지 않거나 예상 외 등급 판정을 받는다는 것이다. 이로 인해서 제안자는 불만을 갖게 된다.

이 폐해의 실체를 보면 제안자는 많은 생각과 노력을 해서 제안을 했건만, 막상 심사 결과는 기대한 것처럼 나오지 않는 경우이다. 또 심사자는 제안 내용을 보니 제목은 그럴 듯한데 내용을 읽어보면 잘 모르겠고, 내용도 부실하게 몇 줄 정도만 적어서 도대체 제안하고자 하는 의도를 파악할 수 없는 경우이다. 그래서 서로 원하는 것과 다른 결과가 파생되는 폐해가 발생하는 것이다.

이때에 폐해를 극복하는 방법으로 제시되는 게 바로 제안 시그널 이론이다. 즉, 만일 고등급 판정을 원한다면 정보가 많은 제안자가 정보가 적은 심사자에게 시그널을 보내야 한다. 시그널을 보내는 방법 중의 하나가 제안의 상세 서술이다. 이는 구체적인 내용, 산출 근거나 관련 사진 또는 자료 등 심사자가 익히 알 수 있도록 시그널을 보내주는 것이다. 그러면 그러한 제안자의 정보가 심사자에게로 이동이 되고, 심사자는 제안에 대한 넉넉한 정보를 가지고 심사에 임하게 된다. 그리하여 그 제안에 대해서 달리 보게 되고, 또한 등급도 높여줄 수 있는 계기가 마련된다.

이런 것들을 미루어 제안자들은 생각한 것보다 제안 등급이 낮게 나왔다면, 시그널을 충분히 보냈는지 돌이켜 생각해 보아야 한다. 그리고 만일 시그널을 충분히 보내지 않았다고 판단이 되면 즉시 보완시켜 주어야 한다.

35

당연한 것을 왜 제안하지?

고민

- 당연한 일을 왜 제안으로 인정해야 하나요?
- 제안을 하면 당연한 것이라고 인정을 하지 않습니다.
- 당연한 일과 제안을 구분해 주시기 바랍니다.
- 당연히 할 일을 제안하면 왜 이런 제안을 하냐고 심사자가 이야기합니다.

원인 및 당위성

제안제도 중에 가장 논란이 많은 부분이 바로 '당연한 것을 왜 제안하는 거지?' 라는 것이다. 특히 심사자들에게는 이해가 되지 않는 부분이기도 하다. '당연히 해야 할 일을 그냥 하면 되지 왜 제안을 하는 거야?' 라고 생각한다. 당연한 일을 제안한다는 것은 당연히 해야 할 일을 제대로 하라는 의미를 갖는다.

해결방안

1. 당연히 하는 일을 하고 있는 것일까?

공개강의나 기업 지도를 할 때 '당연히 해야 할 일을 제안하기' 부분에서 반드시 실습을 하는 것이 있다. 먼저 조당 인원을 5명 내외로 조를 편성한다. 조 편성이 끝나면 각 조별로 백지를 나누어주고 '회사에서 당연히 해야 할 일' 을 10개 작성하도록 한다.

(실습 1) 당연히 해야 할 일 10개 작성하기(1조 실습 사례)

- 이메일/업무연락 확인하기
- 업무 협의(팀원 간, 타 부서 간)
- 정시 회의 참석
- 회의 자료 / 보고서 작성하기
- 원가 절감하기
- 주문 및 출고현황 확인
- 타 부서 요청사항 처리
- 전화 응대 및 문의
- 후배사원 양성
- 업무별 일정 확인

각 조별로 당연히 해야 할 일 10개를 작성하면 다음 실습을 한다. 당연히 해야 할 일 10개 중 잘 지켜지는 것을 조별 토의를 거쳐 2개만 ◎표를 하라고 한다.

(실습 2) 당연히 할 일 잘 지켜지는 것(1조 실습 사례)

◎ 이메일/업무연락 확인하기

- 업무 협의(팀원 간, 타 부서 간)

- 정시 회의 참석

- 회의 자료 / 보고서 작성하기

- 원가 절감하기

◎ 주문 및 출고현황 확인

- 타 부서 요청사항 처리

- 전화 응대 및 문의

- 후배사원 양성

- 업무별 일정 확인

다음 단계의 실습은 잘 지켜지지 않는 것을 조별 토의를 거쳐 2개만 ×표를 하라고 한다.

(실습 3) 당연히 할 일 잘 지켜지지 않는 것(1조 실습 사례)

◎ 이메일/업무연락 확인하기

× 업무 협의(팀원 간, 타 부서 간)

- 정시 회의 참석

- 회의 자료 / 보고서 작성하기

- 원가 절감하기

◎ 주문 및 출고현황 확인

- 타 부서 요청사항 처리

- 전화 응대 및 문의

× 후배사원 양성

- 업무별 일정 확인

마지막으로 실습하는 것이 당연히 해야 할 일 10개 중에서 가장 중요한 것 1개를 선정해서 ☆표 하도록 한다. 이 부분은 반드시 신중하게 조별 토의를 거치도록 한다.

(실습 4) 당연히 할 일 중에서 가장 중요한 것(1조 실습 사례)

◎ 이메일/업무연락 확인하기

☆× 업무 협의(팀원 간, 타 부서 간)

- 정시 회의 참석

- 회의 자료 / 보고서 작성하기

- 원가 절감하기

◎ 주문 및 출고현황 확인

- 타 부서 요청사항 처리

- 전화 응대 및 문의

× 후배사원 양성

- 업무별 일정 확인

실습을 한 후 검토를 해본다. "혹시 ☆가 ◎에 표시된 조 손들어 보세요?" 하면 1~2개 조가 손을 든다. 다음에는 "☆가 ×에 표시된 조 손을 들어 보세요?" 라고 하면 3~4개 조가 손을 든다.

위 실습이 끝나면 다음과 같이 정리한다.

"회사가 경쟁력을 가지려면 위에 표시한 모든 것이 ◎가 되어야 합니다!", "당연히 해야 할 일이라면 잘 지키는 것으로 나와야 하지 않겠습니까? 그런데 여러분의 회사는 어떻습니까? 당연히 할 일을 제대로 하는 것으로 나옵니까?"

당연히 해야 할 일은 당연히 해야 하기 때문에 잘 지켜져야 한다. 하지만 현실은 그렇지가 않다. 당연히 해야 하는데 잘 안 되고 있는 것이 너무나 많다는 것이다. 더욱 놀라운 것은 대부분의 회사 50~70% 정도가 가장 중요한 ☆가 대체로 ×에 표시가 되고 있다는 것이다. 가장 중요한 것이 가장 잘 지켜지지 않는 것으로 나온다는 것이다. 이것이 바로 왜 당연히 해야 할 일을 제안해야 하는지에 대한 설명이다. 당연히 해야 할 일이 안 되고 있으므로 잘 되도록 제안을 해서 당연히 되도록 하라는 것이다.

2. 상금은 했다고 주는 것이 아니라 하라고 주는 것이다

당연히 해야 할 일에 왜 상금을 주는지에 대해서 신문에 [그림 5-3]과 같이 나온 것을 본 적이 있다.

신문내용을 보고 필자는 이해가 가지 않았다. 아마추어도 아닌 프로배구 선수에게 득점을 하면 돈을 준다는 게 이상하지 않은가?

프로는 당연히 이기려면 득점을 해야 하지 않을까? 그렇다면 득점을 하면 돈을 주는 것은 득점을 했기 때문에 돈을 주는 것인가, 아니면 득점을 하라고 돈을 주는 것인가?

백어택 10만원, 득점 토스 5만원…

프로배구 득점하면 돈준다

리그가 막판으로 돌입하면서 치열한 순위경쟁이 펼쳐지고 있는 프로배구에 선수들 공격력을 자극하기 위해 화끈한 인센티브제가 도입되고 있다.

가장 푸짐한 '당근 작전'을 펼치고 있는 건 남자 3강 플레이오프 탈락 위기에 놓인 LIG손해보험. LIG는 14일 열린 현대캐피탈전에 화끈한 성적 인센티브를 내걸었다.

좌우 공격수는 득점당, 센터와 세터는 속공과 블로킹, 득점과 연결되는 토스를 할 때마다 5만원을 받는다.

또 포지션에 상관없이 후위공격에 성공하면 개당 10만원을 손에 넣는다.

주공격수가 경기당 20점 안팎을 사냥하고 백어택도 5개 이상 올리면 200만원 가까운 보너스를 손에 쥘 수 있는 셈.

여자부도 마찬가지다.

선두를 질주하는 흥국생명은 선수들이 블로킹과 서브 에이스를 기록하면 개당 5만원씩을 준다.

흥국생명 관계자는 "센터진이 약하고 강한 서브가 필요해 블로킹과 서브 에이스에 성적 인센티브를 적용한 뒤 가로막기 참여가 활발해졌고 서브 득점도 많아졌다"고 말했다.

KT&G와 GS칼텍스, 현대건설 등도 경기당 승리수당 400만~500만원을 책정했다.

조효성기자

매일경제, 2008년 2월 15일

[그림 5-3] 프로배구 득점하면 돈 준다

득점을 하라고 돈을 주니까 프로선수들조차도 가로막기가 활발해졌고 서브득점도 많아졌다고 한다. 당연히 할 일을 제안으로 인정하고 제안 상금을 주는 것도 마찬가지이다. 당연히 해야 할 일을 했다고 주는 것이 아니라 하라고 주는 것이다. 당연히 할 일을 하라고 상금을 주기로 했다면 당연히 해야 할 일을 했으면 그냥 주면 된다. 당연히 해야 할 일을 했는데 왜 상금을 주느냐고 따질 필요가 없다.

36

구매 팀 담당자가 구매방법을 바꿔 5억 원 절감한 제안을 고등급으로 봐야 하나?

고민

- 구매담당자가 구매방법을 바꿔 5억 원 절감한 것에 대해서 10만 원을 포상해야 하나요?
- 구매담당자는 당연히 해야 할 일인데 이게 제안인가요?
- 자재구매 거래선을 바꿔 10억 원 절감한 것을 고등급 제안으로 봐야 하나요?
- 소모품 거래처를 바꿔 전체적으로 1억 원 절감한 것을 제안으로 봐야 하나요?

원인 및 당위성

구매부서의 일은 구매를 하는 것이고 구매 단가를 낮추어서 구매비용을 줄이는 것은 당연한 일이다. 그런데 단순히 구매방법을 개선해서 5억 원을 절감했다고 고등급으로 봐야 하는가? 기업에서 고민하는 부분은 구매비용을 절감한 것이 아니라, 직무상 당연히 해야 할 일을 한 것에 대해서 효과가 크다고 상금을 많이 주어야 하나 하는 부분이다. 직무 특성상 아주 쉽게 달성한 것에 대해서 과연 고등급 포상을 해주어야 할까?

해결방안

1. 왜 고등급 제안이냐를 따지는 이유는 상금 때문이다

구매 팀 담당자가 구매방법을 수의계약에서 경쟁을 붙이는 방식으로 구매방법을 바꿨더니 구매비용이 5억 원이 절감되었다. 이는 당연한 것을 제안하라고 앞에서도 충분히 이야기한 것처럼 당연히 제안이 된다.

그런데 이 부분에 대해서 논란이 되는 것은 바로 제안 상금 때문이다. 이를 고등급 제안이라고 인정을 한다면 상금액이 꽤 커질 수 있기 때문이다. 당연히 해야 할 일을 한 것에 대해서 몇10만 원씩 지급을 해야 하나? 고민이 생길 수밖에 없다.

2. 과정은 고려하지 않고 결과로 포상을 하는 심사표의 문제

회사의 제안 상금 지급기준으로 살펴보면, 과정에 관계없이 결과에 따라서 포상을 하는 구조로 되어 있다. 예를 들면 과정의 난이도가 높든, 난이도가 낮든 무조건 성과 금액이 1억 원에서 5억 원이면 30만 원을, 1억 원 미만이면 20만 원을 지급한다는 규정을 만들어 놓았다면 위 제안의 경우, 과정이야 어떻든 5억 원의 절감효과를 냈으니 30만 원을 포상해야 한다.

과연 이럴 경우, 30만 원 포상을 제안자나 심사자들이 납득할까? 구매담당자가 구매방법을 바꾼 것이 무슨 고등급 제안이냐고? 그렇다 이것은 고등급 제안이라고 볼 수가 없는 것이다. 난이도도 높지 않고 업무 담당자로서 원가를 절감하고자 하는 의지에서 당연히 해야 할 일임에 틀림이 없다. 하지만 회사에 5억 원을 절감했다는 사실 또한 부인할 수가 없다.

3. 과정을 고려한 평가방법 시행

고등급 포상은 결과의 금액만 따지지 말고 항상 과정도 평가하는 것이 바람직하다. 업무 담당자가 아닌 다른 사람이 어려운 과정을 겪어 금액을 절감한 것과 단순히 한 곳 거래선에서 세 곳 거래선으로 바꿔 경쟁을 시켜 금액을 절감한 것은 분명히 다른 것이다.

만일 과정을 고려해서 평가한다면 자재 담당자의 5억 원 절감 제안은 분명히 회사에는 크게 기여를 했지만, 업무 담당자로서의 역할을 고려한다면 무조건 고등급으로 평가할 것이 아니라, 보통 등급으로 평가를 해서 시상금을 1만 ~ 5만 원 정도만 지급해 줘도 좋다.

총무 팀의 소모품 담당자의 제안도 마찬가지이다. 소모품 구매를 여러 업체에서 하던 것을 한 업체에 일괄구매함으로써 1억 원을 절감한 제안도 사실은 금액으로 보면 고등급일지 몰라도 과정을 보면 무조건 고등급으로 평가해서 30만 원을 주기에는 무리가 있다고 본다. 소모품 담당자가 실제로 소모품 구매방법을 바꿔 회사에 큰 금액으로 기여를 했지만 과정을 보면 쉽게 할 수도 있을 것이므로 이 경우에는 역시 1만 ~ 5만 원 정도만 지급을 해도 충분하다.

결국 고등급 제안 포상도 무조건 결과만 가지고 할 것이 아니라, 과정과 여러 가지 투입 요인을 고려해서 평가를 해주는 것이 바람직하다.

37

공무 팀의 수리 내용을 제안으로 인정해야 하나?

고민

- 공무 팀이 요청사항을 수리하는 것은 당연한 것 아닌가요?
- 공무 팀이 수리하는 것을 제안으로 인정하면 현장에서 불만이 많습니다.
- 현장에서 제안하고 공무에서 수리하는 경우, 제안으로 풀면 어떻게 되나요?
- Work-order와 제안은 어떤 관계인가요?

원인 및 당위성

공무 팀의 수리 내용을 제안으로 인정하면 생산부서에서 반발이 심하다. 생산부서에서 수리를 해달라고 요청을 하면 공무 팀은 당연히 해주는 것으로 생각하기 때문이다. 생산부서는 요청하는 부서이고, 공무 팀은 요청을 받아서 수리를 해주는 부서로 생각하고 있어서 공무 팀의 업무는 당연히 수리를 해주는 것이라고 말한다. 과연 공무 팀의 수리사항을 제안으로 인정해야 하나? 인정해 주면 뭐가 달라지겠는가?

➡ 해결방안

1. 공무 팀에서 수리를 많이 해주면 누가 좋아질까?

생산부서에서 공무 팀으로 수리를 요청하는 경우에 공무 팀에서 수리지원을 잘 해주면 누가 좋아질까?

몇몇 기업들은 공무 팀의 실시 내용을 제안으로 인정하지 않고 생산부서에만 제안 상금을 준다. 공무 팀의 일은 당연한 것이라 생각하기 때문이다. 공무 팀 입장에서는 실시를 해도 아무런 인센티브가 없으므로 소극적인 대처를 하게 된다. 단지 내가 해야 할 일이므로 해야 할 일만 한다.

공무 팀 담당자들에게 "수리한 내용을 제안으로 인정해 주고 수리를 한 후 실시제안으로 한다면 어떻게 되겠습니까?"라고 질문을 했더니 "그러면 더욱 열심히 하겠죠!"라는 답변을 한다. 만일 공무 팀의 수리 내용을 실시제안으로 인정한다면 공무 팀은 더욱 신나서 수리를 많이 해줄 것이다. 공무 팀이 수리를 많이 해주면 누가 좋겠는가? 생산부서가 되지 않겠는가? 결국 공무 팀의 수리 내용을 실시제안으로 인정하되 상금을 적게 주면 된다.

2. work-order와 제안의 관계

생산에서 공무 팀으로 수리를 요청하기 위해서 생산부서에서 work-order를 발행한다. work-order와 제안의 관계는 어떻게 설정해야 하나? 생산부서에서 제안을 하고 work-order를 발행한 후 실시제안을 하는 과정을 [그림 5-4]로 설명해 본다.

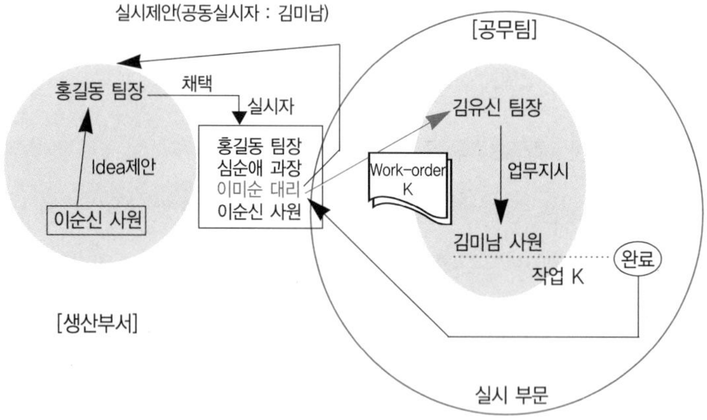

[그림 5-4] work-order와 제안의 관계 1

이순신은 홍길동 팀장에게 아이디어제안을 한다. 홍 팀장은 이를 채택한 후 실시자로 이미순 대리를 지정한다. 이미순 대리는 이를 실시하기 위해서 공무 팀으로 work-order를 보낸다. 공무 팀의 김 팀장은 work-order를 받아서 김미남 사원에게 실시를 하라고 지시한다. 김미남 사원은 work-order대로 작업을 실시한다.

위 그림의 사례에서 보면 아이디어제안자는 이순신이 되고 실시자는 이미순 대리인데 공무 팀의 김미남 사원과 공동 실시자가 된다. 여기서 work-order는 아이디어제안을 실시하기 위한 공식적인 서류가 된다.

다음은 공무 팀에서의 제안상황을 설명해 본다. [그림 5-5]는 [그림 5-4]를 더 세부적으로 확대한 것이다.

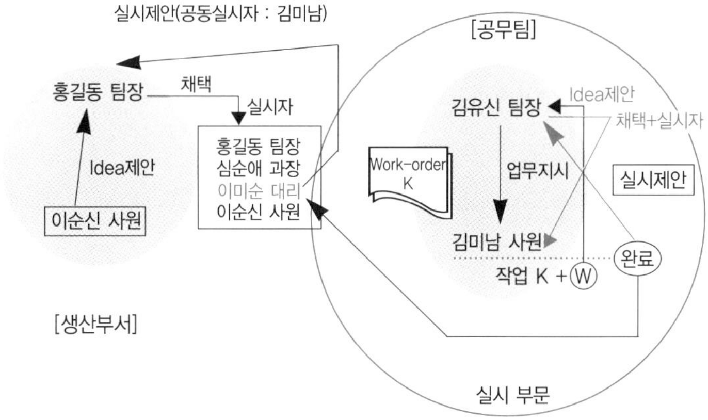

[그림 5-5] work-order와 제안의 관계 2

이순신은 홍길동 팀장에게 아이디어제안을 한다. 홍 팀장은 이를 채택한 후 실시자로 이미순 대리를 지정한다. 이미순 대리는 이를 실시하기 위해서 공무 팀으로 work-order를 보낸다. 공무 팀의 김 팀장은 work-order를 받아서 김미남 사원에게 실시를 하라고 지시한다. 김미남 사원은 work-order대로 작업을 실시하지 않고 나름대로의 더 좋은 아이디어 'W'를 생각해 내서 김 팀장에게 아이디어제안을 한다. 김 팀장은 'W' 부분에 대해서 채택을 하고 실시자로 김미남 사원을 지정한다. 김미남 사원은 work-order 내용에 자신의 생각인 'W'를 추가해서 실시를 한다.

[그림 5-5]의 사례에서 보면 아이디어제안자는 이순신이 되고 실시자는 이미순 대리인데 공무 팀의 김미남 사원과 공동 실시자가 된다. 여기서 work-order는 아이디어제안을 실시하기 위한 공식적인 서류가 된다. 또한 'W' 부분에 대해서는 김미남 사원의 아이디어제안이 되고 'W' 부분의 실시에 대해서는 역시 김미남 사원의 실시제안이 된다.

3. work-order의 시행 중 제안 인정 여부

회사마다 조금 차이는 있지만 일부 work-order에 작성된 내용대로 실시하는 경우에는 제안으로 인정하지 않는다고 정의를 하는 경우도 있다. 또는 단순 수리내용도 제안으로 인정하지 않는다고 하는 경우도 있다. 이런 경우에는 회사에서 어떻게 설정하느냐에 따라 달라진다.

모 회사의 경우 다음과 같은 경우에는 제안으로 인정하느냐 안 하느냐를 미리 정해 놓았다.

■ work-order 수리내용을 제안으로 인정하지 않는 경우

- 단순 정비사항
- routine work
- 요청한 대로만 시행

■ work-order 수리내용을 제안으로 인정하는 경우

- 본인의 아이디어가 반영된 사항이나 개조/개선 사항
- 요청사항에 대한 노력 포함
- routine work이지만 작업개선의 아이디어가 포함된 경우

■ 제안에 대한 생산 및 공무 부문의 등록범위

- 아이디어제안 : 생산부서
- 실시제안 : 공무부서(작업자)→ 생산부서에 일정부분 할애하여 공동 실시자로 지정
- 필요 시 성과를 생산에서 판단

38

아이디어제안, 실시제안의 심사방법은?

고민

- 아이디어제안과 실시제안의 심사방법을 알려주세요.
- 아이디어제안과 실시제안을 달리 심사해야 하나요?
- 아이디어제안과 실시제안도 심사표를 사용해야 하나요?
- 아이디어제안을 빨리 심사하는 방법은 없을까요?

원인 및 당위성

아이디어제안과 실시제안의 심사방법은 서로 다르다. 아이디어제안은 실시 가능성을 보고, 실시제안의 심사방법은 경영기여도를 본다. 이렇게 기준이 서로 다른데도 아직도 아이디어제안의 심사방법과 실시제안의 심사방법을 같이 하는 회사들이 있다. 모든 제안에 대해서 등급을 결정하는 방식이 바로 그것이다.

해결방안

1. 채택은 환경에 따라서 결정

간혹 예전에 제안을 했을 때 불채택되었던 것이 몇 년이 지난 후에 채택이 되는 경우가 있다. 내용은 동일한데 과거에는 불채택되고 지금은 채택이 된다. 과연 무엇이 바뀌었는가?

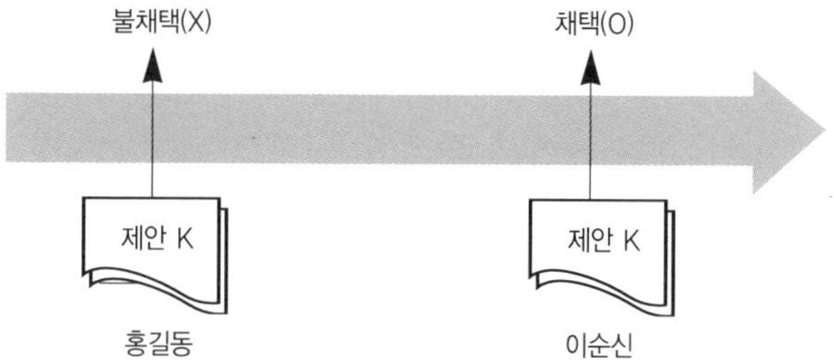

[그림 5-6] 아이디어제안의 채택여부 변화

[그림 5-6]을 보면 제안 내용은 동일하다. 그런데 과거에는 불채택이었는데 지금은 채택이 되었다. 무엇으로 인해서 채택이 되었는가? 바로 환경의 변화이다. 즉, 아이디어제안의 채택여부는 내용에 따라 결정하는 것이 아니라, 환경에 따라 결정이 되는 것이다.

2. 좋은 제안이 채택 안 된다(?)

제안자가 제일 불만을 많이 갖는 것은 바로 '왜 이렇게 좋은 제안이 채택이 안 되나?' 하는 것이다. 좋은 제안이 왜 채택이 안 될까? 그렇다면 과연 좋은 제안은 무엇일까? 좋은 제안은 바로 성과가 나는 제안, 생산성이 올라가는 제안, 매출이 올라가는 제안, 변화를 주는 제안 등이 좋은 제안일 것이다.

제안이 올라왔다고 하자. 이게 좋은 제안인지 아닌지를 어떻게 판단할까? 바로 실시를 해보아야 한다. 실시를 해서 성과가 있는 제안이면 좋은 제안이고, 성과가 없는 제안은 별 볼일 없는 제안이다. 결국 좋은 제안이 채택이 안 된다는 말 자체는 성립이 안 된다. 제안자의 제안이 좋은지 안 좋은지는 반드시 실행을 해봐야 알 수 있다. 그래서 아이디어제안은 좋다, 안 좋다로 평가하는 것이 아니라 실시할 것인가, 아닌가로 판단을 한다.

3. 아이디어제안, 실시제안 심사방법

아이디어제안은 실시 가능성을 기준으로 심사하고 실시제안은 경영기여도에 따라서 심사한다. 아주 간단하다. 아이디어제안인 경우 실시를 할 수 있으면 채택으로 하면 되고, 실시를 할 수 없으면 불채택으로 하면 된다.

아이디어제안 심사방법과 실시제안 심사방법은 이미 제2부 06에서 자세하게 설명했다.

39

제안 심사는 채점하는 것이 아니야!

고민

- 심사자는 점수만 내려합니다.
- 올바른 심사란 어떤 것인가요?
- 심사자들은 심사표를 사용하지 않고 바로 등급을 결정합니다.
- 심사표를 사용하다 보면 점수를 산정하게 되어 있는데 문제가 있습니다.

원인 및 당위성

일반적으로 기업에서 제안 심사를 할 때에는 심사표를 사용한다. 심사표를 사용하다 보니 심사자들은 제안이 올라오면 심사표 항목에 따라서 점수를 계산하면 자연적으로 정해진 등급이 나오게 된다. 이런 식으로 심사를 하다 보니 심사자들은 제안이 올라오면 점수를 계산하는 채점자 역할을 하게 된다.

제안 심사는 채점하는 것이 아니라 부하육성을 하는 것이다.

해결방안

1. 제안 심사 모형

제안 심사의 기본 요소는 제안자와 제안서 그리고 심사자의 3요소이다. 이미 알려진 대로 제안자는 일을 하다가 아이디어가 있으면 제안서에 작성을 하여 제출하면, 심사자는 이를 심사하도록 되어 있다. 이들의 관계를 그림으로 나타내면 [그림 5-7]과 같다.

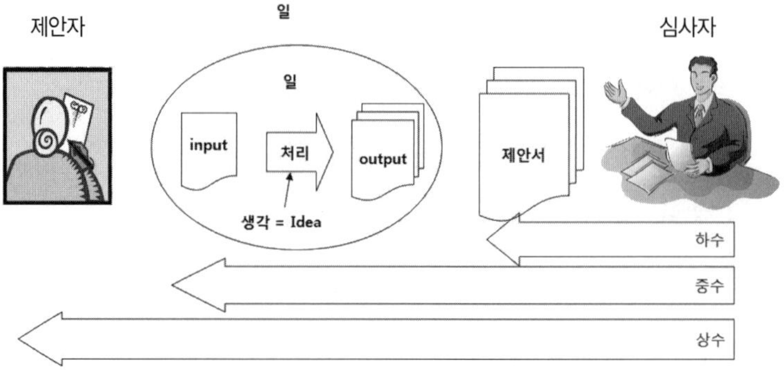

[그림 5-7] 제안 심사 모형

2. 하수의 심사자

[그림 5-7]에서 하수의 심사자는 채점을 하는 사람이다. 제안자가 1,300만 원의 유형효과가 나왔다고 제안했다. 심사자는 이런 제안이 올라오면 회사에서 주어진 심사표를 가지고 심사를 한다.

예를 들면 '유형효과가 1억 원 이상이면 20점, 5,000만 ~1억 원 이하면 15점, 1,000만 ~5,000만 원 이하면 10점, 1,000만 원 이하는 5점' 이란 심사항목을 보게 된다. 심사자는 제안자의 유형효과가 1,300만 원이므로 심사표를 보고 10점이라 계산한다. 나머지 항목도 이와 유사하게 심사표를 보고 점수를 산정해서 심사를 하면 자동 계산되어 정해진 등급이 나온다. 이렇게 심사를 하는 사람이 하수의 심사자이다.

과연 1,300만 원의 유형효과의 점수가 10점인지를 제안자는 모를까? 심사표가 대외비가 아닌 이상에 모든 직원들이 볼 수 있으므로 제안자도 10점인지를 다 알고 있다. 제안자도 다 알고 있는 것을 왜 팀장들이 심사를 할까?

만약 심사자가 평가를 해야 제안 등급이 결정되고 상금이 지급된다면 굳이 심사자가 점수를 산정할 필요는 없다. 오히려 점수는 제안자가 더 잘 계산한다. 그렇다면 점수를 팀장이 계산하지 않고 제안자가 직접 계산을 하도록 하고 심사자는 거기에 사인(sign)만 해주면 된다. 이렇게 제안자도 할 수 있는 것을 심사자가 대신해서 심사하는 것이 하수의 심사자이다.

3. 중수의 심사자

중수의 심사자는 하수보다는 조금 차원이 높은 심사자이다. 이들은 제안서가 올라오면 무조건 점수를 산정하는 것이 아니라 조직의 특성을 감안해서 심사를 하는 사람이다. 모든 제안은 조직의 특성 속에서 반영이 된다. 어떤 제안은 이쪽 부서에는 좋은데, 저쪽 부서에는 악영향을 끼치는 제안들이 있다. 자신들이 할 것을 타 부서로 이양시키는 제안이 그런 것들이다. 자기의 업무가 타 부서로 이양이 되어서 업무감소는 가져왔지만 타 부서는 오히려 업무가 증가되는 형태이다.

일부 제안자들은 자기만 생각해서 제안을 하기도 한다. 그렇기 때문에 심사자가 이를 잘 판단해서 전체 조직에 큰 영향은 없는지를 판단한 후 심사를 해야 한다. 이런 사람이 바로 중수의 심사자이다.

4. 상수의 심사자

상수의 심사자는 가장 차원이 높은 심사자들이다. 제안이 올라오면 제안서의 내용과 더불어 조직의 특성을 판단하고 더 나아가서 제안자의 마인드를 읽고 심사를 하는 사람들이다. 제안자가 제안을 하게 되면 반드시 심사자는 심사를 하도록 되어 있고, 그 심사결과는 반드시 제안자에게 피드백이 된다.

제안자는 심사자의 심사결과에 따라서 향후에 두 가지 행동 형태를 보인다. 하나는 투입을 감소시키는 행동이고, 또 다른 하나는 투입을 증대시키는 형태이다. 투입을 감소시킨다는 것은 한마디로 일을 줄인다는 의미로 일을 열심히 하지 않는다는 뜻이고, 투입을 늘린다는 것은 일을 더 열심히 한다는 뜻이다.

과연 심사를 할 때 어떻게 해야 하겠는가? 심사자는 심사를 하기 전에 제안자의 마인드를 생각해야 한다. 내가 심사한 결과에 따라서 향후 업무를 더 열심히 할 수도 있고 나태해질 수도 있기 때문이다. 심사자는 당연히 제안자가 앞으로 더욱 열심히 할 수 있도록 심사를 해야 한다. 이런 의미에서 제안 심사라는 것은 점수를 산정하는 것이 아니라 부하육성 차원에서 해야 된다. 이러한 심사가 바로 상수의 심사자이다.

5. 미련한 심사자

하수 심사자보다도 더 낮은 심사자가 있다. 바로 미련한 심사자이다. 미련한 심사자는 제안이 올라오면 '이게 업무지, 무슨 제안이냐!' 고 따지는 심사자들이다. 제안자가 올린 제안서가 제안이면 어떻고 업무면 어떤가? 중요한 것은 직원들이 뭔가 해보겠다고 아이디어를 냈고 성과를 낸 것이라면, 칭찬을 해주면 되지 굳이 따질 필요가 있을까? 더구나 제안자들은 모두 자신들의 부하직원들 아닌가?

직원들이 신이 나서 일을 하면 누가 좋아지겠는가? 결국은 팀장들 아닌가? 이런 생각을 하면서 심사를 해야 하는데 아무 생각 없이 제안이냐, 아니냐를 따지고 있으니 무슨 도움이 되겠는가? 이렇게 따지면서 심사를 하는 사람이 바로 미련한 심사자이다.

40

뒷다리 잡는 제안자가 있는 경우, 지도방법은?

고민

- 다른 사람의 제안을 보고 시비를 많이 겁니다.
- 다른 사람의 제안 내용을 보고 "이것도 제안이냐?" 라는 항의가 많습니다.
- 왜 다른 사람의 제안에 대해서 말이 많지요?
- 제안을 하지 않는 사람들이 남의 제안에 대해서 말이 많습니다.

원인 및 당위성

제안제도를 운영하다 보면 제안을 잘하는 사람들도 있지만 자기는 제안을 하지 않으면서 남들이 제안한 것에 대해서 뭐라고 하는 사람들이 있게 마련이다. 이런 사람을 소위 '뒷다리 잡는 사람' 이라고 한다. 뒷다리 잡는 사람은 자기는 하지 않으면서 앞서가는 사람의 뒷다리를 잡아서 그 사람도 가지 못하게 만들어 뭔가 하고자 하는 사람들에게 찬물을 끼얹는 사람이다. 이런 사람들을 어떻게 지도할까?

해결방안

1. 뒷다리론

삼성 신경영 용어 중에 '뒷다리론'이란 것이 있다. 무슨 일을 하면 항상 시비를 거는 즉 뒷다리 잡는 사람을 일컫는 말이다. 삼성에서 신경영을 추진할 때 뒷다리 잡는 사람을 보고 "당신은 참여하지 않아도 좋으니 남 참여하는 것을 뭐라고 하지 마라"고 충고를 했다.

제안활동에서도 마찬가지이다. 남이 한 제안을 가지고 시비를 거는 사람이 많다.

"이게 무슨 제안이냐? 이런 제안이라면 나는 하루에 100건도 하겠다.", "이런 제안을 하려고 상금주고 시간을 허비하는 것이냐?"

이렇게 말하는 대부분의 사람들은 거의 제안을 하지 않는 사람들이다. 자신이 제안을 하지 않는 것에 대한 명분을 찾으려고 다른 사람이 한 제안을 가지고 시비를 걸거나 약점을 잡는다. 이런 사람들이야말로 제안 뒷다리를 잡는 사람들이다.

2. 당신도 한 번 해보고 이야기하라

제안 뒷다리 잡는 사람들에게는 삼성 신경영에서 했듯이 당신은 제안에 참여하지 않아도 좋으니 남이 한 제안에 대해서 뭐라고 하지 마라고 해야 한다. 물론 잘 타일러서 제안에 참여시키는 방법이 가장 좋은 방법일 것이다. 하지만 지도가 되지 않을 경우에는 뒷다리론을 거론하면서 남의 제안에 관여하지 말라고 하고 당신도 그럼 한 번 해보라고 이야기를 해주는 것이 좋다.

제안을 한 번이라도 해본 사람들은 거의 뒷다리 잡기 식으로 하지 않는다. 제안을 한 건도 하지 않은 사람들이 주로 그런 것이므로 만약 뒷다리 잡는 사람들이 제안을 한 건이라도 해보면 생각이 달라질 수 있다. 심사자 또는 팀장들은 뒷다리 잡는 사람들에게 제안을 한 건이라도 해보고 느낌이 어떠냐고 질문해 보길 바란다. 질문을 해보면 뭔가 달라지는 대답을 들을 수 있을 것이다.

제6부
제안 성과 및 사후관리 고민 8

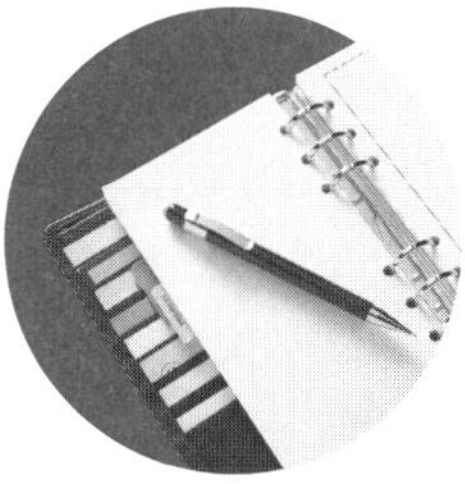

41

왜 저등급 제안이 많이 나오지?

고민

- 저등급이 95%가 넘는다는데 맞나요?
- 저등급은 어떤 의미가 있나요?
- 제안 건수가 많으면 저등급도 많아지는 것 같습니다.
- 저등급 제안이 많이 나오는데 윗사람은 이해를 하지 않습니다.

원인 및 당위성

제안제도를 운영한 후 실적을 분석해 보면 저등급 제안이 거의 95% 이상 나오게 된다. 저등급 제안으로 인해서 어떤 기업은 제안제도 회의론까지 이야기하면서 제안제도 폐지를 주장하기도 한다. 왜 저등급이 많이 나오는가, 또한 저등급 제안은 어떤 의미를 부여해야 하는가?

해결방안

1. 제안의 95%는 저등급 제안

어느 기업이나 제안 실적을 등급별로 분석해 보면 고등급, 중등급, 저등급의 분포가 확연하게 꺾인 형태로 나타난다. 필자는 이 실적 형태를 '2번 꺾인 그래프의 원칙' 이라고 정의하고 기업에서 제안 강의를 한다.

'2번 꺾인 그래프의 원칙' 은 제안 실적을 등급별로 구분하고 그 숫자를 그래프로 그려보면 항상 두 번 꺾인다는 원칙이다. 이를 그래프로 표시하면 [그림 6-1]과 같다.

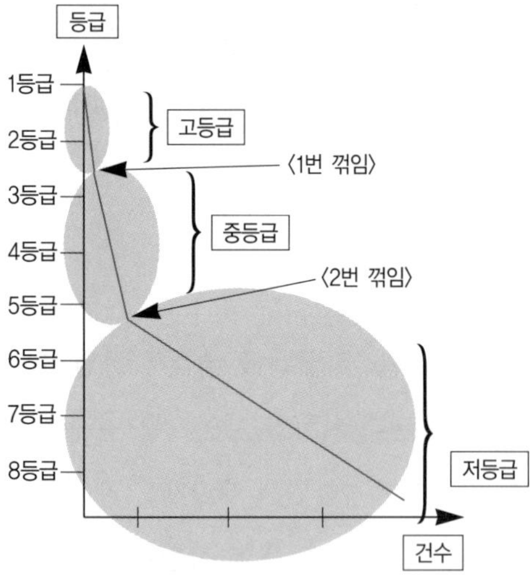

자료 : 어용일, 『제안 활성화를 통한 일하는 방법 개선』, 2006.

[그림 6-1] '2번 꺾인 그래프' 의 원칙

어떤 회사는 실적 그래프가 '3번 꺾인 형태'로 나타나기도 한다. '3번 꺾인 그래프 형태'는 [그림 6-2]와 같다.

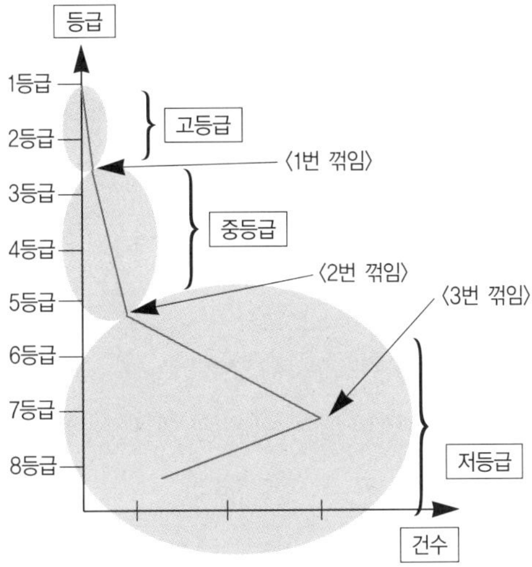

자료 : 어용일, 『제안 활성화를 통한 일하는 방법 개선』, 2006.

[그림 6-2] '3번 꺾인 그래프'의 형태

'3번 꺾인 그래프'는 사실 아래 하위 3등급이 모두 저가치 제안인데도 불구하고 제안 심사 등급으로 하위 등급이 더 있기 때문에 심사자가 정확한 기준 없이 등급을 더 낮춘 것에 불과하다. '3번 꺾인 내용'은 저등급 제안을 단순히 더 분류한 정보일 뿐이지 사실은 '2번 꺾인 그래프' 형태로 보는 것이 타당하다.

'2번 꺾인 그래프'를 보면 제안의 등급을 명확하게 구분할 수 있다. 제안 실적 그래프 중에서 첫 번째 꺾이는 등급까지를 고등급, 두 번째 꺾이는 등급까지가 중등급, 마지막 부분을 저등급으로 구분하면 된다.

기업마다 차이는 있지만 보통 고등급 비율은 매우 낮아서 1% 이내의 실적을 보인다. 어느 기업은 그 비율이 전체 제안 건수와 대비해 0.5%가 안 되는 곳도 있다. 이렇게 고등급은 적은 건수로 나타나는 게 일반적이다. 중등급 제안은 회사마다 차이는 있지만 일반적으로 5~10% 정도의 분포로 나타난다. 저등급 제안은 많게는 98%에서 적게는 90% 정도의 분포를 보이고 있다.

2. 제안자의 노력이 부족

저등급 제안이 많이 나오는 이유는 대체로 세 가지 정도로 요약이 된다.

첫째, 타 부서 제안을 많이 하기 때문이다. 타 부서 제안은 대부분 채택이 되지 않기 때문에 거의 저등급으로 평가를 받을 확률이 높다. 물론 타 부서 제안의 경우 실시를 하면 등급이 높아질 수는 있다.

둘째, 업무 자체가 성과 없는 업무를 하는 경우이다. 성과를 내고 싶어도 자신의 업무가 성과를 낼 수 없는 업무이기 때문에 저등급으로 갈 수 밖에 없다. 하지만 성과 없는 업무로 인해서 저등급이 나오는 경우는 그리 많지 않다.

셋째, 제안자가 노력을 하지 않는다는 것이다. 제안자가 노력을 하지 않는데 어떻게 고등급 제안이 나올 수 있을까? 제안은 도깨비 방망이가 아니다. 제안 성과는 반드시 노력이 뒷받침되어야 한다. 노력이 뒷받침되어야 성과가 나오는 것이다. 저등급 제안이 많이 나오는 가장 큰 이유는 바로 세 번째 이유이다.

3. 우회축적의 경로

서울대 윤석철 교수는 매일경제에 투고한 '월드컵과 생존지혜'라는 칼럼을 통해 우회축적의 경로를 다음과 같이 설명하고 있다.

「무한경쟁에서는 능력을 기른 자만이 살아남는다. 능력을 기르는 방법론은 무엇인가? 이 질문에 답하기 위해 우선 능력의 본질이 무엇인지를 살펴보자.

자연과학자들은 '어떤 일을 할 수 있는 능력'을 에너지라고 부른다. 댐에 고여 있는 물은 흘러내리면서 수력발전 능력을 가지며 이 능력을 우리는 '잠재(potential)에너지'라고 부른다. 수력발전이 가능하려면 인간이 댐을 만들어 물을 비축해 놓아야 한다. 이런 자연원리는 인간사회에서도 본질적으로 같다. 인간 능력도 무(無)에서 나오지 않고 축적된 무엇이 발산되면서 나오기 때문이다. 능력이란 결국 '선(先) 축적-후(後) 발산' 과정에서 나오는 것이다.

무한경쟁이 지배하는 자연생태계에는 이 지혜를 터득한 생물이 많다. 예컨대 매는 높은 하늘을 맴돌다가 지상에 있는 사냥감을 보면 그를 향해서 직진하지 않고 아래 그림에서 보는 것처럼 우선 급전직하(急轉直下)로 하강한다.

매는 수직방향으로 하강하는 동안에 중력가속도를 흡수해 운동에너지를 축적한 후 먹이를 향해 그것을 발산하면서(조류학자 그램

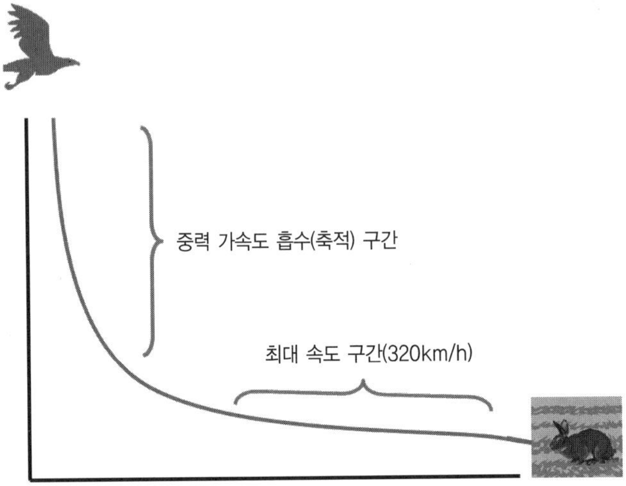

자료 : 매일경제, 2002.6.11

[그림 6-3] 우회축적의 경로

보의 보고에 의하면 시속 320㎞라는 놀라운 속도로) 먹이를 낚아챈다고 한다. 물리학자들은 이런 우회코스를 '최소시간(brachistochrone)의 경로' 라고 부르며 그 방정식 형태까지 도출했다. (중략)

자본재 외에도 기술개발, 브랜드 투자, 인재양성 등은 모든 기업이 지향할 수 있는 우회축적의 길이다.」(매일경제, 2002년 6월 11일)

4. 고등급은 연습을 많이 해야 한다

고등급을 창출하는 사람들을 다시 한 번 살펴보자. 이들은 다름 아닌 제안 다수 제출자, 제안왕, 제안명장 등으로서 평소에도 제안을 많이 하는 사람들인 것을 알 수 있다. 기업에 가서 제안 실적이 없는 사람들에게 참여를 독려하면 이렇게 대답하는 사람들이 있다.

"걱정하지 마십시오. 연말쯤에 큰 거 한 건 할 테니 기다리십시오.", "나는 원래 시시하고 작은 것은 안 하는 체질입니다."

알다시피, 이런 사람치고 연말에 큰 제안하는 사람을 본 적이 없다. 그런 허풍을 과시하는 건, 자기의 책임을 회피하려고 둘러대는 거짓말일 따름이다.

사실 제안거리가 없다가 단번에 크게 한 건 할 수 있다면 얼마나 효율적이고 생산적이겠는가? 하지만 절대 그렇게 될 리가 없다. 고등급 제안은 수많은 연습으로 우회축적을 해야 비로소 한두 가지 정도 나온다. 선 축적을 토대로 후 발산하는 과정을 겪어야 가능하기 때문이다.

야구선수들 중에는 홈런을 잘 치는 사람들이 있다. 이 사람들의 비결을 들어보면 한결같다. 모두 훈련이 끝난 저녁에도 운동장에 남아서 스윙 연습을 수도 없이 한다고 한다. 그런 연습을 통해서 공을 맞히는 감각을 익힌다. 그러나 그렇게 열심히 연습했다고 하더라도 매번 홈런을 치는 것은 아니다. 안타도 치고 파울도 치며 아웃이 되기도 한다. 그럼에도 불구하고 계속 노력하면 홈런도 나온다는 것이다. 고등급의 제안도 이와 마찬가지이다. 평소에 메모의 습관, 수많은 아이디어의 구상, 작은 개선의 연속 등으로 인프

라를 구축하여야 한다. 그래야만 우회축적이 이루어지며 이를 통해 한두 건의 고등급을 얻을 수 있게 되는 것이다. 재차 언급하지만 고등급은 저절로 굴러 떨어져 들어오는 호박넝쿨이 아니다. 실력을 먼저 축적한 후에 그 축적된 힘으로 발산이 되는 것이다.

42

고등급 제안을 많이 나오게 하는 방법은?

고민

- 어떻게 하면 고등급 제안을 많이 나오게 할까요?
- 고등급 제안이 많이 나와야 성과가 쌓이는데 고등급이 적습니다.
- 고등급 제안이 많이 나왔으면 좋겠습니다.

원인 및 당위성

고등급 제안은 바로 성과와 직결이 된다. 고등급 제안은 쉽게 나오지 않는다. 고등급 제안을 하기 위해서는 개인의 노력도 중요하지만 회사에서도 노력을 해야 한다. 고등급 제안이 나오도록 회사에서 많은 지원을 해주어야 한다. 고등급 제안은 포탄 방식으로는 한계가 있다. 미사일 방식으로 목표를 정하고 시작해야 한다. 어떻게 하면 고등급 제안이 많이 나올까?

➡ 해결방안

1. 고등급 제안은 미사일 방식으로 접근

고등급 제안은 저등급 속에서 나오는 것이 아니다. 예를 들어 밤을 딸 때를 연상해 보자. 나무에서 직접 따기보다는 나무 밑을 갈퀴로 긁는 경우가 있다. 그러다 보면 밤을 몇 개 주울 수 있지 않겠냐 하는 생각인데 그 발상이 답답함을 가져다준다.

바꾸어 말하면 저등급 제안을 하다 보면 고등급을 얻을 수 있으려니 하는 생각을 우려하는 것이다. 그러한 생각들은 즉시 버리는 것이 좋다. 고등급 제안은 본디 별도의 대상이 있기 마련이기 때문이다. 고등급이라면 유형이나 무형의 효과로 기업 경영에 크게 기여하는 것을 말한다. 이런 과제들은 대부분 범위가 큰 것이 특징이다. 개인보다는 팀, 팀보다는 사업부, 사업부보다는 전사로 지향해서 접근해야 더 많은 성과가 있을 것이다. 결국 기업 경영 성과에

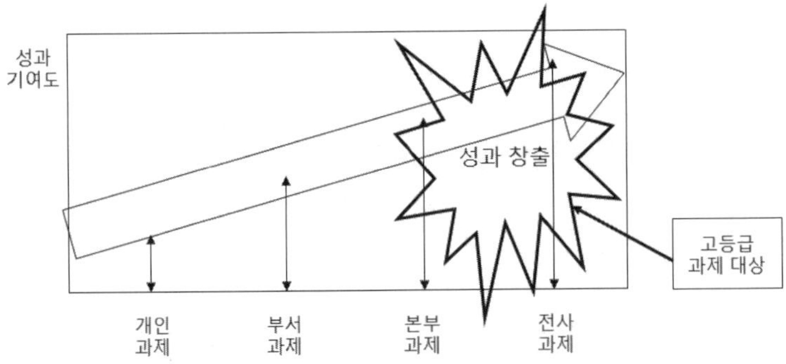

자료 : 어용일, 『제안 활성화를 통한 일하는 방법 개선』, 2006

[그림 6-4] 고등급 제안은 전사 차원 과제

기여하는 고등급은 전사 차원과 이와 유사한 곳에서 찾아야 한다.

[그림 6-4]처럼 고등급 제안이 나올 만한 곳은 전사 과제가 나타나는 부분이다. 만약 개인의 개선으로 큰 성과를 얻는 조직이 있다고 하자. 이럴 경우 개인이 제안활동을 잘했다고 칭찬만 할 것이 아니다. 회사의 시스템이 제대로인가 우선 점검해야 한다. 그 이유는 이미 시스템이 잘 구축된 조직에서는 개인의 고등급 제안이 쉽게 나올 수 없기 때문이다.

이것은 마치 선진국과 후진국의 차이에서 볼 수 있다. 선진국은 사회 시스템이 잘 안정되어 있기에 보완할 필요가 없다. 이에 반해 사회 시스템의 미비나 낙후 때문에 신규 구축 또는 개선이 필요한 게 후진국이다. 그렇기 때문에 변화의 동기가 없는 선진국일수록 후진국보다 일확천금의 기회가 적은 것과 같은 이치라고 볼 수 있다.

2. 포탄 제안은 한계가 있다

제안을 분류하는 또 다른 방식으로 포탄 제안과 미사일 제안이 있다. 포탄 제안은 목표를 대강 정해 놓고 무조건 있는 포탄을 다 쏘아대는 방식이다. 이 방식은 명중률이 매우 낮고 비효율적이다. 이것은 권투 경기를 할 때 상대를 정확하게 보지 않고 펀치를 마구 휘두르는 것과 같다. 힘만 빠질 뿐 상대를 정확히 가격할 수 없다. 따라서 제안의 건수가 포탄처럼 많지만 실제로 효율적인 결과를 얻는 경우는 드물다. 이와는 다르게 미사일 제안은 판이한 차이를 보인다. 위의 경우와 같이 권투 경기에 비유하면, 이것은 상대를 똑바로 쳐다보면서 송곳 같은 펀치를 날리는 것과 같다. 이미 동작을 읽고 상대의 길을 노려 치기 때문에 정확한 가격이 될 수밖에 없다. 따라서 상대는 그로 인해 커다란 충격을 받는다. 이 방식은 처음부터 목표를 정조준하고 발사하기에 높은 명중률을 나타낸다. 적재적소에 부합하는 맞춤형이라고 할 수 있다.

이러한 예를 빌어 고등급 제안은 포탄보다는 미사일 방식으로 접근하는 것이 바람직하다. 다시 말해 고등급이 나올 만한 곳을 찾아 과제를 선정하고, 이를 달성하기 위해서 집중적으로 개선 활동을 해야 한다. 이것은 마치 어부가 어군 탐색기를 통해 물고기 있는 장소를 알아내고 그곳에 그물을 던지는 것과 같은 이치이다.

3. 고등급 제안 방향

많은 사람들이 고등급 제안을 바라고 있다. 특히 제안자, 심사자, 경영층 모두 동일한 바람을 가지고 있다. 그렇다면 이것은 어떻게 얻을 수 있는 것인가? 단순히 제안 건수가 많다고 나오는 것인가? 아니면 상금을 많이 준다고 나오는 것인가. 여러 차례 언급한 바가 있지만 건수가 많다고, 상금을 많이 준다고 해서 얻을 수 있는 것은 분명히 아니다.

고등급 제안은 쉽게 만들어지지 않는다. 기업에서 전체 제안 건수 중 고등급의 비율이 0.5%에도 미치지 못하는 것을 보면 확연히 알 수 있다. 그렇다면 고등급 제안을 이끌어 낼 최선의 방법은 무엇일까? 효율적으로 창출하기 위해서는 먼저 가능성 있는 대상을 선정하고 미사일 방식으로 접근하면 가능하다. 그렇게 하면 제안을 매체로 한 고등급의 제안을 찾아낼 수 있다.

기업 경쟁력을 강화시켜주는 것을 고등급 제안이라고 할 때, 그동안 기업에서는 제안을 통해서 원가 절감이나 품질, 생산성의 향상 등 유형효과 중심으로만 생각해 왔다. 하지만 경쟁력을 향상시키는 것은 이것만 있는 것이 아니다. 사무직원이 제도를 효율적으로 잘 운용하는 것이나, 영업직원이 물건을 많이 판매해 매출을 향상시키는 것, 사원들의 실력을 향상시키고 조직을 활성화시키는 일 등 모두가 경쟁력 강화에 크게 기여하는 요소들이다.

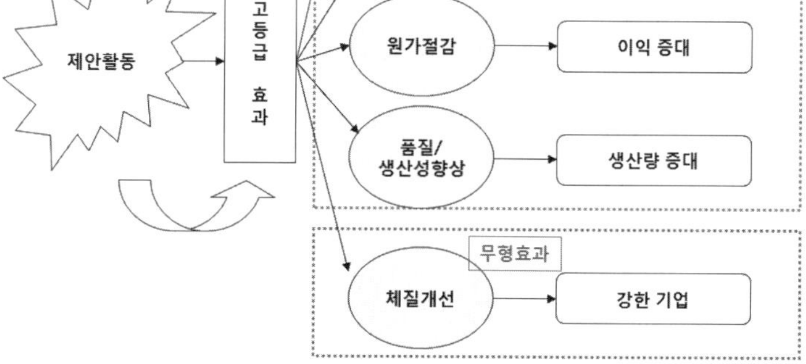

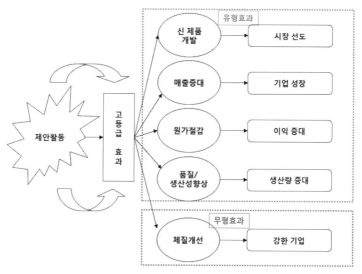

자료 : 어용일, 『제안 활성화를 통한 일하는 방법 개선』, 2006

[그림 6-5] 고등급 제안의 방향

그런 까닭에 고등급 제안은 무조건 원가 절감 및 품질 향상 부문에서만 찾을 것이 아니라 이와 더불어 좋은 제도 수립, 매출 신장, 조직 활성화 기여, 사원의 능력 증대, 또 신제품을 개발하거나 새로운 디자인을 창출하는 것 등 이 모두가 고등급 제안이 쏟아져 나올 수 있게 하는 가능성을 갖게 한다.

4. 고등급 제안은 고성과 과제를 선정해야 한다

고등급 제안을 하기 위해서는 고성과 과제를 먼저 선정해야 한다. 그리고 전 직원이 고성과 과제에 대해서 제안을 하게 되면 고성과는 많이 나오게 된다. 필자가 대표로 있는 CNP경영연구소(www.cnpi.or.kr)에서는 고성과 과제를 찾을 수 있도록 '고성과 변수 665개'를 개발하여 운영하고 있다.

'고성과 변수 665개'는 국내 유수 기업들의 고등급 제안을 분석

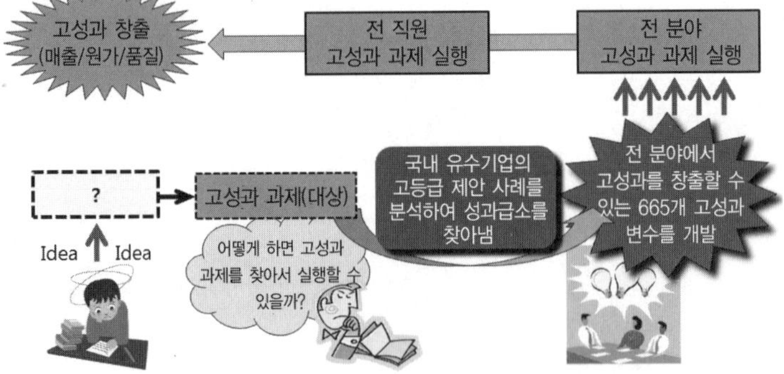

[그림 6-6] 고성과 과제를 선정

하고 컨설턴트들이 기업에 가서 성과를 어떻게 창출하는지 그 경험을 분석했다. 또한 수많은 경험을 가지고 있는 컨설턴트의 전문지식을 접목해서 도출하고 기업 경쟁력 강화를 위해 분야별로 진단을 하는 진단항목도 분석해서 13개 부문과 99개 핵심항목 및 665개 변수의 개념으로 업무 밸류체인(value chain)별로 정리한 것이다.

대상 업무	고성과 변수 (시책 그룹 DB)	고성과 테마	성과의 분류			
			매출	원가	품질	L/T
연구/설계	◆ 고성과 변수 (665개)	① ㅇㅇ부품 조립성 ...... ② ㅁㅁ품 소재 도막 두께 ...... ③ ㄷㄷ 부품수 삭감		00 00 00		00 00
생 산		① A 공정작업 간이자동화...... ② ㅇㅇ라인 온도조절장치...... ③ E 공정 검사치구 개선을 ...		00 00 00	00	00 00 00
구 매		① C관련 제품 구매 Cost Nego ...... ② ㅇㅇ구매선 변경 .... ③ 협력사 관리시......		00 00 00		 00 00
물 류		① ㅇㅇ포장시 ㅁㅁ 사용방법... ② A지역 물류센터 효율화를...... ③ ㅇㅇ부품 이송 시		00 00 00		00 00
영 업		① ㅇㅇ사 공동 판촉을 위한...... ② 우수 고객 관리를 위한...... ③ 지로용지	00 00 00			
사무간접		① ㅇㅇ계약 변경으로 비용 ...... ② 연체료 입금 시 ...... ③ A/S 상담의 통합	 00	00 00		 00

[그림 6-7] 고성과 과제 도출 실행 예

5. 고등급 제안 창출 프로세스

CNP경영연구소에서 개발된 고성과 창출 프로세스는 5단계로 구성되어 있다. 이 단계를 거치면 고성과를 얻을 수 있는 고등급 제안이 많이 나온다.

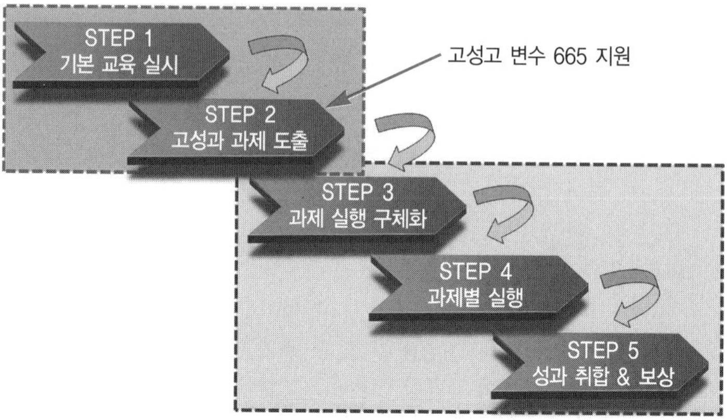

[그림 6-8] 고등급 제안 창출 단계

1단계는 고성과 과제를 도출하는 방법을 교육하며 고성과 변수 665의 활용방법을 교육한다.

2단계는 교육을 이수한 직원들이 고성과 변수를 대입해서 고성과 과제를 도출한다.

3단계는 고성과 과제를 실행 가능하도록 구체화 작업을 한다.

4단계는 과제별로 전담자를 두어 실행을 한다. 실행을 할 때 전문 컨설턴트의 도움을 받을 수도 있다.

5단계는 성과를 취합하고 보고를 하며 성과보상을 받는다.

43

불채택 제안은 어떻게 관리할까?

고민

- 불채택 제안이 너무 많습니다.
- 불채택 제안 중에 좋은 제안들도 많은데 버려야 하나요?
- 불채택 제안 중에는 여건이 맞지 않아서 채택이 안 되는 경우도 있습니다.
- 외국사례 등 좋은 제안들이 많이 있는데 현실성이 너무 떨어집니다.

원인 및 당위성

제안의 가장 바람직한 모습은 채택 후 실시를 해서 성과가 나도록 하는 것이다. 하지만 현실적으로 보면 채택이 되지 않는 제안들도 많다. 과연 채택이 되지 않은 제안들은 어떻게 봐야 하나? 현재 불채택되었다고 다 버려야 하나, 아니면 정리를 해서 보관을 해야 하나?

해결방안

1. 여건이 변하면 채택이 될 수도 있다

아이디어제안을 운영하다 보면 불채택된 제안들이 많이 나오게 된다. 보통 아이디어제안의 경우 채택률이 20% 정도 되면 많이 채택을 한 것이다. 거의 20%도 되지 못하는 경우들이 많다. 하지만 이렇게 불채택된 제안 중에는 정말 좋은 제안들이 많은데, 여건이 안 되어서 채택이 안 되는 안타까운 제안들도 많다.

앞에서도 지적했지만 아이디어제안의 채택 여부는 실시 가능성이라고 했다. 즉 현재 또는 단기간에 실시할 여력이 안 되거나 여건이 안 되면 채택이 되지 않는다. 하지만 여건은 항상 변하게 마련이다. 지금은 사람이 없지만 내년에는 사람을 충원할 수가 있으며, 지금은 예산이 없지만 내년에는 예산이 확보될 수도 있고 지금은 자동화가 되지 않아서 못 하지만 곧 자동화가 될 수도 있다. 이렇게 상황이란 것은 항상 변화하기 마련이어서 현재는 당장 실행할 수 없는 제안이지만 여건만 조성된다면 실시할 수 있는 제안들이 많이 있다.

2. 아이디어 뱅크 활용

현재는 여건이 안 되지만 향후 실행 가능한 제안들은 아이디어 뱅크란 걸 만들어서 보관해 두면 좋다. 불채택 제안의 아이디어 뱅크화는 불채택 제안 중 미래지향적인 제안 또는 해외 사례 등 현재

환경에서는 시행이 어렵지만 향후 실행 가능성이 있는 제안인 경우 별도 제안 DB에 메뉴화(가칭 '미래지향 제안')로 만들어 향후 정책을 만들 때나 실행을 할 때 참조하도록 한다.

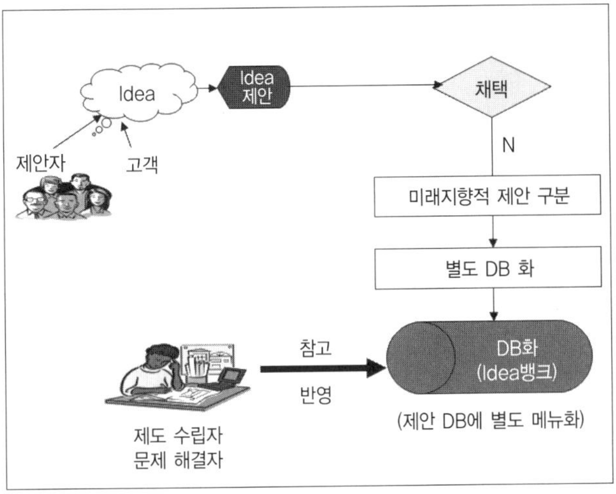

[그림 6-9] 아이디어 뱅크 개념

만약 제도를 만드는 사람이나 문제를 해결하고자 하는 사람의 경우 먼저 아이디어 뱅크를 뒤져서 과거에 이런 유사 제안들이 있는지를 먼저 판단한 후 만일 유사한 것이 있다면 이를 참고해서 제도를 만들 때나 문제를 해결할 때 참조한다. 현재 어떤 문제를 해결하고자 하는데 지금은 떠오르는 아이디어가 없지만, 간혹 아이디어 뱅크에 좋은 아이디어가 들어 있을 수도 있다. 이렇게 아이디어 뱅크는 언제라도 문제를 해결할 수 있도록 준비해 두는 보물창고와 같은 것이다.

44

제안 우수 부서를 어떻게 선정하지? 기준은?

고민

- 우수 제안자와 우수 부서는 어떻게 선정하는 것이 좋은가요?
- 무조건 제안 건수만 많으면 우수 부서인가요?
- 양과 질을 잘 조화시켜 평가를 하고 싶습니다.
- 우수 제안자와 우수 부서를 선정하는 기준은 동일한가요?

원인 및 당위성

우수 제안자 및 우수 부서를 선발하는 기준은 다양하다. 간단하게 제안 건수나 유형효과가 큰 제안을 중심으로 평가할 수도 있고, 여러 가지 기준을 조합해서 평가를 한 후 선정하는 방법도 있다. 우수제안자 선발방법 중 가장 간단한 것은 제안을 제일 많이 한 제안자나 실시를 가장 많이 한 실시자를 선발할 수도 있고, 우수 부서는 인당 건수가 가장 많은 부서를 선발할 수도 있다. 하지만 우수 제안자든, 우수 부서든 선발할 때에는 누구나가 다 인정이 되는 평가방법이 적용되어야 한다.

➡ 해결방안

1. 제안 우수자 선정 기준

우수 제안자를 선발할 때에는 그 제안자가 평소에 얼마나 제안 활동을 많이 했느냐와 얼마나 성과를 많이 내었느냐로 평가하면 된다. 제안활동을 얼마나 많이 했느냐의 기준은 제안 건수 및 채택률, 실시율 등을 고려한다.

제안도 많이 내고 채택도 많이 되었으며 실시도 가장 많이 했다면 당연히 제안 우수자가 될 수 있다. 또한 얼마나 성과를 냈느냐의 기준은 고등급이 얼마나 많았느냐와 그 성과가 얼마나 큰 가에 대한 평가를 하면 된다.

[표 6-1] 우수 제안자 선정 기준

평가 항목	산출 기준	평가 비중		
		Y	Y+1	Y+2
• 제출 건수(건)	아이디어 + 실시 건수	30	20	20
• 채택률(%)	채택 건수 / 아이디어 건수	20	20	10
• 실시율(%)	총실시 건수 / 총제출 건수	20	30	30
• 고등급률(%)	우수 이상 건수 / 총실시 건수	10	10	20
• 유형 효과(원)	연간 유형효과(매출,원가) 금액 집계	20	20	20
		100		

여기서 큰 성과에 대한 개념은 유형효과도 있지만 무형효과도 있다. 유형효과는 눈으로 보이기 때문에 산정이 가능하지만, 무형효과는 눈에 보이지 않기 때문에 산정이 어렵다. 만약 성과를 금액으로만 평가하면 무형의 성과를 내는 제안자들은 항상 손해를 보게 되므로 성과를 금액으로 평가하지 않고 고등급률만 계산해도 된다.

2. 제안 우수 부서 선정 기준

우수 제안부서는 제안활동 5대 지표를 기준으로 평가를 한 후 선정한다. 제안 5대 지표는 제안의 양과 제안의 질을 나타내는 지표이다.

[표 6-2] 제안 5대 지표

평가 항목	세부 항목	산출 기준	평가 비중		
			Y	Y+1	Y+2
제안의 양	• 인당 제안 건수(건)	아이디어 + 실시 건수	20	10	10
	• 참여율(%)	제안 제출 인원 / 총 인원	10	10	10
제안의 질	• 채택률(%)	채택 건수 / 아이디어 건수	20	20	10
	• 실시율(%)	총실시 건수 / 총제출 건수	20	30	30
	• 고등급률(%)	우수 이상 건수 / 총실시 건수	10	10	20
제안 효과	• 유형효과(원)	연간 유형효과(매출,원가) 금액 집계	20	20	20
합 계			100		

제안 우수 부서는 [표 6-2]의 5대 지표를 비중으로 환산해서 환산 점수가 가장 높은 부서를 우수 부서로 선정한다.

3. 심사좌우표 사용

심사좌우표는 현행 우수 부서를 선발할 때 모순이 되는 부분을 보완한 심사표라고 볼 수 있다. 현행 제안 지표에는 인당 건수와 참여율이란 항목이 있는데, 인당 건수는 부서 총건수를 전체 인원으로 나눈 것이고 참여율은 부서 총인원 중 제안에 참여한 인원의 비율을 나타낸 것이다.

그런데 항상 문제가 되는 것은 인원이 적은 부서는 인당 건수나 참여율이 높아서 달성이 가능하지만 인원이 많은 부서는 인당 건수나 참여율 부분에서 항상 불이익을 받게 된다. 또는 목표를 부여하고 달성률을 평가할 때도 마찬가지이다. 인원이 적은 부서는 달성률이 높지만 인원이 많은 부서는 달성률이 낮게 된다.

예를 들면 A부서와 B부서가 있다. A부서는 인원이 50명이고 B부서는 인원이 4명이다. A부서가 제안한 총건수는 40건, B부서는 12건이다. 모두 인당 3건을 목표로 부여하는 경우의 평가를 생각해 보자.

1) 인당 제안 건수의 달성률을 평가하면 당연히 B부서가 잘한 것이다.

목표를 인당 3건으로 하면 A부서의 총 목표는 150건, B부서는 12건이다. 달성률을 계산해 보면,

A부서의 달성률 : 40건/150건 = 27%

B부서의 달성률 : 12건/12건 = 100%

과연 B부서가 정말 잘한 것일까? 절대적인 건수를 보면 A부서가 B부서보다 28건을 더 많이 했다. 제안 건수를 보면 A부서가 잘했는데, 인당 건수로 비교하면 B부서가 잘한 것이다. 이렇게 되다보니 인원이 많은 생산부서나 영업사원이 많은 영업 팀의 경우 인당 목표를 채우기가 어렵기 때문에 불이익을 받을 수 있다. 이를 보완한 것이 심사좌우표이다.

2) 심사좌우표를 사용하면 평가가 달라진다.

위 사례를 보면, 회사 측면에서 볼 때 40건 제출이 12건 제출보다는 분명히 많다. 건수로 보면 A부서가 B부서보다 잘한 셈이다. 그래서 이를 좌우로 나누어서 심사를 해보는 것이다.

심사좌우표란 단순히 주어진 평가항목에 따라서 평가를 하는 것이 아니라 절대치와 상대치를 구분해서 절대치는 좌측에서 평가를 하고 상대치는 우측에서 평가를 하는 방식이다. 모든 평가를 100이라 했을 때 심사좌우표를 사용하여 절대치는 좌측으로 50%, 상대치는 우측으로 50% 이렇게 비율을 정한다.

위 사례를 보면 평가항목이 달성률인데 달성률의 절대치는 제출건수이고, 상대치는 달성률이다. 그래서 좌측에는 건수, 우측에는 달성률을 놓고 계산한다.

절대치 계산은 가장 많이 한 건수를 기준으로 가장 낮게 한 건수까지 나열시킨 후 건수에 따라서 일정한 비중을 주는 것이다. 만일 가장 많이 한 건수가 40건이고 가장 적게 한 건수가 한 건이라고 한다면, 총건수가 30건 이상이면 50점, 20건~29건 40점, 10건~19건 30점, 1~9건 20점, 0건은 10점 이렇게 나눈다.

또한 달성률도 마찬가지이다. 가장 많이 달성한 달성률을 제일 먼저 놓고 가장 낮게 달성한 달성률을 나열시킨 후 100% 이상 50점, 80~100%는 40점, 50~79%는 30점, 10~49%는 20점, 10% 이하는 10점 등으로 구분한다. 비율 및 비중은 회사에 따라서 결정하면 된다.

이렇게 놓고 심사좌우표를 대입해 보면 다음과 같다.

A부서는 건수가 40건이라서 좌측의 건수 점수는 50점이 되고, 달성률은 27%이므로 우측의 달성률 점수는 20점이 되어 총 70점이 된다. B부서는 건수가 12건이라서 좌측의 건수 점수는 30점이 되고, 달성률은 100%이므로 우측의 달성률 점수는 40점이 되어 총 70점이 된다.

이를 정리해 보면

A부서 =〉 건수 50점 + 비율 달성 20점 = 70점

B부서 =〉 건수 30점 + 비율 달성 40점 = 70점

이렇게 심사좌우표를 사용하게 되면 A부서, B부서가 동점으로 나오게 된다.

심사좌우표는 아직 과학적으로 검증된 것은 아니다. 하지만 몇 가지 시뮬레이션을 해보면 충분히 활용가능성이 높으리라는 확신은 있다.

심사좌우표를 사용하면 그동안 평가를 하는데 모순이 발생한 부분을 보완할 수 있다. 영업 부문도 마찬가지이다. 처음부터 매출목표를 100억 원으로 잡고 실제는 80억 원을 한 부서와 매출목표를 50억 원 잡고 60억 원을 한 부서의 평가는 어떻게 하는 것이 가장 공정할까? 단순히 달성률을 비교하면 적게 잡고 많이 한 부서가 유리할 것이다. 하지만 금액으로 본다면 80억 원을 한 부서가 60억 원을 한 부서보다는 분명히 잘했을 것이다. 이렇게 절대숫자와 상대숫자의 비교를 통해서 평가를 하는 경우에는 심사좌우표가 유용하다.

45

채택제안이 사후관리가 안되네!

고민

- 채택된 제안이 실시가 안 됩니다.
- 채택은 많이 하는데 실시율이 떨어집니다.
- 실시제안을 활성화시키려면 어떻게 하는 것이 좋은가요?
- 실시율을 높이고 싶습니다.

원인 및 당위성

아이디어제안을 채택한다는 의미는 실시를 하겠다는 의지인데 막상 채택을 하고도 실시를 하지 않는 제안들이 너무나 많다. 채택률은 높지만 실시율이 떨어지는 이유이다. 제안은 실시를 해야 한다. 실시하지 않는 제안은 단순한 희망일 뿐 실시를 해야 성과가 나고 업무에 도움이 된다. 어떻게 하면 제안을 많이 실시하도록 하게 할 것인가?

해결방안

1. 채택된 제안을 실시하지 않는 이유

제안을 지도해 보면 채택은 많이 되지만 실행이 안 되는 제안들이 많다고 한다. 항상 문제점으로 지적을 받는 것이 바로 사후관리가 안 된다는 것이다. 사실 제안자 입장에서는 자신이 제안한 것이 채택이 되었기 때문에 실행이 곧 되어서 업무에 적용이 되고 효과에 대한 혜택을 얻을 수 있을 거라 기대를 하게 된다. 하지만 현실은 그렇지가 않다. 많은 채택 제안들이 실행을 하지 않은 채 미실행으로 방치되고 있다.

왜 채택된 제안이 실시가 되지 않고 있을까? 그 이유는 아이디어제안의 채택 기준을 실시 가능성으로 하지 않고 내용 중심으로 하기 때문이다.(아이디어제안의 심사방법은 앞 장에서 이미 충분히 설명함.) 내용이 좋다고 채택을 했지만 막상 이를 실행하려 하니 예산도 없고, 사람도 없고, 여건도 안 되고, 법에 문제도 있고 등등 여러 가지 이유 때문에 제안이 실행되지 않는 것이다.

실행을 하지 않을 거라면 무엇 때문에 채택으로 심사를 했는가? 채택을 해서 실행을 하지 않는 제안이라면 불채택된 제안과 다를 바 없다. 단지 채택되어서 기분만 좋아졌고 상금만 조금 더 받는다는 것 외에는 차이점이 없다. 오히려 처음부터 불채택시키면 기대하지도 않았을 것이다. 그런데 실시하겠다고 채택하게 되면 제안자는 그만큼 기대를 하게 된다. 그러면 그만큼 실망도 커지기 마련이다. 다시 강조하지만 아이디어제안의 경우는 내용을 기준으로 채택하는 것이 아니라 실시 가능성을 기준으로 채택해야 한다.

2. 자기 일을 제안으로 인정해야 실시가 가능하다

채택제안이 잘 실시되려면 자신의 업무를 제안으로 인정해 주어야 한다.(이 부분도 이미 앞 장에서 강조함.) 대부분 제안이 채택되면 실시자를 지정하게 되어 있다. 실시자란 아이디어제안을 실제 업무에 적용하기 위해서 아이디어대로 실시를 할 사람을 말한다. 그래서 실시를 한다는 뜻은 실시자 입장에서는 자신의 업무로 된다는 의미이다. 즉, 실시해야 할 일이 자신의 업무가 될 수밖에 없는 것이다. 상식적으로 생각해 보아도 알 수 있다.

어느 누가 실시자가 되더라도 그것이 자신의 업무가 아니면 누가 실시를 하겠는가? 타인의 업무, 타 부서 업무를 내가 실시할 리가 없을 것이다. 결국 실시자 입장에서는 자신의 업무가 되어야만 실시를 할 수 있고 근본적으로 자신의 업무가 되어야만 실시가 가능하다. 이렇게 되어야 실시제안이 활성화되고 채택된 많은 제안들을 실시하게 될 것이다. 만일 자신의 업무를 실시제안으로 인정하지 않는다면 누가 적극적으로 실시를 하겠는가?

3. 채택제안의 관리를 일상 업무로 처리

채택된 업무를 실시하는 것을 주간 업무 계획에 포함시켜야 한다. 지방에 있는 K기업은 주간업무 보고에 항상 채택된 제안의 실시계획과 실시여부를 보고하게 되어 있고 부서장은 진행에 대한 내용을 항상 확인한다.

계 획 □ 실 적 ■

항 목	추 진 계 획	세 부 추 진 계 획	일 정(월) 1	2	3	4	5	6	7	8	9	10	11	12	담당자
발전설비 신뢰성 확보	품질경영 활동강화	• 품질방침 계획수립 및 실적관리													
		– 계획수립 : 1월	□												
		– 실적관리 : 1회/분기			□			□			□			□	
		• 품질개선팀 활동사례 발표회 개최 : 5월, 10월					□					□			
		• 각종절차서 및 지침서 관리													
		– 유효성평가/제·개정 보완/활용대장 운영	□	□	□	□	□	□	□	□	□	□	□	□	
		• 부적합사항(NCR) 관리 : 8건/년	□	□	□	□	□	□	□	□	□	□	□	□	
		• 품질보증교육 교안작성 및 교육 : 6월						□							
		• 품질경영교육 교안 작성 및 평가													
		– 교안작성 : 1회/분기			□			□			□			□	
		– 교육평가 관리 : 1회/반기						□						□	
		• 품질지표 관리 : 1회/월	□	□	□	□	□	□	□	□	□	□	□	□	
		• 품질분임조 활동실적 관리 : 3회/월 회합, 1회/반기 관리	□	□	□	□	□	□	□	□	□	□	□	□	
	제안 및 설비개선 관리	• 제안 및 설비개선 지속추진													
		– 본사제안 목표 : 2건 이상/과	□	□	□	□	□	□	□	□	□	□	□	□	
		– 설비개선 목표 : 4건 이상/과	□	□	□	□	□	□	□	□	□	□	□	□	
		• 실시제안 지속추진													
		– 미결(6건) 및 추가 발생시 : 수시	□	□	□	□	□	□	□	□	□	□	□	□	

[그림 6-10] 채택제안 주간업무 보고 사례(I기업)

항상 주간 업무에 제안 추진 내용이 보고되기 때문에 실시부서나 실시자는 실시를 할 수 밖에 없다. 그래야 자신이 해야 할 제안에 대한 과정관리가 철저해진다.

46

제안 효과 검증을 어떻게 해야 하나?

고민

- 고등급 제안 검증에 너무 많은 시간이 투자됩니다.
  안 하면 안 될까요?
- 왜 고등급 제안을 검증해야 하나요?
- 고등급 제안의 효과를 검증하는데 너무 시간이 많이 걸립니다.
- 고등급 제안의 효과에 대해 100% 검증이 가능할까요?

원인 및 당위성

성과 있는 제안이 나오면 대부분의 기업들은 이를 어떻게 검증할 것인가를 고민하게 된다. 그래서 많은 아이디어와 여러 사람을 동원시켜 효과를 검증하려고 한다. 과연 그렇게 여러 사람이 검증을 하면 100% 검증이 될까? 아무리 정확하게 검증을 해도 100% 검증이 되지 않는다면 검증 방법을 단순화시키는 것이 좋다.

해결방안

1. 효과 검증의 필요성부터 검증

왜 제안 효과에 대해서 검증을 할까? 혹시 상금지급 때문은 아닐까? 아니면 제안활동 성과를 나타내기 위해서일까? 만일 상금을 주지 않는다면 효과 검증을 할 필요가 있을까? 또는 활동성과를 나타내는 것이라면 간단하게 해도 되지 않을까?

제안에 대한 효과 검증은 뜨거운 감자이다. 제안을 운영하는 모든 회사가 효과에 대한 검증에 대해서 많은 고민을 한다. 왜냐하면 제안제도의 궁극적인 목표가 효과창출이고 이 효과를 창출하기 위해서 많은 상금이 지급되기 때문이다. 하지만 제안 효과금액에 거품이 있다는 것 정도는 경영자도 이미 알고 있다. 어떤 회사는 제안의 유형효과가 1,000억 원이 넘는데 회사는 적자에 시달리고 있는 웃지 못할 일이 벌어지기 때문에 제안 효과에 대해서는 깊이 신뢰하지 않는다. 주관부서는 이러한 거품을 제거하기 위해서 많은 기업들이 효과를 검증하려는 노력을 하고 있다.

지방에 있는 J기업은 [그림 6-11]과 같은 방법으로 고등급 제안에 대해서 검증을 하고 있다.

또 다른 기업은 6시그마와 연계되어 고등급 제안을 검증한다. 성과를 재무성과와 비재무성과로 구분한 다음, 개선의 결과가 회계상 손익구조 개선에 직접적으로 기여하며 객관적인 측정이 가능한 성과를 재무성과로 구분하고, 기회비용 감축 및 부가가치 창출

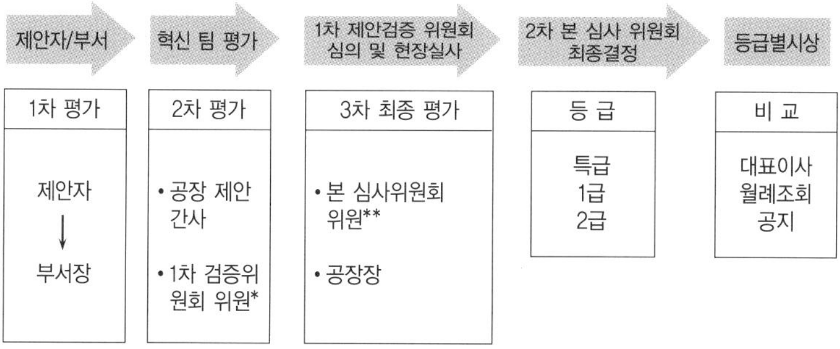

* 1차 검증위원회 : 현업 생산파트장 + 경리과장 + 공무팀장
** 본 심사위원회 : 각 임원(설계, 기술, 공무, 지원본부)

[그림 6-11] J기업 고등급 제안 검증 절차

이 예상되지만 객관적인 측정이 불가능한 성과를 비재무성과로 구분하여 검증하고 있다. 물론 6시그마의 경우 충분한 방법론과 어느 정도 회사에서 시간을 투자하는 분위기가 있기에 가능할 수도 있다. 하지만 제안은 어떤가? 충분한 시간이 부족하고 검증방법론도 거의 없다. 그래서 이 회사도 성과 검증의 대상을 6시그마 과제로만 한정하고 있다.

2. 정확한 검증보다는 활동 자체를 인정

제안 효과의 검증은 많은 비효율을 초래하고 있다. 우선 검증 자체가 어렵다. 또한 100% 검증도 되지 않은 제안을 검증하기 위해서 수많은 사람을 관여시킨다. 과연 그렇게 검증을 해서 무엇을 얻을까? 득보다 실이 많을 것이다.

제안은 직원들이 일을 하다가 문제가 있거나 더 좋은 방법으로 일을 해보려고 시작된 자발적인 것이다. 물론 제안에 대한 상금은 지급이 되지만 필자는 07에서 설명한 것처럼 상금을 낮게 주면 크게 부담은 없다. 만일 상금에 대한 부담도 없고 제안활동이 자율적인 것이라면 굳이 제안에 대해서 검증할 필요가 있을까? 제안은 감사 대상이 아니다. 따지는 대상이 아니다. 잘한 것이므로 따지기보다는 칭찬을 해야 한다.

제안 검증은 칭찬의 의미보다는 따진다는 의미가 더 강하다. 왜 따지는가? 상금이 많기 때문일 것이다. 제안 효과에 대해서 적당한 상금을 주고 적당히 인정을 해준다고 큰 문제가 되겠는가? 고등급 제안에 대해서 검증하라는 법도 없다. 그렇지 않아도 바쁜 직원들한테 제안 검증까지 시키니 일에 대한 부담이 너무 크다. 또한 번 강조하지만 그렇다고 100% 검증되는 것도 아니다.

자율적인 제안활동에 대한 적당한 인정으로 제안효과에 거품이 있다고 해도 무형의 효과 개념으로 인정하고 넘어가는 것이 효율적일 것이다. 검증보다는 활동자체를 인정해서 격려해 주고 칭찬해 주는 것이 오히려 제안이 더 활성화될 것이다.

47

고등급 심의위원회를 어떻게 운영할까?

고민

- 고등급 심의위원회는 무슨 역할을 하나요?
- 고등급 심의위원회 회의 시간이 너무 길어요. 방법이 없을까요?
- 고등급 심의위원회에 대한 단점을 보완하고 싶습니다.
- 제안자들이 고등급 심의위원회에 가서 발표하는 것을 싫어합니다.

원인 및 당위성

성과가 큰 제안이 나오는 경우 기본 상금 외에 인센티브를 주거나 상위 등급을 결정하기 위해서 고등급 심의위원회를 개최한다. 고등급 심의위원회는 한 달에 한 번 정도 개최하는 것이 바람직하지만 성과 있는 제안이 자주 나오지 않아서 대체로 1년 단위로 개최하는 것이 일반적이다. 고등급 심의위원회를 어떻게 개최하는 것이 좋을까?

해결방안

1. 고등급 심의위원회의 목적 인식

필자는 그동안 정부부처 및 일반 기업들에 고등급 심의위원으로 참여한 경험이 많다. 주로 10여 명의 심의위원들이 모여 성과 있는 제안들을 심사하고자 하는 자리이다. 심의 방식은 주관부서에서 일률적으로 전체 제안에 대해서 설명하고 이 중 우수제안을 선정해 달라고 하는 방식도 있지만, 좀 더 열성적인 기업은 제안자들이 자신의 제안에 대해서 활동한 내용을 발표하고 심의위원들이 질문하는 형태로 진행을 한다.

심의위원들의 질문은 매우 광범위하고 날카롭기까지 하여 때로는 제안자들을 당황스럽게 만들기도 한다. 심지어 어느 위원은 자신의 지식을 자랑하듯 제안자와 격렬한 토론을 하면서 끝까지 물고 늘어지는 질문을 하는 사람도 있다. 이렇게 진행을 하다 보니 제안자는 발표자료 및 답변 자료를 준비하려고 밤을 새우게 된다. 때문에 스트레스를 받고 고등급 낸 것을 후회하기도 하고 어떤 직원은 아예 상을 안 받고 말지 발표회는 가지 않겠다고 하는 사람도 있다.

과연 저렇게까지 따질 필요가 있을까? 도대체 왜 심의위원회를 개최하는 것이지?

2. 심의위원회를 포상위원회로 명칭변경

현재 운영되고 있는 심의위원회의 형태를 보면 결국은 고등급 제안에 대해서 누구에게 무슨 등급을 주고 인센티브를 얼마나 줄 것인가를 결정하는 자리이다. 그런데 아이러니하게도 고등급 제안에 대해서 지급하는 상금액이 너무 적다는 것이다. 대부분 10만 원, 20만 원, 30만 원, 50만 원 정도의 상금을 결정하기 위해서 10여 명씩 모여서 심사를 한다. 그렇다면 30만 원, 50만 원짜리를 구분하기 위해서 바쁜 임원들이나 부서장들을 모아놓고 하루 종일 앉아서 발표하고 심사를 한다는 것이 너무 비효율적이라는 생각이 들지 않는가? 심사하기 위해서 들어가는 비용은 상금액의 몇 배가 되는데 너무 형식적으로 운영이 되고 있다.

만일 상금을 결정하는 자리라면 심의위원회라고 하지 말고 포상위원회라고 명칭을 바꿔야 한다. 그러면 처음부터 상금을 주는 방식으로 진행할 수 있고 그동안 나타난 비효율적인 절차들을 많이 생략할 수도 있을 것이다.

우선 진행 방식의 비효율을 줄일 수 있다. 심사를 하는 자리라면 하나하나 꼬치꼬치 따지는 방식이 되지만 포상하는 방식으로 바뀌면 전체 후보 중에서 가장 성과를 많이 낸 것으로 정하면 된다. 필자도 정부 부처나 여러 기업을 다니면서 고등급 심의에 참석을 해보았지만 참석한 위원들이 보기에도 아주 우수한 제안은 한두 개 눈에 띄게 된다. 굳이 발표를 하지 않아도 거의 의견의 일치를 본다. 그러면 한두 개 선정된 것 중 간단한 몇 가지 검토를 한 후 가장 우수한 제안을 선정한다.

다음은 상금액 지급 방식의 비효율을 줄일 수 있다. 기업에서는 고등급 인센티브를 10만 ~ 50만 원 등 너무 여러 등급으로 금액을 구분해 놓았다. 결국 이 등급에 맞는 제안이 어떤 것인지를 결정해야 하기 때문에 많은 시간과 인원이 동원된다. 고등급 금액을 단순화시켜 보면 어떨까? 예를 들면 제안 중 가장 우수한 것 하나를 50만 원에 정한 다음 나머지는 모두 20만 원으로 정하면 모든 것이 간단해진다. 그러면 회의 시간도 1시간 이내면 다 끝날 것이다. 즉, 가장 우수한 것 하나만 선정하고 나머지는 일률적으로 지급하면 모든 것이 빠르고 쉬워진다.

마지막으로 인식의 비효율을 줄일 수 있다. 보통 고등급 심의위원회를 개최한다면 서로 부담스럽다. 회의 주관 부서는 여러 임원들이 참석하기 때문에 준비를 철저히 해야 하고, 제안자들은 발표에 대한 부담감을 갖는다. 무엇보다도 참여하는 임원들의 입장에서는 회의 시간이 너무 길어진다는 것이다. 대체로 긍정적인 인식보다는 부정적인 인식을 많이 갖게 마련이다. 만일 명칭이 포상위원회라고 되어 있으면 심사자리가 아니라 포상을 주는 자리가 되어서 인식 자체가 매우 긍정적으로 변할 수 있을 것이다. 심사자리가 아니라 포상을 주는 축제의 장이 되면 서로 칭찬하고 장점을 끌어내는 자리가 될 수 있고 상금도 받는 기분 좋은 자리가 될 수 있다.

48

제안을 어떻게 활성화시키나?

고민

- 어떻게 하면 제안이 활성화되나요?
- 제안을 활성화하고 싶은데 잘 안 됩니다.
- 제안을 활성화하라고 하는데 방법이 없습니다. 좋은 방법이 있나요?
- 다른 회사의 좋은 사례가 있는지요?

원인 및 당위성

제안을 활성화하기 위해서 많은 기업에서 노력을 해왔지만 제대로 활성화가 되지 않고 정체가 되고 있는 것 같다. 제안이 활성화되지 않은 기업은 제대로 된 방법 및 절차를 거치지 않고 요술처럼 간단한 방법을 동원해서 제안을 활성화하려는 특징이 있다. 제안은 전 직원이 참여하는 활동이기 때문에 쉽게 활성화가 되지 않는다. 제안을 활성화하는 방법을 알아본다.

해결방안

1. 제안 활성화 공개강의 실시

필자의 제안 활성화 교육을 받은 국내의 많은 기업들에서 제안제도가 매우 활성화되는 것을 볼 수 있다. 이들 기업은 그동안 제안이 제대로 활성화가 되지 않고 지지부진했던 제안제도였는데 인당 건수나 참여율이 매우 증가한 것이다.

그동안 필자는 이 책에 기록된 신제안제도의 내용을 기업에 적용시켜왔다. 지금은 필자의 사정상 적극적으로 제안 공개강의를 하진 못하지만 그동안 신제안제도의 성공을 근거로 10여 년 이상 매월 한 번씩은 공개강의를 하였다. 공개강의에 참석한 기업의 수는 평균 10여 개 회사다. 이를 계산해 보면 10년 동안 1200개 정도의 회사가 신제안제도 공개강의를 들었다고 할 수 있다. 이는 국내에 웬만한 기업은 거의 신제안제도를 들었다고 해도 과언이 아니다.

신제안제도를 듣고 나면 세 가지 반응으로 나타난다. 하나는 자기 회사의 제안제도를 신제안제도로 바꾸고자 하는 강한 의지를 보이는 추진자가 있고, 반대로 교육만 받고 적용을 하지 않은 부류들도 있다. 또 한 부류는 교육을 듣고 나서 자체적으로 신제안제도를 적용하여 운영하고 있는 추진자들도 있다. 이 부류 중 첫 번째로 자신의 회사에 신제안제도를 도입한 회사들은 대부분 제안이 매우 활성화되었다.

[표 6-3] 신제안제도 공개강의 시간표

시 간	내 용	비 고
1일차 (09:00~18:00	◈ 왜 제안이 활성화되지 않을까? - 제안을 문제 찾아서 개선하는 것으로 인식 - 제안제도가 70년대 방식으로 운영 ◈ 일과 제안활동과의 관계 정립(제안은 my job) - 제안은 목표를 실행할 때 아이디어를 내는 활동 - 제안하기 위해서 일함 → 일을 하기 위해서 제안함 - 제안-제안활동-제안제도 이해	강의 사례 소개
	◈ 제안하는 접근 방법 - 문제 찾는 개선의 방식(why 방식) - 목표 달성하는 아이디어 방식(how 방식) ◈ 제안의 대상(1) - 제안의 우선순위(my job → 팀 내 → 타 팀 → 회사) - 당연히 해야 할 일을 제안(품질, 보고서, 영업, 개발 등)	강의 사례 소개
2일차 (09:00~18:00)	◈ 제안의 대상(2) - my job idea 이해 및 사례 소개 - 제안 확대(품질 → 업무 → 사람 → 고객) - 업무제안 실습(아이디어 제안/실시제안)	실습 작성내용 feedback
	◈ 제안 심사 이해 - 전체 제안 중 95%는 저등급 제안 - 제안 심사 Model / - 심사의 공정성 이론 소개 - 상황별 제안 심사 방법	
	◈ 제안 전산시스템 소개 - 제안 전산화 방법 - 제안 전산시스템 소개	
	◈ 신제안제도 적용으로 활성화된 사례 발표(A 기업)	사례 소개

2. 제안 활성화 방법

제안을 활성화하는 방법은 일반적으로 원가절감이나 품질향상, 생산성향상 컨설팅처럼 단계별로 추진이 된다. 제안 활성화 단계는 5단계로 이루어진다.

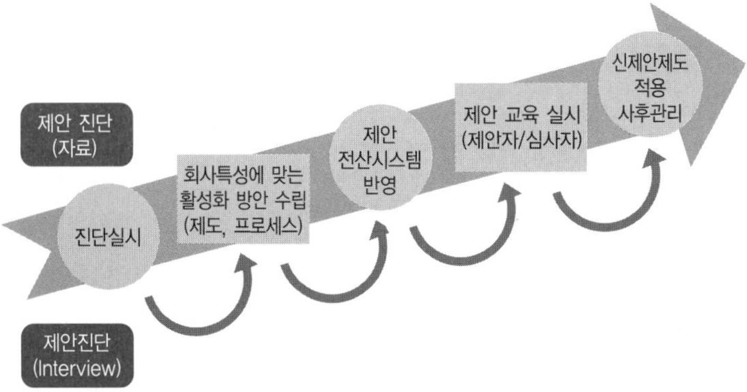

[그림 6-12] 제안 활성화 5단계

1) 제안활동 진단

기업마다 제안이 안 되는 특징이 있다. 왜 제안이 안 되는지를 정확히 진단해야 제대로 된 활성화 방안을 수립할 수 있다. 제안을 진단하는 방법은 제안활동 실적자료 조사와 경영자, 제안자 및 심사자 면담을 통해서 이루어진다. 제안을 진단하는 항목은 제안 리더십, 제안전략 및 방향수립, 성과, 운영시스템, 참여 마인드, 운영전략 등이 있다.

제안을 진단해 보면 그 회사의 제안활동 모습을 레이더 차트로 나타내 주어서 한눈에 수준을 알 수 있도록 해준다. 레이더 차트는

[표 6-4] 제안 진단 항목

진단 항목	세부 내용	비고
리더십	• 경영자의 제안 실행 의지 및 비전 • 경영자의 제안 활성화 지원(사람, 예산 등)	면담 설문조사
전략 및 방향	• 제안 추진체계 및 FRAMEWORK 작성 • 제안 활성화 중장기(3개년) 추진 ROAD MAP 수립 • 제안 중장기 비전 및 방향 • 제안 조직 내 전파 및 타 활동과의 연계성 정립	서류조사
운영시스템	• 제안 추진 조직 구성 및 역할 • 제안 프로세스, 심사방법, 상금 현황 • 초기 아이디어 숙성 방법(전문가, 전 직원 관심) • 채택된 제안의 사후관리 • 평가 및 인센티브 체계 구축 • 제안의 내용 DB화 등 • 제안 교육 운영	서류조사 설문조사 면담
성과	• 운영실적(건수, 채택률, 실시율 등) • 활성화를 위한 제도개선 사례 , 교육실적 • 성과 기여도(매출, 이익 등) • 우수 제안 포상 사례 및 사후관리 등	서류조사
Mind	• 제안 필요성 및 공감대 형성 • 심사 Mind • 심사의 적극성, 신속성, 정확성 등	설문조사

제안을 잘하는 회사와의 격차나 강점 및 약점을 알 수 있다.

2) 회사 특성에 맞는 제안제도 수립

제안진단을 통해서 나타난 강점 및 약점을 분석해서 그 회사의 제안 활성화 방안을 수립한다. 활성화 방안은 크게 제안제도 부분과 교육 부분을 집중적으로 수립하고 추후에 전산화 적용을 위한

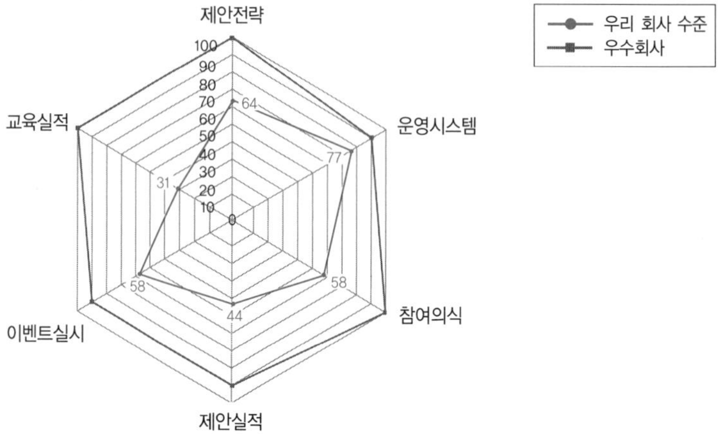

[그림 6-13] 제안 진단 결과 수준 표시

전산설계를 한다.

제안제도는 신제안제도를 그대로 적용한다. 제안 3개년 추진 전략을 수립해 주고 프로세스를 단순화시키며 심사표를 없애고 상금도 낮춘다. 그리고 제안자 및 심사자 교육계획을 수립한다. 마지막으로 제안제도를 전산시스템에 반영하기 위해서 화면설계도 한다.

3) 제안 전산시스템 반영

신제안제도는 전산화를 기반으로 한다. 물론 전산화가 되지 않아도 가능하지만 가능하면 전산화를 하는 것이 좋다. 회사에 맞게 신제안제도를 구축해서 이를 그대로 전산에 반영하도록 화면을 구성해 준다.

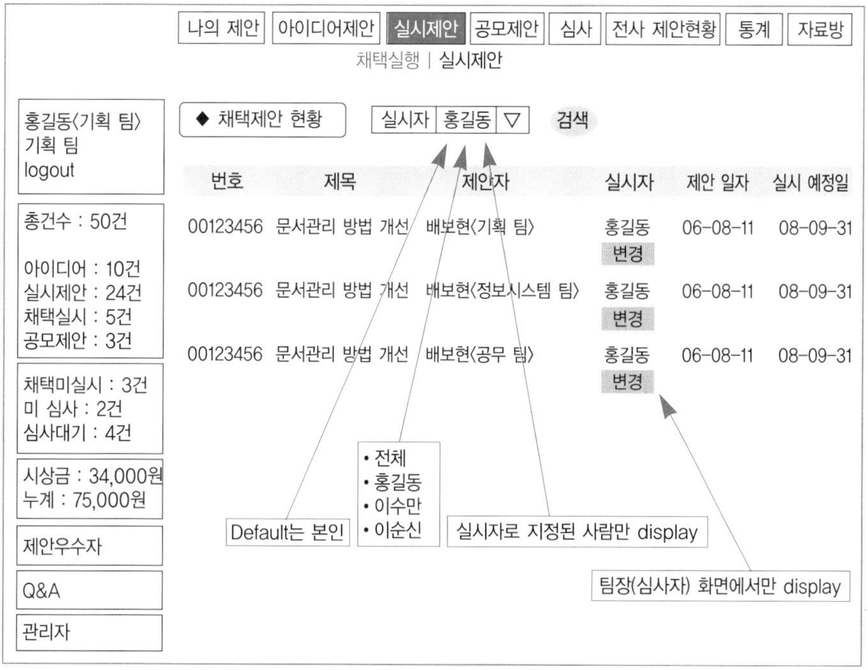

[그림 6-14] 전산화면 설계 사례

4) 제안교육 실시

제안교육은 제안자와 심사자 그리고 제안 리더로 구분하여 실시한다. 제안자 과정은 제안하는 방법 중심으로 구성하고 심사자는 심사하는 방법 중심으로 내용을 구성한다. 제안 리더는 제안자와 심사자의 가교역할을 할 수 있도록 제안 퍼시리테이터(facilitator) 역할 중심으로 구성한다. 필요 시에는 요청에 따라 제안 사내강사 교육을 실시하기도 한다.

[표 6-5] 제안교육 계획

대상자	주요 교육 내용	시간	비고
1.사내 강사	• 신제안제도에 대한 기본 내용 숙지 • 제안 활성화 방법 및 제안의 대상 탐색 • 제안 접근방법(문제발견형/목표달성형) • 유무형 효과 산출방법, 제안서 작성방법 • 제안 심사의 이해 및 제안 리더의 역할 • 제안자 교육방법(핵심 point 도출) • 제안 사내 강사 역할 수행	2 일	• 강의 • 실습 • 발표 및 feedback
2.제안 리더	• 신제안제도에 대한 기본 내용 숙지 • 제안 활성화 방법 및 제안의 대상 탐색 • 제안 접근 방법(문제발견형/목표달성형) • 유무형 효과 산출 방법, 제안서 작성 방법 • 제안 심사의 이해 및 제안 리더의 역할	1~2일	• 강의 • VTR 시청 • 실습 • 발표
3.제안자	• 제안하는 방법 • 제안 접근방법(문제발견형/목표달성형) • 제안서 작성방법 • 심사에 대한 이해	4 hr	• 강의 • 실습
4.심사자	• 신제안제도에 대한 이해 • 제안 활성화 방법 지도 요령 • 팀 목표 달성과 제안의 역할 활용 • 제안자 육성방법 • 제안 심사 요령 및 기본 skill-up	4hr	• 강의 • 실습

5) 사후관리

제안 활성화를 위한 사후관리는 대단히 중요하다. 신제안제도를 도입해서 적용하다 보면 지금까지 해오던 제안 방식이 아니기 때문에 혼란스런 부분도 있고 이해는 하지만 실행으로 나타나지 않는 부분도 있다. 예를 들면 심사표를 없앴더니 심사자들이 많이 힘들어 한다든지 my job idea에 대한 제안을 하지 않는 직원들도 있게 된다. 그래서 처음 신제안제도를 적용한 후 3개월 정도가 지나면 필자가 그동안의 실적과 운영형태, 제안 내용 등을 보고 제대로 자리 잡도록 사후관리를 해준다. 사후관리를 해주면 성과는 바로 나타난다. 사후관리 전후 비교를 해보면 거의 30~40% 제안이 증대된다.

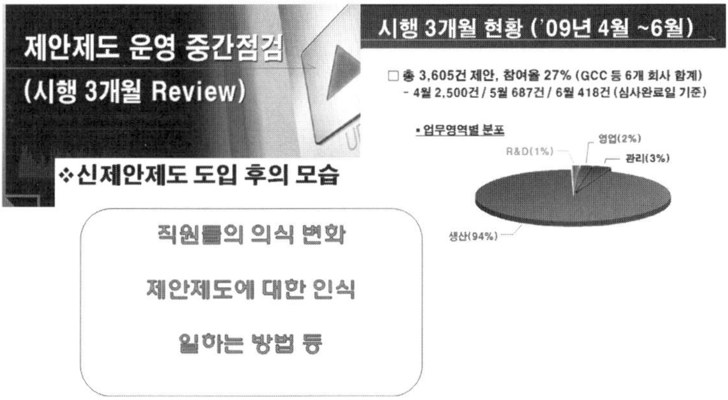

[그림 6-15] L 기업 사후관리 사례

6) CNP경영연구소의 역할

CNP경영연구소(www.cnpi.or.kr)에서는 그동안 신제안제도를 적용하여 성공한 수많은 기업들의 성공사례를 보유하고 있으며, 500여 개 업체를 지도한 제안 활성화 TOOL을 가지고 있다.

제안 활성화를 하려면 전문가의 도움을 받는 것이 좋다. 전문가는 여러 가지 성과에 대한 경험과 자료를 가지고 있기 때문에 제안 활성화에 많은 도움을 줄 수 있다. CNP경영연구소는 항상 제안

[표 6-6] CNP경영연구소 제안 활성화 프로그램

■ 공개 강의

제　　목	기간	대상자	장소
제안 활성화 고민 30 해결방안	1일 또는 2일	제안 추진자 제안 리더 경영혁신 담당자	외부 교육장
고성과 제안제도	1일		
신제안제도 구축 및 제안 활성화 방법	1일 또는 2일		

■ 사내 강의

제　　목	기간	대상자	장소
제안자 과정	2시간 ~4시간	전 직원	사내교육장 별도 제안서 작성
심사자 과정	2시간~4시간	팀장급	
제안 리더 과정	4시간~8시간	대리~과장	
고성과 제안제도	8시간	우수제안자	

■ 제안 활성화 컨설팅

- 내용 : 진단 + 제도 개선 + 전산시스템 도입 설계 + 교육 + 사후관리
- 기간 : 1~3개월
- 제안 활성화 컨설팅 제안서 제공 후 고객사와 협의 후 진행

활성화를 위해서 고객과의 상담 문이 열려 있다.

간혹 제안 추진자들은 어디에서 정보를 얻을 수 있는지를 모르는 경우도 많다. 심지어 제안관련 책이 있는지도 모르는 추진자도 많다. 추진자들은 제안 활성화에 대한 정보를 많이 수집해서 자사의 지지부진한 제안제도를 햇빛처럼 전 직원들에게 환하게 비춰줄 수 있도록 활성화시켰으면 좋겠다.

제7부
신제안제도 적용 활성화 기업사례

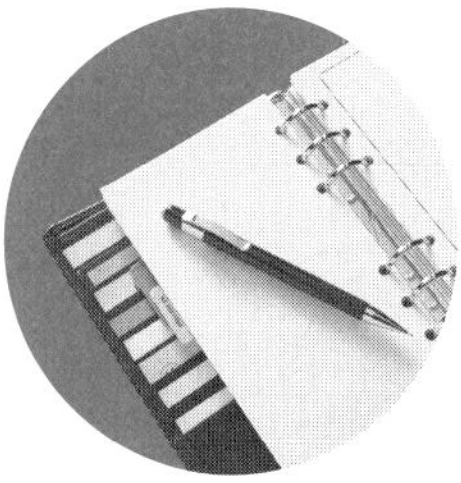

일동제약

1. 회사 소개

일동제약은 1941년 3월 14일 설립되어 1959년 국내 최초의 유산균제인 비오비타 개발에 성공하면서 제약회사로서의 존재감을 널리 알렸으며 1963년 종합비타민제 아로나민을 개발하면서 본격적인 성장가도에 들어섰다.

회사의 주요 품목으로는 아로나민씨리즈, 큐란, 후루마린, 사미온, 메디폼, 라비에트, 후로목스, 비오비타 등이며 1996년에는 사업다각화의 일환으로 유아식 전문업체인 남양산업을 인수, 일동후디스로 재출범시켰다.

이 회사는 인류의 건강과 행복한 삶에 기여하는 초일류 기업을 지향하며 인간존중, 품질경영, 가치창조를 경영이념으로 삼고 있고 신공장을 통해 의약품의 품질을 한 단계 더 업그레이드 했을 뿐만 아니라, 이를 발판으로 글로벌 전략과 수탁사업에 더욱 박차를 가하고 있다.

2. 2003년도에 신제안제도 도입

일동제약은 2003년 7월에 필자로부터 신제안제도의 개념을 교육받고 제안 활성화를 위해서는 신제안제도를 도입해야 한다는 경영자(이정치 부사장, 현재는 회장으로 재직)의 공감대가 형성되어 8월부터 본격적인 진단과 제도 개선 작업에 들어갔다.

제안 활성화 진단을 하였던 이유는 다음과 같다.(2003년 8월 진단보고서 중)

첫째, 일동제약이 제안제도와 관련하여 20여 년 동안 제안활동을 추진하였지만 2000년도를 기준으로 6,299건, 2001년도에는 4,968건 등, 제안 건수가 매년 감소하여 2002년도에는 3,799건(인당 4.6건/년)으로 제안활동이 점차 위축되고 있음.

둘째, 제안활동을 오랫동안 추진했지만 초기 단계에서 일반적으로 발생되는 몇 가지 운영 부작용(강제적 추진, 저가치 제안 급증, 심사 불만 등) 및 직원들의 제안 이해 부족으로 당초 취지 및 경영층의 방침과 의지와는 달리 실망스런 부분도 있음.

셋째, 현재 상태에서의 제안 운영상황을 객관적으로 정밀 진단 후 강점 및 문제점을 도출하고, 강점은 살리고 문제점은 개선하여 제안활동이 실질적인 기업 경쟁력 향상 및 부서 간 Communication 활성화, 참여의식 등에 기여하는 활동이 되도록 하기 위하여 진단을 실시함.

진단을 통해 직원들은 지난번 교육을 통해서 제안에 대한 인식이 많이 바뀐 것을 알 수 있었다. 복잡한 제안절차도 단순화시켰다. 변경된 제안제도는 제2부의 06처럼 아이디어제안과 실시제안으로 구분하여 제안자가 심사자에게 직접 제안하고 심사자는 즉결식으로 심사하는 구조로 바꾸었다. 물론 신제안제도 전산시스템도

교육 전 제안은?	교육 후 제안은?
제안은? • 가치 있는 것만 인정 • 큰 것만 인정 • 결과물 위주의 추진 • 새롭고 기발한 것 강조 • 비용 절감 중심 • 1회성의 일시적 현상 • 단순 이벤트서 추진 • 건수가 별로 없음	**제안은?** • 거창하고 큰 것이 아니라 작은 것도 가능하다 • 자신의 업무도 제안가능 • 가장 편한 것이 제안 • 나도 쉽게 할 수 있다 • 기업에서 가장 필요한 활동이다 • 제안 건수는 매우 많다

[그림 7-1] 신제안제도 기본 교육 후 변한 제안인 인식

[표 7-1] 제안제도 개선 내용

항목	개선 전	개선 후	효과
제안 형태	- Idea 제안	- Idea제안 + 실시제안	- 실시중심으로 전환
제안 대상	-자신의 업무는 제안으로 불인정	- 자신의 업무가 곧 제안	- 업무경쟁력 강화
제안 제출	- 모든 제안은 접수심사자에게 제출 - 접수심사자는 심사부서 지정	- 실시제안 → 자신의 팀장에게 - Idea제안 → 해당팀장에게 - 제안자가 직접 심사부서 지정	- 제안처리 간소화 - 심사부서 아는 것도 자기 계발임
제안심사	- 심사표 사용 - 15일 이내 제안 검토 - 저등급/고등급 판단	- 심사표 폐지 - 즉시 검토(최소 1일) - Idea 제안 : 채택여부 - 실시제안 : 등급결정	- 심사의 간소화 - 팀장에게 위양 - 심사 speed화 - 평가의 현실화
제안 등급	- 고등급 1 등급 : 90점 이상 2 등급 : 80점 ~ 89점 3 등급 : 70점 ~ 79점 4 등급 : 60점 ~ 69점 - 저등급 5 등급 : 50점 ~ 59점 6 등급 : 40점 ~ 49점 7 등급 : 30점 ~ 39점 단순채택	- Idea제안(3등급) 채택 : 실시 가능 참가 : 실시할 수 없는 제안 건의 : 불만, 불평 등 - 실시제안(4단계) 추천 : 분기 포상 추천 우수 : 실시 효과 우수 보통 : 우수와 단순의 중간 단순 : 실시효과가 낮은 경우	- 등급의 간소화 - 등급결정의 신속화 - 특별 포상과 연계

도입했다.

신제안제도를 도입한 후 제안활동은 급격하게 활성화되었다. 공장 중심에서 영업 부문으로 확대가 되어 전 직원이 제안에 참여하게 되었다. 연간 8,000여 건에 불과하던 제안 건수가 2004년에는 44,000여 건으로 괄목할 만한 성장을 하였다. 이후 제안 건수의 흐름은 큰 차이 없이 2009년까지 30,000건대를 꾸준히 유지하고 있다.

[표 7-2] 일동제약 연도별 제안 현황

구분	61기 (03년)	62기 (04년)	63기 (05년)	64기 (06년)	65기 (07년)	66기 (08년)	67기 (09년)
대상인원	915명	965명	1,005명	1,105명	1,120명	1,181명	1,192명
총제안 건수	8,644건	44,651건	42,547건	30,644건	31,860건	34,307건	33,845건
인당 제안 건수	9.5건	46건	42건	28건	29건	29건	28.3건
채택 건수	3,769건	34,759건	33,086건	24,299건	25,645건	26,075건	27,550건

신제안제도 도입

3. 고성과 창출 COP 활동과 연계 추진

필자는 신제안제도가 정착됨으로 인해서 다음 단계인 성과창출 단계를 제시했다. 성과창출 단계는 제안을 무조건 my job idea로 할 것이 아니라 축적된 제안 마인드로 이제는 고성과에 집중을 해서 성과를 얻자는 활동으로 COP 활동을 전개하도록 권했다.

고성과 창출 COP 활동을 추진하기 위해서 각 팀별로 리더를 선발해서 2일간 COP 활동 방법론을 교육시켜 이들이 스스로 고성과 과제를 선정하고 활동을 해서 성과를 창출토록 지도했다. 교육을 받은 리더들은 각 팀별로 영업 부문은 매출초과, 생산 부문은 원가절감, 연구소는 연구활동, 지원부서는 제도 수립 등 각 부문의 특성에 맞게 과제를 하나씩 선정했다.

각 팀의 제안자들은 자신의 업무와 연계해 제안을 하면서 선정된 고성과 과제도 함께 제안하였다. 어느 팀은 고성과 과제를 달성하기 위한 제안들이 100여 건씩 도출되기도 하였다. 자신의 업무와 고성과 창출을 연계시키는 혁신활동을 추진한 것이다.

고성과 창출 COP 활동은 매년 50여 개 팀이 하나씩 선정되어 1년 동안 50개 고등급 과제를 선정, 활동으로 8년 동안 계속 추진하였다. 2011년도에는 팀이 늘어서 76개 과제를 추진하고 있다.

[표 7-3] 일동제약 제안 및 고성과 COP 활동성과 추이

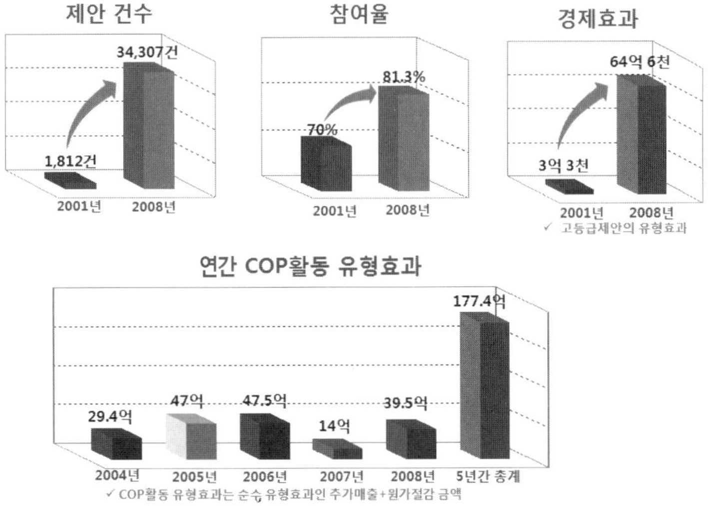

일동제약의 사례를 보면 신제안제도 전후 비교가 어떤지를 명확하게 알 수 있다. 신제안제도가 도입되기 전에는 900여 명이 8,000여 건을 했지만, 신제안제도를 도입한 이후에는 44,000여 건을 해서 5배 정도가 증대되었다. 고성과 창출도 해마다 증대되어 COP 활동을 시작한 2004년부터 지난해(2010년)까지 연 평균 20억~30억 원 정도의 유형효과를 창출하고 있다.

4. 즐겁고 재미있는 제안활동 추진

일동제약은 2009년부터 '나의 일, MBO가 곧 제안활동이어야 한다!' 는 모토로 MBO 제안을 실시하고 있고, '나의 상상과 창의력은 회사 성장엔진 개발에 기여한다!' 는 모토로 신제품 제안, 부서장 제안을 신설하였고, '이를 통해 회사의 이익을 창출하며, 제안은 문화가 된다!' 는 모토로 재미있고 즐거운 제안활동의 정착을

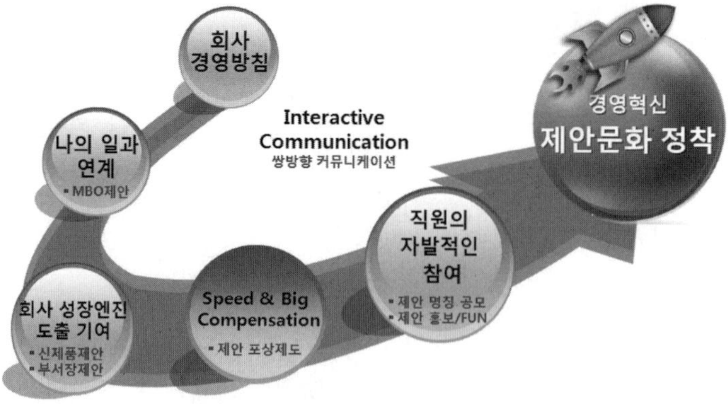

[그림 7-2] 일동제약 제안활동 추진 방향

추진하여 명칭 공모 및 적극적인 보상 제도를 마련하고 있다.

5. 제안 활성화 이벤트 추진

제안 주관부서(인사총무 팀)는 제안 활성화를 지속시키고 재미있는 제안활동을 추진하기 위해서 여러 가지 이벤트를 준비해서 실시하고 있다.

- 제안 명칭 공모: 2009년 새로운 제안 명칭 전사공모를 통해 제안제도에 대한 직원 애착과 공감대를 형성하고, 제안활동의 자발적인 참여 및 의식전환을 유도하기 위함.
- 제안 홍보 및 활성화 독려: 2009년 새롭게 실시하는 성과창출 제안활동인 'MBO 제안, 신제품 제안'의 의미를 직원들에게 홍보하고, 제안지표를 관리함으로써 직원의 제안 마인드를 강화함.
- 재미있는 FUN 제안 시스템 운영: 제안 사이버 복권 지속 실시
- 제안활동과 MBO 연계: 직원의 목표달성을 위한 활동을 제안으로 유도하고, 업무에 대한 몰입을 이끌어 성과창출에 기여함.
- 신제품 제안활동 추진: 제안시스템에 '신제품 관련 제안'을 등록하도록 하여 성장 엔진 개발 추진.
- 부서장 제안활동 추진: 제안시스템에 '부서장 제안'을 구축하

여 부서장 업무 노하우의 활용

- 즉각적이며 파격적인 보상 실시: Speed & Big Compensation 지속 실시

좋은사람들

1. 회사 소개

좋은사람들은 1993년 5월 1일 내의 제조 및 판매를 하는 회사로 출범을 하였으며 현재는 윤우환 대표이사가 경영을 책임지고 있다. 이 회사는 좋은사람들이란 이름보다는 '보디가드' 라는 이름으로 많이 알려졌으며 종업원 수는 약 480여 명이다.

회사의 주요 브랜드는 보디가드, 예스, 섹시쿠키, 제임스 딘, 돈앤돈스, 리바이스 등이 있다. 해외 거점으로는 중국, 마카오, 미국, 개성공단 등이 있다. 또한 2010년에는 '최고의 품질', '최고의 시스템', '최고의 인재' 로 고객만족 극대화를 비전으로 설정하였으며 기본 가치는 START(Speed, Talent, All for customer, Renovation, Trust)라는 모토로 변화를 추구하고 있다.

2. 마일리지 경영과 기존 제안제도

좋은사람들은 이미 조직의 변화를 꾀하기 위해서 '마일리지 경영' 이란 것을 도입하여 운영하고 있다. '마일리지 경영' 은 성과에 대한 평가를 지속적이며 누적으로 기록하여 조직원들이 기록달성을 위한 도전정신을 이끌어내고 조직에 활력을 불어넣는 수단으로 도입되었다.

[표 7-4] 좋은사람들의 마일리지 경영 제도 개요

■마일리지 제도의 가치

- 일의 연속선상에서 성과에 대한 평가 역시 지속적이며 누적적인 기록을 대상으로 함이 바람직
- 마일리지 제도는 조직원 개개인의 기록달성을 위한 도전정신을 끌어낼 뿐만 아니라 조직에 활력을 불어넣는 수단으로 사용
- 또한 부가급이 아닌 성과에 대한 보상의 형태로 임금제도와 연계, 일에 대한 재미와 흥미를 유발시키고 성취의식을 북돋음

■마일리지 제도의 활용

- 일의 성과를 점수화하여 눈으로 직접 보면서 성취감을 느끼게 하고 일 자체를 즐길 수 있도록 다양한 프로그램에 활용
- 제안 마일리지, 학습 마일리지, 칭찬 마일리지, 지식 마일리지, 이벤트 마일리지 등 다양한 프로그램에 마일리지 제도의 적용
- 이러한 마일리지 제도의 가장 중요한 Point는 구성원의 조직내 다양한 활동을 계량화하여 평가 또는 보상 지표로 활용이 가능하다는 점임

3. 2009년 신제안제도 및 마일리지 경영 포털 시스템화

기존 추진하고 있었던 마일리지 경영을 체계화시키고 조직원들의 자발적인 참여를 이끌어내기 위해서 2009년 8월에 신제안제도를 도입했다. my job idea를 기반으로 한 신제안제도는 좋은 사람들 담당자가 기존에 추진하고 있던 방식의 한계를 느껴 새롭게 변화를 도모하고자 할 때 필자에게 공개강의를 듣고 '바로 이거다!' 하면서 희망을 주었던 제도이다.

신제안제도는 기존에 추진했던 창의제안을 획기적으로 단순화시켰고 my job idea의 개념을 추가했다. 물론 제안제도도 단순화시켰다. 그리고 조직의 변화를 꾀하는데 주요 수단으로 활용을 하고자 했다.

회사는 신제안제도를 도입하면서 기존에 추진했던 '마일리지 경영'을 한 단계 업그레이드시켜 조직문화 개선을 위한 칭찬하기,

■新제안제도의 추진 방향

• 회사의 경영목표 달성을 위한 나의 업무를 개선하는 것이 곧 제안이므로 제안을 통해 생각하며 변화를 이끄는 주체자로서 업무를 하게 되어 지식경영 확산과 기업경쟁력 강화에 목적을 둠

명확한 제안목적과 방향성 제시	프로세스 및 평가제도 보완	제안 활성화 방안 유도
제안의 목적 : 회사의 경영 목표 달성 제안의 방향성 : 나의 일 개선이 곧 제안 제안의 개념 변화	나의 일(My Job)의 개선이 곧 제안 ▶ 일반제안의 경우 팀장 즉결 평가 高등급 제안의 경우만 별도 평가위원회를 통한 객관적 평가 팀장의 리더쉽 제고	제안 처리 시스템 구축(IT) 심사자, 제안리더 중심의 교육 강화 제안 System 구축
• 회사 일이 내 일이라는 주인의식 증대 • 적극적인 업무 처리 자세와 자기계발 활성화 • 임직원 참여증가와 제안의 실효성 증가 • 정보, IDEA 등 지식 경쟁력 제고 • 제안의 일상화를 통한 혁신의 체질화	• 팀내 업무 결정의 신속화 • 업무의 투명성 확보 • 팀장의 리더쉽 및 업무전문성 증대 • 팀장과 팀원간 커뮤니케이션 향상 • 노사간 갈등요인의 사전 제거(기록문화)	• 제안현황 및 통계관리 지원 • 교육을 통한 新개념제안의 정착 • 업무에 즉시 반영 가능한 실시제안 중심의 제안 유도
기 대 효 과		

[그림 7-3] 좋은사람들의 신제안제도 추진 전략

[그림 7-4] 좋은사람들의 플러스 알파 포털시스템

COP, 지식, 이벤트, 나눔 ,학습과 신제안제도와 통합한 일곱 가지의 플러스가 되는 '플러스 알파' 라는 포털시스템을 구축했다.

4. 제안활동 활성화 변화

신제안제도를 도입하기 전에는 제안 처리시간도 길었고 제안인정 미흡 등으로 제안자들의 불만이 많았다. 또한 자신의 업무와 관련이 없는 타 부서 업무 위주로 제안을 했으며, 더 나아가서 제안이 내부 고발이라는 부정적인 인식을 갖게 되었다. 이로 인해서 제안 건수는 월 30건 내외였으며 참여율이 20%도 안 되는 그야말로 유명무실한 제도로 운영이 되고 있었다.

필자는 먼저 직원들에게 제안에 대한 인식을 바꾸라고 요구했다. my job idea 개념을 소개하면서 타 부서 제안보다 내 업무를 먼저 제안하라고 했으며 문제를 찾는 개선의 방식보다는 업무 목표를 달성하기 위해 제안하는 목표달성형 제안을 적용하라고 했다. 또한 직원들과 고객을 상대로도 제안이 가능하다는 등 이 책에 기록된 내용들을 중심으로 교육했다. 물론 심사자들도 별도로 신제안제도 개념 및 심사방법 등을 교육하였다.

신제안제도를 도입한 이후 제안활동은 급격하게 변화하기 시작했다. 제안 건수가 월 400건씩 되었으며 협력사 그룹으로도 확대되기 시작했다.

[표 7-5] 신제안제도 도입 전후 활성화 비교

■ 신제안제도 도입 전

창의 · 제안제도 실적

기간 : 2009.05.06~07.19

구분	5월	6월	7월	누계	8월 이후	비고
건수	16건	80건	29건	125건		제출기준
참여인원	10명	52명	22명	65명		
인당건수	1.6건	1.5건	1.3건	1.9건		참여자 인당 건수
참여율	2.9%	15.3%	6.5%	19.1%		참가대상자 340명 기준

■ 신제안제도 도입 후

1 Plus Alpha를 통한 新제안제도의 실적

해당 기간 누적 건수

기간 : 2010.01.~2010.10

구분	총인원	칭찬	제안	CoP	지식	학습	이벤트	기부
좋은사람들	391	3,573	4,450	8	128	451	60	111
협력사그룹	437	2	57	0	0	0	0	0
계	828	3,575	4,507	8	128	451	60	111

- '협력사그룹' 그룹이라 함은 당사 대리점, 봉제처, 파견사 등 당사와 이해관계를 같이하는 업체를 이름.
- 협력사그룹으로의 확장은 당초 2011년으로 계획하였으나 자연스럽게 구전을 통해 일부에서 활용하기 시작

해당 기간 누적 참여율

기간 : 2010.01.~2010.10

구분	총원	칭찬		제안		학습		이벤트	
		참여수	비율(%)	참여수	비율(%)	참여수	비율(%)	참여수	비율(%)
좋은사람들	391	337	86.2	342	87.5	221	56.5	47	12.0

5. 신제안제도 및 '플러스 알파' 추진 성과

신제안제도 도입과 더불어 '플러스 알파' 시스템 구축을 통해서 회사는 다음과 같은 성과를 얻었다.

첫째, 조직 활성화를 통한 성과 창출이다. 신제안제도를 통해서 커뮤니케이션 증대, FUN, 공유 및 공감, 칭찬, 배려, 소속감 등을 얻었다. 또한 제안을 통한 단기 · 일시적 · 부분적 성과창출이 아니라 다양한 조직 내 활동(=일곱 가지 플러스 알파)을 장려하고 활성화시킴으로써 전반적인 기업문화의 성숙을 유도했다.

둘째, 직원들의 업무 경험을 축적했다. 자신의 일을 제안함으로써 업무처리 방식 및 아이디어를 공개하고 이를 다른 사람이 활용하는 방식의 기초적이지만 효과적인 지식경영 추진이 가능해졌다.

셋째, 회사의 주요 모토인 인재경영을 실현하고 있다. 제안 및 학습, 칭찬 등의 프로그램은 개인의 보유 역량을 오픈시켜 인재의 가시성 획득이 가능해졌으며, 또한 '오픈(Open)'이 가져다주는 자연스런 경쟁 심리를 통해 개인별 역량이 강화되는 계기가 되었다.

여천NCC

1.회사 소개

한국의 석유화학 산업을 선도하면서 21세기 초일류 기업을 지향하는 여천NCC㈜는 품목전문화, 대형화, 핵심 사업으로의 집중을 통해 국제경쟁력을 갖춘 아시아 최대의 NCC(Naphtha Cracking Center:석유화학 기초원료 생산시설)업체로 초석을 다지고 나아가 세계적인 석유화학 회사로 성장하기 위해 1999년 12월 29일 한국의 석유화학을 선도해 왔던 대림산업과 한화케미칼의 NCC 부분과 모노머(Monomer) 부분이 통합되어 탄생하였다.

여천NCC㈜는 원료인 나프타(Naphtha)를 열분해하여 석유화학의 기초 원료를 생산하는 국내 최대의 NCC업체로, 주요 생산품은 에틸렌을 비롯하여 프로필렌, 벤젠, 톨루엔, 자일렌, 스티렌모노머(SM), 부타디엔(BD) 등이 있다.

여천NCC㈜는 인간과 환경을 무엇보다도 소중히 생각하는 기업이다. 인간 중심의 경영으로 좋은 제품을 생산하고 기업활동을 통하여 사회에 기여함으로써 기업의 사회적 책임을 충실하게 이행하고자 노력하고 있으며, 환경 친화적인 경영으로 하나뿐인 지구를 지키고 인류의 삶의 질을 높이고자 기업 경영이 자연의 일부분이 되도록 적극 노력하고 있다.

2. 2004년도 신제안제도 도입

회사 창립과 더불어 제안제도를 시행하였으나 임직원들의 무관심으로 제안제도가 유명무실한 제도로 전락하게 되었다. 더구나 2001~2002년도에 있었던 노사분규의 영향으로 제안활동은 더욱 침체될 수밖에 없었고 실적 또한 매우 저조하였다.

필자는 2003년 하반기 회사가 다소 안정을 되찾아감에 따라 제안 활성화를 위해서 심사자교육을 실시하게 되었다. 산청연수원에서 3차에 걸쳐 전 부서장을 상대로 '제안 심사자 능력향상 과정'을 교육하였다. 이때 교육한 내용이 바로 이 책에 설명된 '신제안제도' 였다. 이 교육을 통해서 심사자들의 호응과 경영자의 관심,

[표 7-6] 여천NCC 연도별 제안 추진 실적

연도	총 등록 건수(건)	인당 건수(건/인)	참여율(%)
2000년	124	0.16	10.3
2001년	607	0.85	28.7
2002년	765	0.83	21.6
2003년	839	0.9	26.1
2004년	21,682	22.7	74.3
2005년	28,709	30.3	76.1
2006년	4,323	4.6	42.0
2007년	2,260	2.5	25.0
2008년	11,894	13.1	53.0
2009년	9,461	11.0	54.6
2010년	6,632	8.0	55.0

신제안제도 도입

지원하에 2003년 말 제도 개선을 위한 컨설팅을 실시하였다.

이를 토대로, 2004년 1월 1일 '신제안제도'를 도입하여 운영한 결과 제안 등록 건수 및 직원 참여 등이 괄목할 만한 성장을 하게 되었고, 그 후에도 꾸준하게 약진하는 모습을 보여 2004~2005년 한국제안활동협회에서 주관하는 한국아이디어 경영대상을 2년 연속 수상하게 되었다. 2006~2007년 노사관계의 악화로 인하여 제안활동이 침체되기도 하였으나, 2008년 노사관계가 안정화되면서 다시 예전의 모습을 되찾고 있는 실정이다.

3. 제안 활성화 요인

여천NCC가 제안이 활성화된 요인은 다음 몇 가지의 핵심이 있었다.

첫째, 제안관리시스템의 접근성이 용이하다.

새롭게 구축된 신제안제도가 누구나 쉽게 접근할 수 있도록 그룹웨어에 메뉴를 만들어 업무를 하면서도 쉽게 제안을 할 수 있도록 접근성을 높였다.

둘째, 사용자 중심의 시스템 인터페이스를 구축했다.

신제안제도 전산시스템은 철저하게 사용자 중심으로 구축해서 최소의 클릭으로 작업하도록 하였다. 또한 입력을 최소화했고 직원들이 제안하는 모든 처리 과정이 실시간으로 공개가 되도록 만들었다.

셋째, 제안프로세스(작성, 등록, 심사, 조회 등)를 단순화하여 사용이 편리하도록 만들었다.

제안제도를 재구축할 때 그동안 문제점이 되었던 장기 처리 프로세스를 단순화시켰으며, 심사표도 폐지시켰고 제안자가 심사자를 직접 지정하고 심사자는 즉시 심사를 해주는 방식으로 만들었다.

넷째, 업무와 제안이 동일하다는 인식이 확산되었다.

과거 제안은 업무와 별개의 side job이 되어서 타 부서 중심으로 제안을 하다 보니 채택률도 낮았고 제안제도 자체가 활성화되지 않았는데, '신제안제도'는 직원들에게 자신의 업무가 곧 제안이라는 my job idea의 인식을 갖도록 했기 때문에 누구나 자신의 업무에 대해서 제안을 하게 되었고 이로 인해서 제안이 매우 활성화되었다.

다섯째, 심사자에게 지속적으로 '제안 심사자 능력향상 과정'을 교육했다.

1년에 한 번 이상 심사자를 W/B 교육관 또는 외부 교육시설에서 제안 심사에 관한 교육을 지속적으로 교육했다. 이 자리에서 그동안 심사를 하면서 느꼈던 문제점이나 애로사항 등을 해결하였으며, 실제 사례를 놓고 심사자들에게 심사방법 등을 토론시키는 등 실무적인 교육을 지속했다.

4. COP 및 지식경영으로 확산

신제안제도가 정착됨으로써 팀 활동을 전개하고 직원들의 아이디어를 지식화하는 지식경영을 추진하였다. COP활동은 조직 내에 발생하는 여러 가지 과제를 해결하는 활동이며 지식경영은 회사의 핵심역량을 발굴해 지속적으로 지식을 모으려는 활동으로 시작되었다.

제안제도와 COP 활동, 지식경영의 연계로 신제안제도는 더욱 활성화되었다.

5. 신제안제도 적용 성과

신제안제도를 도입함에 따라 직원들이 제안활동에 긍정적이고 적극적인 참여의식이 고취되어 참여율이 높아졌다. 또한 my job

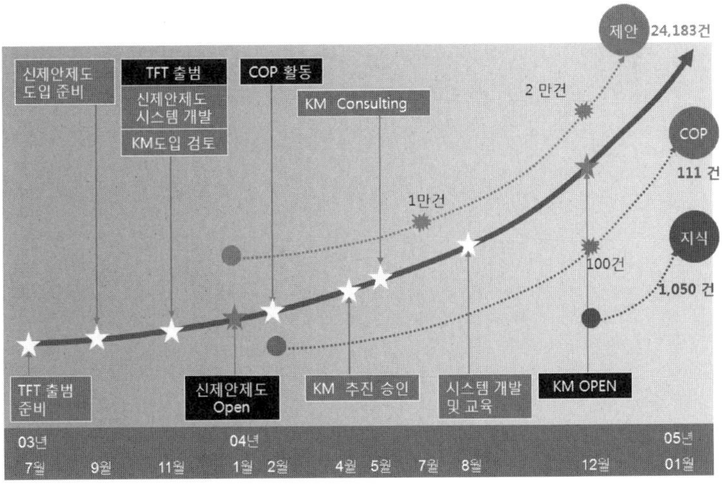

[그림 7-5] 여천 NCC 제안, COP, 지식경영 현황

idea를 통해 자신의 업무에 더 충실하고 적극적이고 능동적으로 참여하게 되었다. 조그만 일에도 문제의식을 가지고 공정개선 및 현장개선으로 생산성 향상에 기여하게 되었고 근무에 보람을 느끼고 애사심이 커졌으며 조직 간 커뮤니케이션의 증대로 조직 활성화에 기여하게 되었다.

바텍

1. 회사 소개

2002년 국내 최초의 Digital X-ray를 개발한 바텍은 치과용 디지털 X-ray 장비를 통해 국내 시장을 선도하는 기업이다. 2005년 파노라마, CT, 세팔로 기능이 통합된 세계 최초의 3 In 1 신개념 장비를 치과 시장에 출시하였으며, CT 전문 장비 출시를 통해 시장을 장악하였다. 또한 제품 Full Line up을 통해 제품 경쟁력을 강화하였다. 또한 선진국을 중심으로 13개 법인을 설립하였으며, 성장 국가를 중심으로 세계 70여 개의 국가에 대리점 설립 등을 통해 세계 시장 영업 네트워크 구축으로 세계 시장을 선도하고 있고 2006년에는 코스닥 상장의 기업 공개를 통하여 투명한 경영 환경을 만들고 있다.

바텍은 글로벌 기술 트렌드를 선도하는 디지털 X-ray 기술력을 바탕으로, 2013년에는 글로벌 덴탈 부문 해외 수출 2억불 달성을 통해 글로벌 시장점유율 1위 달성과 2015년 매출 5,000억 원 달성으로 의료기기 영역에서의 글로벌 Major회사로 발돋움하고자 노력하고 있다.

2. 2009년 신제안제도 도입

바텍은 2009년 목표관리 시스템인 MBO 컨설팅을 통해 개인별 업무목표를 수립한 후 이를 달성하는 수단으로 제안제도를 선택하게 되었다. 하지만 기존 제안제도는 역시 공장 중심의 제안제도로서 많이 활성화되지 못했다. 필자는 경영자를 만나서 제안에 대한 여러 가지 이야기를 하였으며, 신제안제도로 가야 한다고 강조하

[표 7-7] 바텍 신제안제도 도입 및 추진 일정

항목/월	2009							2010					비고
	6	7	8	9	10	11	12	1	2	3	4	5	
제도도입/ 운영안 수립	→	→	→										• 연간 목표, 예산 등 운영방안 수립
제안교육 – 임원 – 심사자 – 제안자		→	→										• 사업장별, 역할별 교육 실시
시스템 OPEN		→	→										• 8월 10일 오픈 계획
분기 포상					→					→			• 분기별 포상
사후 관리						→				→			• 제안리더 교류 • 운영 진단 및 보완
사례발표 및 연 포상								→					• 사례발표대회로 모범사례 전파 및 동기부여
활성화 이벤트				→									• 오픈 이벤트 실시
홍보 (사보 등)				→								→	• 사보 등 홍보 지속

였다.

2009년 본격적인 신제안제도 컨설팅이 이루어졌다. 제도를 과감하게 바꾸었고 중장기 계획도 수립했다. 임원 및 심사자, 제안자 교육을 실시했다.

3.신제안제도 추진 실적

신제안제도를 도입한 후 6개월 만에 인당 제안 건수는 15건으로 비약적인 향상을 가져왔다. 실시율도 40% 정도로 매우 높아졌다.

[표 7-8] 바텍 제안 건수 현황

부서	인원	총건수	인당 건수	아이디어(건)	실시(건)	실시율	비고
바텍	269	3,625	13.5	1,147	2,060	57%	
이우 테크 놀로지	184	4,118	22.4	1,834	1,220	30%	
바텍 코리아	112	665	5.9	407	216	32%	
합계	565	8,408	14.9	3,391	3,512	42%	

현재의 바텍의 연간 인당 건수는 2009년 13.1건, 2010년 21.5건, 2011년 6월 말 현재 15.2건으로 매우 높은 수준의 제안 실적을 나타내고 있다.

4. 분임조, 5S 활동과 연계 추진

바텍은 혁신활동을 분임조 활동, 제안제도, 3정 5S 활동을 추진하고 있다. 이들 혁신활동의 특징은 별개로 추진하는 것이 아니라 상호 연계하여 추진하고 있다. 분임조 활동에서 도출되는 의견 및 문제 해결을 위한 아이디어 등은 제안시스템에 등록하여 제안 평가를 통해 실행하고 있다. 이로 인해 2010년 제안 건수 및 참여율이 급격하게 증가하게 되는 계기가 되었다.

또한 3정 5S 활동 중 개선 사항을 실시제안으로 등록하여 3정 5S 활동에 대해서도 평가를 통해 시상을 하고 있다. 타사와는 달리 혁신활동을 연계하여 활동이 서로 상관성 있게 추진하도록 하고 있다. 과거 분임조에서 논의되는 아이디어는 분임조에서만 인정되는 분위기였으나, 제안제도와 연계함으로써 분임조 회합활동을 활성화시키고 회합 시 활발한 토의 문화를 유도할 수 있었다. 5S 활동 역시 제안제도의 연계를 통해 자발적인 활동으로 유도하게 되어 작업자 주도의 3정 5S 활동을 실시하고 있다.

5. 향후 제안제도 발전

바텍은 2009년에 처음 신제안 시스템을 도입한 이래 초기에는 양적 활동에 중점을 두었다. 제안활동의 체질화를 위해 사소한 제안이라도 제안으로 인정하여 작업자가 부담 없이 제안 시스템에 등록하도록 하였다.

2011년 하반기부터는 제안활동의 질적 향상을 도모하고자 한다. 우수한 제안을 발굴하여 제안 평가위원회를 마련 Cross Function의 제안 평가를 통해 제안 실행력을 높인다. 각 부분별 제안을 평가하여 제안을 실행하기 위한 방법을 논의하고, 제안 실행계획을 수립하는 등 제안을 과제화하여 강력한 제안 실행 프로세스를 구축한다.

우수제안으로 등록된 제안과제는 철저한 실행 트래킹(Tracking)을 통해 제안과제를 100% 달성할 수 있도록 관리하도록 하며, 완료된 제안에 대해서는 유무형 효과 평가를 통해 제안을 통한 성과를 피드백한다. 또한 제안 성과에 대해서는 효과 금액에 일정 비율에 대해서는 포상금으로 지급한다.

코스틸

1. 회사 소개

코스틸은 1977년 설립 이래 연강선재를 기반으로 2차 선재가공제품에 이르기까지 연강선재 시장의 50% 이상을 점하며, 지속적인 연구개발과 다양한 제품 경쟁력으로 지난 30여 년간 한국의 연강선재 산업 발전에 공헌하고 있다.

주요제품으로는 1차 원자재인 선재제품과 2차 가공제품인 이형철선, 보통철선, 철못, 소둔선, 슈퍼데크 등 다양한 제품군을 이루고 있다.

2. 2008년 신제안제도 도입

코스틸은 경영자(박재천 회장)가 제안에 대해서 많은 관심을 가지고 있으며, 관심만큼이나 상금도 아끼지 않고 통 큰 지원을 하였다.

통 큰 제도가 만들어졌지만 자체 추진으로 인하여 다른 회사에서 나타나는 운영의 문제점이 그대로 노출되었다. 제안자는 제안처리 소요시간이 과다하다는 불만을 하였고 심사자는 저급제안 다발과 모호한 내용, 본인 업무 외에 가중되는 심사업무에 대해서 불만을 가지게 되었다. 제안 프로세스 또한 복잡하여 제안서 양식은

[표 7-9] 코스틸 신제안제도 초기 안(포상부분)

종류	등급	기준	시상내용	비고
아이디어 제안	채택	아이디어대로 실시 가능	2만 원/건	
	참여	아이디어는 좋은데, 실시 불가능한 제안	1만 원/건	불채택
	건의	자신의 아이디어가 포함되지 않은 제안 (건의, 불만, 비판 등)	5000원/건	불채택
실시제안	추천	실시효과가 커서 고등급 제안으로 추천	50만 원/건	
	우수	실시결과가 양호하고 우수한 제안	30만 원/건	
	보통	실시결과가 일반적으로 낮은 수준의 제안	20만 원/건	
	단순	실시결과가 기대치보다 이하이거나 단순한 경우	5만 원/건	

구분	기준	시상내용
월 제안 MVP	당월 최고 상금 수상자	상금 100만 원, 인사고과 1점
연 최우수 제안왕	연 최대 성과 제안자	상금 5,000만 원, 유형효과 10%, 인사고과 5점
연 최다 제안왕	연 최다 채택 제안자	상금 500만 원, 인사고과 3점

개선 전 · 후 비교를 하는 70년대 방식이었고 검증 가능한 산출 근거를 요구하였다. 제안 심사표는 항목이 많고 주관적 평가가 대부분인데도 저가치제안도 일일이 심사표에 의한 심사를 하도록 하여 업무 가중이 되었다. 이러다 보니 전체적으로 일부 인원을 제외하고는 참여율이 저조하였고 자신의 업무와 관련 없는 안건 위주 제안으로 전문성이 결여되는 한계를 들어냈다.

자체적으로 추진을 했지만 잘 되지 않았기 때문에 이제는 더 이상 자체적으로 추진할 것이 아니라 전문가의 도움을 받아서 추진하자는 공감대가 형성되었다. 그래서 필자의 지도를 받아 상금부분을

[표 7-10] 코스틸 신제안제도 상금부분(최종)

등급별 포상

구분	등급	시상금	비고
아이디어 제안	채택	3,000원	
	참가	2,000원	
	건의	500원	
실시제안	추천	10만 원	
	우수	5만 원	
	장려	5,000원	
	보통	3,000원	
	단순	500원	

등급별 포상

구분	등급(인원)	시상금	비고
매월	제안왕(1)	30만 원	
	창조왕(1)	20만 원	
	상상왕(1)	10만 원	
연	대 상(1)	1,000만 원	
	금 상(1)	500만 원	
	매출향상(1)	150만 원	
	원가절감(1)	150만 원	
	체질개선(1)	150만 원	

대폭 하향 조정한 신제안제도를 본격적으로 도입하게 된 것이다.

신제안제도 컨설팅은 경영자의 면담과 본사 및 공장(음성, 포항 등)을 방문하여 진단을 하였고, 제도를 보완한 후 전 직원을 차수별로 나누어 교육을 실시하였다.

[표 7-11] 코스틸 제안 활성화 교육 계획

구분	일자	대상		인원
제안자	11월 3일	본사	임직원	56명
심사자	11월 3일	본사	임직원	12명
심사자	11월 4일	포항2공장	임직원 및 협력업체	4명
제안자	11월 4일	포항2공장	임직원	52명
제안자	11월 5일	포항1공장	임직원	53명
심사자	11월 5일	포항1공장	임직원	6명
제안자	11월 5일	포항1공장	임직원	37명
심사자	11월 7일	음성3공장	임직원 및 협력업체	2명
제안자	11월 7일	음성3공장	임직원 및 협력업체	61명

3. 신제안제도 도입 성과

신제안제도를 도입한 후 제안 실적을 보면 괄목할 만한 성장을 이루었다. 우선 건수는 2009년 목표는 3,000건이었지만 5월까지의 실적만으로도 이미 목표를 넘어 9,200건 정도로 올랐고 참여율 또한 90.3%를 나타내어 거의 전 직원이 골고루 참여하는 형태를 나타냈다.

[표 7-12] 코스틸 제안 실적(2009년 1월~5월)

부문	참여율(%)	총제안 건수	아이디어제안	실시제안	비고
경영기획 부문	94	1,265	233	982	
철강재 유통 부문	85	414	38	376	
GSN	100	216	52	164	
음성공장	100	3,088	346	2,742	
광주공장	73	194	51	143	
포항 1공장	92	3,181	575	2,606	
포항 2공장	68	934	54	880	
계	93	9,242	1,349	7,893	

신제안제도는 코스틸의 대표적인 혁신활동으로 현재는 상생뱅크로 명칭을 변경하여 설비개선, 원가절감, 생산량 확대, 판매량 확대, 업무효율화 등에 누적 총 76,000건의 제안 실적과 전 직원 85%의 참여율로 약 70억 원의 유형효과를 창출하고 있다.

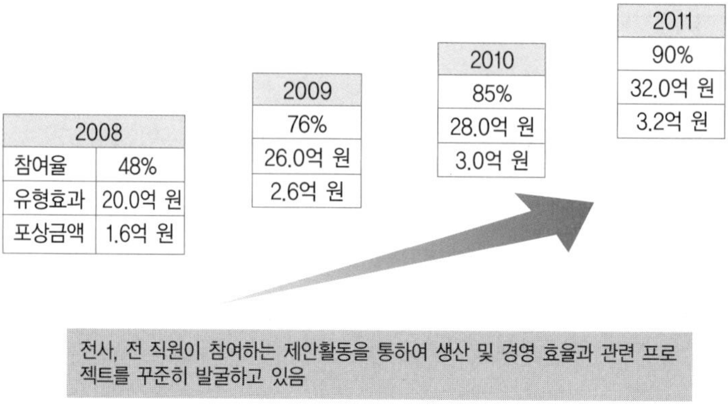
2008
참여율 48%
유형효과 20.0억 원
포상금액 1.6억 원
2009
76%
26.0억 원
2.6억 원
2010
85%
28.0억 원
3.0억 원
2011
90%
32.0억 원
3.2억 원
전사, 전 직원이 참여하는 제안활동을 통하여 생산 및 경영 효율과 관련 프로젝트를 꾸준히 발굴하고 있음

[그림 7-6] 코스틸 상상뱅크 성과 추이

4. 향후 제안활동 추진 방향

상상뱅크인 신제안제도는 향후 2012년까지 중장기적으로 참여율 95%의 총제안 건수 50,000건을 목표로 하고 있다. 2010년에

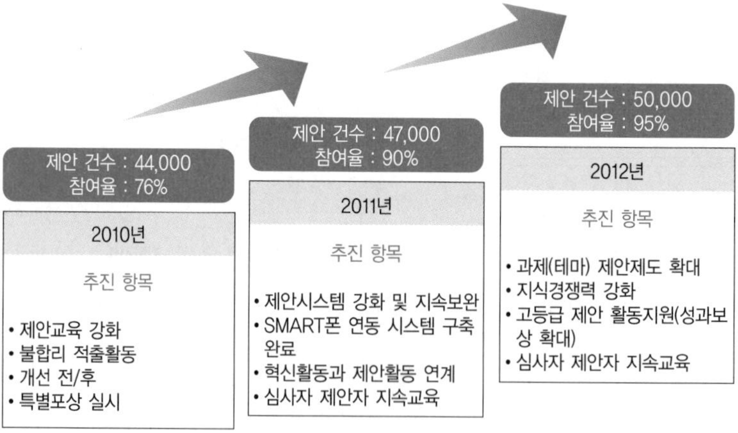

[그림 7-7] 코스틸 상상뱅크 추진 전략

는 제안교육을 업그레이드시키고 2011년에는 스마트폰을 연계해서 제안을 하도록 할 계획이다. 2012년에는 테마 제안을 확대해서 지식경쟁력을 강화하는 것을 목표로 하고 있다.

한국서부발전

1. 회사 소개

한국서부발전은 전력자원의 개발 및 발전사업, 연구, 기술개발, 부대사업의 설립 목적으로 2001년 4월, 전력산업의 경쟁력 강화를 위해 한국전력공사로부터 분리, 설립된 6개 발전회사 중의 하나로, 현재 국내 총 발전설비의 약 10.7%인 8,404MW의 설비를 보유, 운영하고 있다.

태안발전본부에서는 총 4,000MW의 유연탄 발전기 운영을 통해 저원가의 전력을 안정적으로 공급하고 있으며, 수도권에 위치한 평택과 서인천에서는 총 3,680MW의 중 유화력 및 LNG복합화력을 적시에 기동 정지함으로써 서울 · 경기 일원의 안정적인 전력계통 운영에 크게 기여하고 있다. 군산에서는 국내 최고 효율의 LNG 복합화력 설비를 지난 5월에 준공하여 운영을 시작하였다. 아울러 소수력, 태양광 등 신재생에너지 설비도 태안, 삼랑진 등에서 준공 및 운영 중에 있다.

한국서부발전은 '인간, 기술, 환경의 조화로 최고의 에너지를 창출하여 사회에 공헌한다'는 기업이념 아래, 'World Best 3E Creator'라는 2020년도 장기 비전을 수립, 에너지 (Energy) · 환경(Environment) · 전문가(Expertise) 등 3개의 가치를 설정하여 한국서부발전의 경영 방침인 'Focus & Align'을 바탕으로 소통을 통한 강한 기업을 구현하고자 하며 이를 통해 수익 중시, 강한 기업, 미래가치 극대화, 소통의 기업문화를 이루고 있다.

2. 2003년 신제안제도 도입

한국서부발전은 2002년 발전회사 경영평가 1위 달성 이후 2003년에는 아이디어 경영대상 2년 연속 수상과 더불어 'Click & Suggest Now'라는 신제안제도를 구축하였다. 2005년에는 한국제안왕, 최우수제안상(각 1명)을 수상하였다. 이후 한국제안명인 1명, 한국 제안왕 1명씩의 수상자를 배출하였다.

신제안제도가 도입되기 전에는 제안제도를 전사차원의 체계적인 운영체계가 없어서 각 사업본부별로 자체적으로 추진하였다. 또한 OFF-LINE 제출, 복잡한 심사과정, 큰 효과만 인정, 단순금전 보상으로 운영되었다.

신제안제도는 평택발전본부에서 시작되어 전 사업본부별로 확산되었다. 제도를 바꾸고 전산시스템을 도입하는 등 본격적인 신제안제도를 도입한 후 전 사업본부 심사자 교육을 실시하였다. 교육은 필자가 전 사업본부를 다니면서 직접 교육을 실시하였다. 신제안제도를 도입한 첫해 제안 건수는 비약적인 발전을 이루어 2002년에 288건이었던 제안이 2003년 15,113건으로 50배 이상 향상되었다.

[표 7-13] 한국서부발전 제안 건수 변화

구 분		접수(건)	채택(건)	채택률(%)	경비절감 효과(억원)	1인당 제안 건수(건)
2003년	아이디어제안	12,243	4,398	35.9	13.0	7.7
	실시제안	2,870	2,728	95	221.0	1.8
	계	15,113	7,126	47.0	234	9.5
2002년		288	42	14.6	228.5	0.18

자료 : 한국서부발전, 2003년 제안활동 백서

3. 신제안제도 도입 이후 변화된 점

2003년 7월부터 경영개선 의견으로 '제안 활성화'를 제안하여 신제안제도를 운영하였고 도입 이후 연평균 5,000건의 제안 건수를 기록하며 제안분야에 대해서 사례발표를 하는 등 타 기업의 벤치마킹 대상 기업으로 발전하였다. 현재는 아이디어제안과 실시제안을 확대하여 '사랑의 제안', '고객제안' 등으로 확대하고 있으며 직원제안은 인트라넷, 고객제안은 사외 홈페이지 등으로 처리하는 등 모든 제안을 IT기반으로 관리하고 있다.

2006년부터 2010년까지 총제안 실적으로는 34,133건의 제안 건수, 1억 7,577만 원의 상금액을 지급하였으며 2010년에는 0.8%의 고등급 현황과 더불어 제안 4,787건, 상금액 1,780만 원을 지급했다.

한국서부발전은 아이디어경영 컨퍼런스, 외부강의 등의 대외발표와 신한카드, 한국수력원자력 등 10개 업체 사례지도를 통해 성과보상제도 우수사례를 전파하였다. 특히 한국서부발전은 기획재정부 혁신평가 6단계를 달성하였는데 248개 공공기관 중 최고등급 6단계는 10개 기관뿐이다. 또한 KMAC 주관 아이디어 경영대상 3년 연속 수상 등의 대외 포상 수상으로 기업이미지가 향상되었으며 사외 월간지에 제안 우수기업으로 등재되었다. 혁신활동 및 성과보상 우수기업으로 다른 회사 벤치마킹의 대상이 되고 있으며 신제안제도 도입으로 기업가치 향상, 커뮤니케이션 활성화, 경영 참여문화 확산, 혁신마인드 함양의 성과를 거두었다.

4. 제안활동 추진 로드맵

한국서부발전은 매년 제안활동의 목표는 제안참여율 70%, 1인당 제안 건수 5건 이상, 유형효과 500억 원 이상을 유지하고 있다. 이를 위하여 통제지향적인 수동적 제안에서 2003년 7월 이후 신제안제도가 도입된 이후부터는 변화지향적인 능동적 제안을 시행하였다. 단순히 직무제안만 했던 구제안제도는 2003년 7월 신제안제도 도입을 통해 제안을 아이디어제안과 실시제안으로 구분하고 '나의 일을 대상으로 작은 것부터' 라는 제안패러다임의 변화를 가져왔다. 제안제도 성장기로 일컫는 2004년에는 단순제안을 고등급제안으로 바꾸었고 2005년 이후 제안제도 성숙기에는 경영혁신을 위한 지식제안이 이루어졌다.

교육훈련 강화를 위해 신입사원 기초교육 및 OJT 제안기초교육을 포함한 제안 위탁교육을 강화하였고 고급, 중급, 초급으로 나누어 사업소 제안담당자 위탁교육을 시행하고 있다. 초기에는 외부 전문가를 초청했지만 현재는 제안명인, 제안왕 수상자를 활용하여 교육하고 있다.

제안제도에 대한 지속적인 관심도를 제고하기 위하여 이벤트를 시행하였다. Everyday 제안, 사랑의 제안, 입사 최초 제안, 고객 제안, 제안 표어 공모, 행운번호 제안, 시리즈 제안 등을 지속적으로 실시하고 있다.

5. 종합성과 보상제도 도입

2005년 공공기관 혁신수준진단 결과 혁신유인체계가 미흡하고 창사 이후 추진되고 있는 다양한 혁신활동으로 인한 피로감을 최소화하여 지속적 상시 혁신을 위한 보상시스템 마련을 위해 종합성과 보상제도를 도입하였다.

[표 7-14] 제안과 성과보상과의 연계

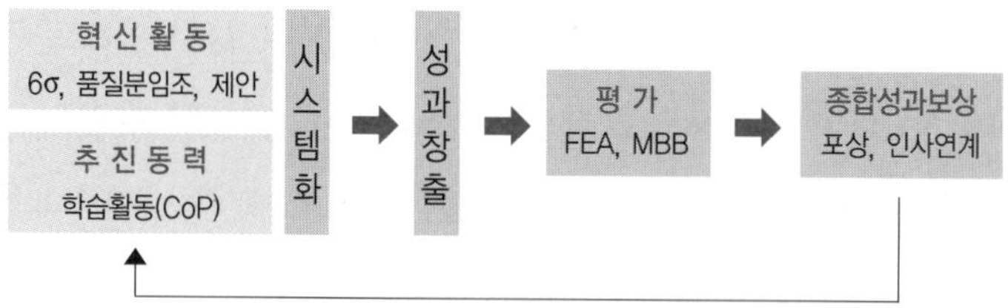

종합성과 보상은 객관적이고 공정한 유형 성과평가를 바탕으로 개선 후 사후관리를 통한 개선성과 입증기간을 운영하고 제안, 6

시그마, 품질분임조 개선성과의 전문 재무성과평가위원에 의한 체계적이고 객관적 성과를 검증해 주고 있다. 개선성과에 부합한 실질적 보상과 혁신활동에 적극적으로 참여한 사람에게는 활동보상으로 1마일당 10만 원을 제공하며 성과보상은 최고 2억 원까지 지급된다.

제안활동으로 2004년, 2005년에는 매년 9명씩 창안상을 수상하였으며 포상금으로 2004년에는 11명에게 총 1,000만 원, 2005년에는 13명에게 총 1,100만 원이 지급되었다. 또한 2005년에는 16명에게 미국, 호주 등으로 해외연수의 기회를 제공하였다.

제8부

제안 전산시스템 구축 사례

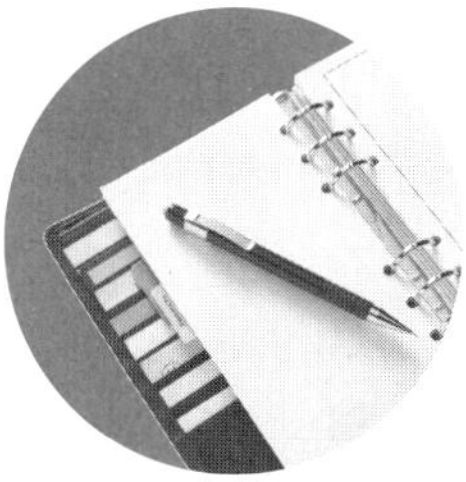

WIZEN-IMS 개발사(다모넷)

1. WIZEN-IMS 개발사(다모넷)

㈜다모넷(www.damonet.com)은 서울 역삼동에 위치하고 있으며, 2000년 3월에 설립되어 지난 10여 년간 기업의 업무혁신을 지원하고자 IT영역에서 한 우물을 파고 있는 업체이다. ERP, 제안관리시스템 등의 업무용 시스템 개발뿐만 아니라, IT consulting, IT outsourcing 등 다양한 서비스도 제공하고 있다.

2. 제안관리 시스템 WIZEN-IMS

2.1 시스템 개요

WIZEN-IMS는 그간 10년에 걸쳐 각 기업의 제안제도 운영자들의 지원 속에 함께 커 온 시스템으로 개정을 거듭하여 현재 버전 6.x까지 업그레이드되었다. 본 시스템은 제안컨설팅 결과로 도출된 제안제도를 보다 손쉽게 적용할 수 있도록 해주며, 제안자, 심사자, 관리자 등 각 활동 주체들 간의 효율적인 커뮤니케이션과 제안제도 운영과정에서 발생하는 각종 데이터관리와 프로세스 모니터링 등을 지원하는 전문 Idea Management System이다.

2.2 구축환경

WIZEN-IMS는 한국적 IT 상황에서 가장 보편적 전산 구축환경으로 통하는 OS(Operating System)인 Windows서버 계열과 Unix서버 계열을 모두 지원하며, DBMS는 MS-SQL이나 Oracle을 지원한다.

2.3 특장점

■ 제안제도의 변화관리에 용이하다.

제안제도도 결국 기업의 경영환경 변화에 따라 수정 보완되어 가는 것이다. 본 시스템은 제안 프로세스나 포상체계 등 제도전반을 편하게 설정하고 또 변화가 발생하더라도 별도의 개발과정 없이 변경 관리할 수 있어서 좋다.

■ 제안담당자의 활동관리에 적합하다.

시스템관리 기능과 운영관리 기능을 분리하여 운영을 용이하게 했으며 제안활동의 목표, 실적데이터의 조작, 정산, 상황별 알림메시지 등 운영과 관련된 다양한 기능을 제공하고 있어 활동관리를 용이하게 해준다.

■ 모바일지원으로 활동의 환경적 제약을 극복할 수 있다.

최근 스마트폰이 대중화되면서 모바일 지원여부가 관심사다.

본 시스템도 제안등록, 심사, 조회 등 주요활동을 모바일 환경에서 할 수 있다는 점이 매력적이다.

2.4 화면 구성 및 주요 기능

1) 메인화면 구성

제안현황판/최근제안정보/명예의 전당 등을 통해 활동의 요약정보를 직관적으로 확인할 수 있도록 구성되었다. 제안현황판은 개인 및 회사의 활동수준을 보여주며, 최근 제안정보는 제안종류별로 최근에 등록된 건들을 보여준다. 명예의 전당, 개인순위 등은 활동의 자긍심을 갖게 해준다.

■ 메인화면 구성

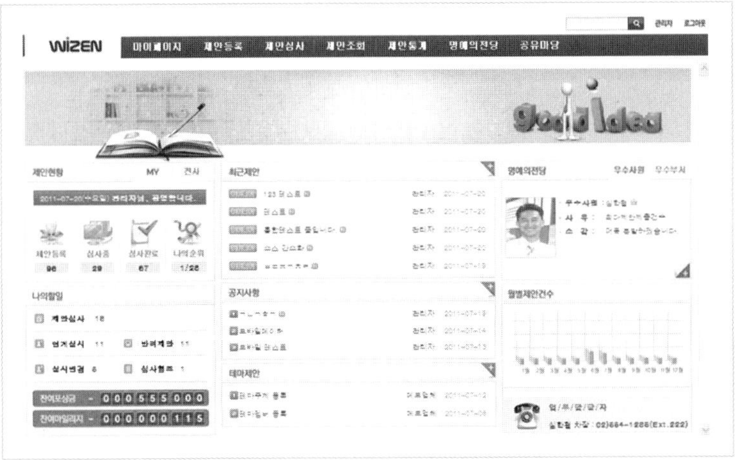

2) 주요화면과 기능

시스템의 주메뉴는 마이페이지/제안등록/제안 심사/제안조회/제안통계/명예의 전당/공유마당 등으로 기본 구성되어 있으며 주요화면별 기능의 핵심은 다음과 같다.

■ 마이 페이지(my page)

마이 페이지는 인적정보 및 활동내역을 개인별로 관리해 주는 기능으로, 나의 제안 기록/마일리지 및 포상내역/관심제안 리스트/개인정보 등을 관리해 준다.

■ 제안 등록

제안 등록 시 제안종류별 등록양식이 다를 수 있으며 대리등록 기능, 공동제안기능(마일리지 분배기준 설정), 등록자 혹은 등록할 제안의 공개/비공개 설정, 중복제안 사전검사, 제안분류 등을 지원한다. 등록제안 종류의 기본은 아이디어, 실시, 연계실시, 테마 제안이다.

■ 제안 심사

지정된 심사자는 심사결과 및 심사평을 기본으로 입력하며, 심사부서 변경, 심사 협조요청 등을 할 수 있다. 심사의 형태로는 먼저 부서심사(1인 심사)와 위원회/그룹심사(복수심사) 등을 지원하며, 위원회/그룹심사의 경우 선착순 혹은 전원 평균심사 등 기준

을 설정할 수 있으며, 심사행위는 등급을 주는 등급심사와 심사표에 직접 항목별 점수를 부여하는 방식의 심사표에 의한 심사도 지원한다.

■ 제안 조회

제안 조회는 일반적인 조건검색 방식 이외에도 키워드 간 연관성 혹은 제출빈도에 따른 제안 경향으로도 검색할 수 있는 태그검색 기능을 지원한다.

■ 제안 통계

제안 통계는 주요지표에 대해 모두 지원하며 텍스트뿐만 아니라 다양한 그래프를 지원하며 주요 통계 항목으로는 제안 건수, 효과 금액, 채택률, 실시율, 참여율, 고등급률 등이 있다.

■ 명예의 전당

명예의 전당에서는 월별 우수사원/부서를 선정할 수 있으며, 설정된 기준값에 의해, 제안순위 TOP10과 BEST 제안 등이 선정되게 할 수도 있다.

■ 관리자 기능

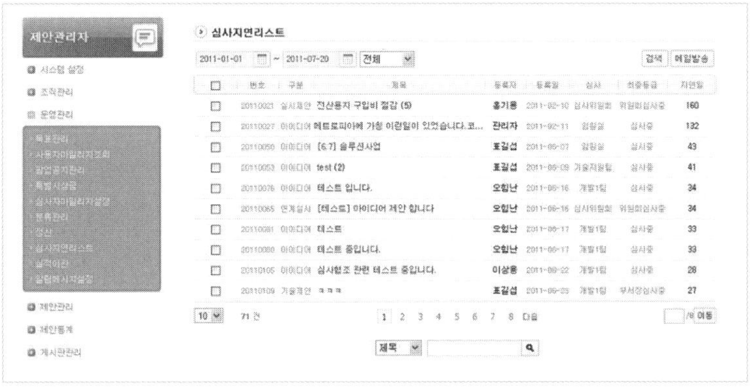

관리자 기능은 정보시스템 관리에 능하지 않은 제안제도 운영자가 사용하기 쉽도록 관리자 설정기능이 시스템관리 기능과 제안운영관리 기능으로 구분되어 구성되어 있다. 제안제도를 운영함에 있어 필요한 제안 및 실적데이터 관리, 활동목표 설정, 심사지체 독려, 상금 정산업무 등 다양한 유관 기능을 포함하고 있다.

2.5 WIZEN-IMS 도입사 현황

버전별 차이는 있으나 WIZEN 시스템을 사용하고 있는 고객사는 상기 이외의 고객까지 2011년 전반기 기준 70여 업체에 달하고 있으며, 고객사의 지원에 힘입어 안정성, 기능성, 편의성 모든 면에서 제품 품질개선을 지속하고 있다.

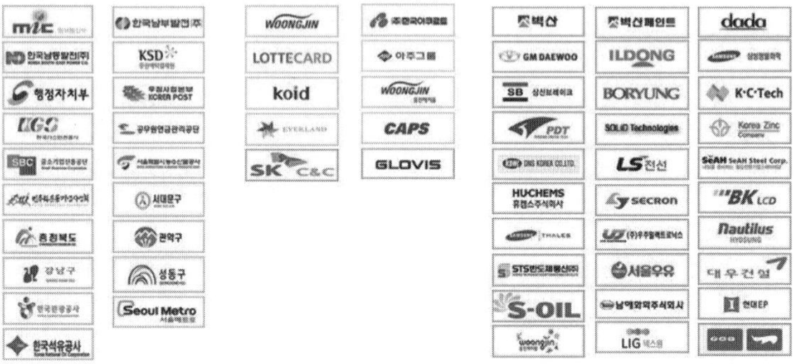

[그림 7-8] WIZEN 도입사 현황

3. WIZEN-IMS 구축사례

상기에 소개한 표준시스템 뿐만 아니라 컨설팅 결과 혹은 구축사의 요청에 의해 최적화된 형태로도 개발되며 4개 회사 사례를 소개한다.

1) 제안, 지식, 과제 등의 혁신활동을 통합하라.

■ 글로비스㈜ '혁신포털시스템'

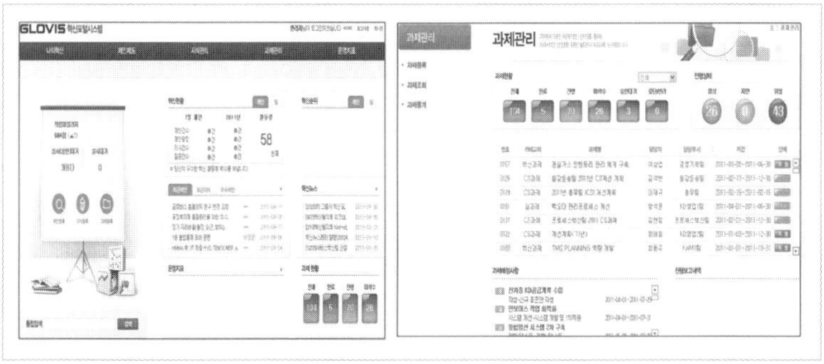

글로비스㈜의 경우 기본 제안관리시스템뿐만 아니라 지식관리, 과제관리 등을 포함한 통합 창의혁신관리시스템으로 구축되었다. 특히 과제관리 부문은 과제의 일정계획, 비용계획뿐만 아니라 단계별 과제의 진행현황, 일정, 관련된 위험성까지 관리할 수 있도록 개발하였다.

2) 아이디어에 투자하라.(투자형 제안관리시스템)

■ ㈜다다씨엔씨 '콜럼버스'/현대하이스코㈜ '하이플러스'

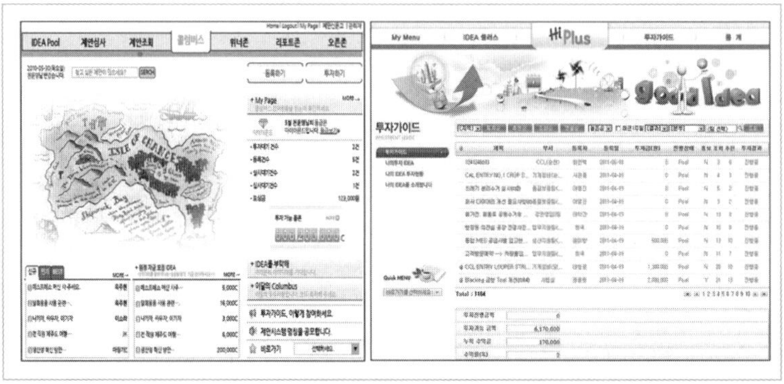

두 회사는 제안 활성화를 위해, 제안자의 투자심리를 자극하는 한편, 게임적인 요소도 접목하여 개발하였다. 투자수준과 비례한 배당금은 결과적으로 제안자들의 참여의지를 높이는 성공적인 모델로 자리 잡았으며, 때로는 투자과열을 불러일으켰을 만큼 성공적인 구상이었다.

3) 이제는 성과 창출형 제안이다.

■ 삼성탈레스㈜

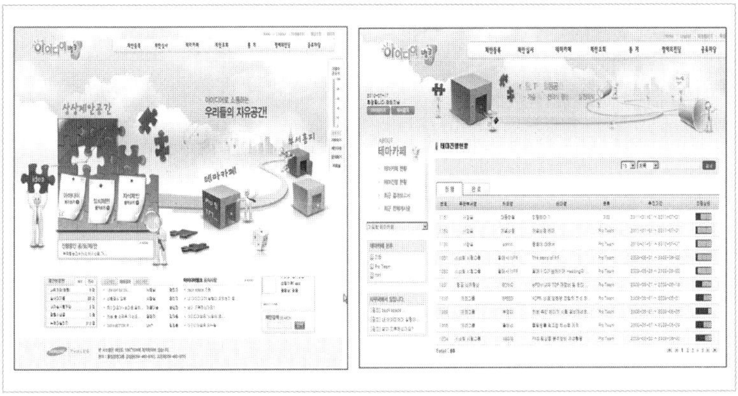

삼성탈레스의 경우 부서단위로 혁신활동을 관리할 수 있도록 블로그형 부서 홈페이지를 개발하였다. 경영목표에 기초한 전략과제별 테마를 COP 단위에서 수행토록 하여, 보다 직접적인 성과 위주의 활동으로 유도하였으며 그 결과 보고서 등 산출물은 실시제안으로 연계되어 관리할 수 있도록 하였다.

4) 공공 부문 창의활동의 표준시스템

■ 서울메트로 ‘상상누리’

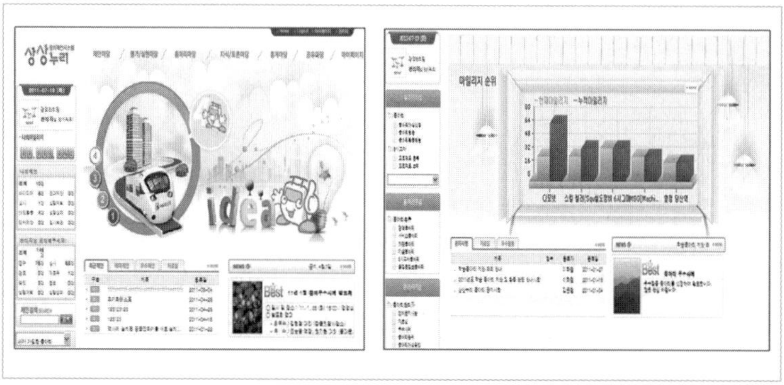

서울 메트로는 제안활동, COP 활동, 개인 활동(발표, 수상 등 개인적으로 우수한 성과를 내는 경우, 별도의 마일리지를 지급하는 제도) 등을 비롯한 많은 혁신활동을 수행하고 있어 종합 혁신활동의 공장이라 해도 과언이 아닌 기업이다. 특히 제안의 경우는 제안발의, 숙성(토론과정), 우수제안 타 부서 전파, 사후관리 등을 관리하여 한층 활동과정을 세밀하게 추적하였으며, 또한 제안활동을 중심으로 각 혁신활동 상호 간 유기적 통합을 이루도록 하였으며 이를 통해 통합 마일리지 체계를 제공하고 있다.

맺음말

이 책을 집필하게 된 동기는 제안 추진사무국에 근무하는 추진자들이 제안자와 심사자들 사이에서 발생되는 많은 제안 운영변수를 누군가가 해결해 주어야 하는데 제안제도 운영경험이 적은 추진자들이 많다 보니 고민만 하고 제대로 해결을 해주지 못하는 것이었다. 그래서 제안제도가 당초 취지대로 기업 경쟁력에 기여를 하는 것이 아니라, 성과 없는 제도로 전락해 가는 것이 안타까워 제안 추진자들로 하여금 이 책을 읽고 실제 현장에서 발생하는 여러 가지 운영 변수에 대해서 슬기롭게 대처하는 방법을 제공해 주기 위함이었다.

지휘관들은 전투에서 발생하는 여러 가지 변수를 즉시 판단해 승리로 이끈다. 이처럼 제안 추진자들도 제안 분야에 대해서는 유능한 지휘관이 되어 제안제도를 운영할 때 어려움과 갈등요인이 생기면 스승이 길 떠나는 제자에게 주머니를 주면서 어려움이 닥치면 이를 풀어보고 해결하라고 말한 것처럼 제안 추진자들도 제안제도를 운영하다가 어려움이 생기면 이 책을 보고 해결할 수 있도록 사전처럼 구성했다.

이 책은 필자가 실제 제안 현장에서 여러 가지 방법으로 지도 · 교육해서 문제를 해결해 나간 사례에 대해서 하나하나 사전처럼 제시한 해결비법을 담은 책이다. 아마도 제안 현장에서 실제 전투를 해보지 않은 사람은 결코 쓸 수 없는 것을 필자는 과감하게 기록했다고 자부한다.

물론 어떤 부분에 대해서는 서로 다른 해결책을 제시할 수 있을 것이다. 문제에 대한 해결책이란 단지 한 가지만 있는 것이 아니라 여러 가지가 있을 수 있다. 어쩌면 필자는 그 중 한 가지를 선택해 해결했을지도 모르겠지만 다른 방법들조차 누구도 제시하지 못했기에 필자가 제시한 방법이 제일 먼저 세상으로 나왔을 것이다. 누군가가 이 책을 읽고 또 다른 해법을 제시해 주면 아마도 제안 추진자들은 매우 고마워할 것이다.

이제 필자는 제안제도에 대해서 이 책을 포함해서 4권의 책을 냈다. 책을 3권 썼을 때 누군가는 그렇게 단순한 제안제도를 가지고 어떻게 책을 3권이나 쓸 수 있느냐고 의아하게 생각하면서 질문하는 사람들도 있었다. 필자는 웃으면서 이렇게 답변하였다.

"제안제도처럼 단순한 것은 없지요. 제안제도는 책은커녕 몇 줄의 글로 작성을 하면 다 설명이 됩니다. 저는 제안제도를 쓴 것이 아니라, 제안제도가 사용되는 업무와의 관계를 생각하면서 썼습니다. 업무가 얼마나 복잡합니까? 그 복잡한 것을 어떻게 한두 줄에 표현을 할 수 있겠습니까? 회사에서 하는 업무는 워낙 복잡해서 몇 권의 책으로는 표현하기 힘들 것입니다."

아마도 이 책을 끝으로 일반적인 제안에 대해서는 하고 싶은 이야기는 거의 다한 것 같다. 이제 남은 것은 고성과를 창출하는 방법을 제시하는 것만 남은 것 같다. 언젠가 시간이 되면 또 한 권의 책을 쓸 날이 있을 것이다. 그때까지 제안추진자들이 이 책을 통해서 제안에 대한 적극적인 마인드를 가지고 제안활동을 해서 제안이 활성화되었으면 좋겠다는 바람이다.

정말로 바쁜 와중에도 또 한 권의 책을 쓰도록 내 마음을 움직여 주신 하나님께 감사의 기도를 드린다.

지은이

어용일

서울시립대학교와 동 대학원(경영학 석사)을 졸업하였다. 삼성그룹에 입사하여 삼성물산(건설) 경영혁신 팀, 제안사무국장, 신경영 팀과 삼성그룹 비서실에 근무하였다.
현재 한국CNP경영연구소(주) 대표이사로 근무하고 있으며, 행정안전부 정책자문위원 및 정부혁신 컨설팅위원, 공무원 중앙제안 심사위원, 한국아이디어경영 심사위원, 소방방재청 국민제안 심사위원을 맡고 있다.

제안제도 활성화 핵심 노하우 48

1판 1쇄 발행 2011년 11월 22일

지은이 어용일

펴낸이 이웅녕
펴낸곳 리드리드출판(주)
출판등록 1978년 5월 15일(제13-19호)

주소 서울 마포구 도화동 544 고려빌딩 210호
홈페이지 www.readlead.kr
이메일 readlead@naver.com
전화 (02)719-1424
팩시밀리 (02)719-1404

값 16,000원

ISBN 978-89-7277-261-3 03320

이 도서의 국립중앙도서관 출판시도서목록(CIP)은
e-CIP 홈페이지(http://www.nl.go.kr/ecip)와
국가자료공동목록시스템(http://www.nl.go.kr/kolisnet)에서
이용하실 수 있습니다.(CIP제어번호 : CIP2011004884)